Hermann Herder

Der Schild des Achill

Hermann Herder

Der Schild des Achill

Begegnungen mit dem Verleger

Herausgegeben von Manuel Herder

FREIBURG · BASEL · WIEN

MIX
Papier aus verantwor-
tungsvollen Quellen
FSC® C106847

© Verlag Herder GmbH, Freiburg im Breisgau 2013
www.herder.de
Alle Rechte vorbehalten

Satz: Barbara Herrmann, Freiburg
Herstellung: fgb · freiburger graphische betriebe
www.fgb.de

Printed in Germany

ISBN 978-3-451-29988-9

Inhalt

Vorwort *von Manuel Herder* 9

I. ZWISCHEN DEN ZEITEN

Zeit und Zeitgeist im Spiegel eines Verlagsprogramms . . 15

II. GEISTIGE WELTEN

Der Traum von Atlantis: Jacint Verdaguer 47
Suche nach Ganzheit: Der »Rembrandtdeutsche« 64
Erfüllte Einsamkeit: Reinhold Schneider 78
Wienerisches Lebensgefühl: Heimito von Doderer 95
»Dante vivo«: Theodor Zeller 120

III. BEGEGNUNGEN MIT AUTOREN

Damit Glauben überleben kann: Christen in der DDR . . 128
»Il famoso Padre Rahner!«: Karl Rahner 132
In der Fülle des Glaubens: Hans Urs von Balthasar 139
Neue Weisen des Denkens: Bernhard Welte 141
Arbeit am LThK: Walter Kardinal Kasper 143
Verantwortung in der Republik: Erwin Teufel 149
Offen für Gott und die Welt: Franz Kardinal König . . . 154
»Eine neue Sprache …«: Joseph Kardinal Ratzinger . . . 161
Den Glauben zum Leuchten bringen: Benedikt XVI. . . . 165

IV. EINHEIT DER CHRISTEN, FRIEDE ZWISCHEN DEN MENSCHEN

Brückenschlag Ökumene 173
Die Spaltung aufheben: Augustin Bea und
Willem Adolf Visser't Hooft 176
Die große Versöhnung: Léopold Senghor 182
Trotzdem Hoffnung: Ernst Bloch 193
Herbst der Hoffnungen: Władysław Bartoszewski 198
Die Welt neu gestalten: Ruth Pfau 201
Selig die Friedfertigen: Roger Schutz 204
Brücken zwischen Welten: Raimon Panikkar 207
Weltgespräch der Religionen: Ramon Lull 213

V. ORTSBESTIMMUNGEN EINES VERLEGERS: FREIBURG UND DIE WELT

Freiburg – »eine gewisse Leidenschaft« für die Stadt .. 228
Das Erzbistum Freiburg – geistige Spannweite 231
Wien – »zweitwichtigster Ort auf Erden« 234
Österreichisch-habsburgisches Erbe 239
»Das spanische Haus« – Carrer de Roger de Flor 243
Aus dem Reich der Mitte 247

VI. VERDIENTE MITARBEITER

»Getreuer Eckart«: Fritz Knoch 255
Inspirierende Weltverantwortung: Robert Scherer 259
Spannungen gestalten: Ludwig Muth 264
Kreativ aus der Mitte: Hubert Schlageter 267

VII. »PFLICHT UND AUFTRAG« – ZUM BERUF DES VERLEGERS

Pfeiler für die Zukunft setzen 275
Persönliche Verantwortung 281
Das Viele einordnen ins Ganze 284
»Ändere die Welt, sie braucht es« 286
Das interkulturelle Gespräch 289
Kristallisationen einer Idee 295
Fährmann zwischen den Ufern 301

VIII. PERSPEKTIVEN FÜR DIE ZUKUNFT

Der Schild des Achill 304

Verzeichnis der Quellen 332

Vorwort

von Manuel Herder

Im November 2011 mussten wir Abschied nehmen von Hermann Herder. »Ich bin der Verleger Herder aus Freiburg«, pflegte mein Vater sich vorzustellen, so wie es schon seine Vorgänger getan hatten. Selbstverständlich hat er sich in diese Reihe gestellt. Dem Fortbestehen des Verlages ordnete er bescheiden und geduldig seine eigenen Ambitionen und Wünsche unter.

Die erste Aufgabe des Verlegers sei es, so zitierte er gerne ein Wort von Goethe, »im Wandel für Dauer« zu sorgen. Ergänzend fügte er hinzu: »Er hat dann aber als ebensolche Verpflichtung die Aufgabe, für den Wandel Sorge zu tragen.«

Sehr früh schon hatte Hermann Herder erkannt, dass ein Unternehmen im 21. Jahrhundert Innovationskraft und Wendigkeit braucht, um zu überleben. Mutig baute er das Rote Haus um, Stein für Stein, in einer Folge oft schmerzlicher Entscheidungen. Ich kann nur ahnen, wie viel ihn diese Arbeit des Zurückschneidens, des Umformens und Neuausrichtens gekostet hat.

Doch sein unternehmerisches Handeln war nie nur defensiv. Zur verlegerischen Strategie meines Vaters gehörte es auch, Herder wieder eine internationale Präsenz zu geben. Nach unzähligen Reisen ist es ihm gelungen, die Firmen in Barcelona und New York erneut und dauerhaft zu Herder zu bringen. Und somit werden heute Herder-Bücher in drei Sprachen und auf allen fünf Kontinenten vertrieben.

Hermann Herder war Verleger in Zeiten des Umbruchs – des gesellschaftlichen ebenso wie des kirchlichen. Aber gerade weil in solch unübersichtlichen Zeiten eine klare Positionierung unabdingbar ist, legte er Wert auf die geistige Zielsetzung. Die weithin sichtbaren Kennzeichen der Vision des Verlegers Hermann Herder waren Weitsicht und Offenheit. In Zeiten unumkehrbarer Pluralisierung und Globalisierung setzte er unermüdlich auf das Gespräch mit dem Anderen. Der zunehmenden Fragmentierung des Wissens setzte er die Idee der Ganzheit, die Notwendigkeit des Aufzeigens von sinnstiftenden Zusammenhängen entgegen. Glaube, Werte, Bildung – das sind die markanten Grundlinien, die Pfeiler, auf die Hermann Herder den Verlag gestellt hat.

Die für den vorliegenden Band ausgewählten Texte zeigen vor allem diesen Impetus seiner verlegerischen Arbeit. Sie dokumentieren den Geist, aus dem heraus Begegnungen gesucht und Beziehungen geknüpft werden, sie sind Zeugnisse einer beharrlichen Neigung zum Dialog. Zu einem großen Teil sind es bisher nicht publizierte Ansprachen und Reden. Bei vielen Gelegenheiten ergriff er das Wort, bei offiziellen Anlässen und Feiern, Buchvorstellungen, Jubiläen, Verabschiedungen, Trauerfeiern, berufsständischen Versammlungen – in programmatischer Absicht oder weil ein Thema, eine Person, ein Werk ihn persönlich interessierte und er andere daran teilhaben lassen wollte. In seinen Reden sprach er von anderen. Seine Reden sprechen für ihn.

Unter den Dokumenten, die den Menschen und Verleger Hermann Herder lebendig werden lassen, überwiegen die mündlich vorgetragenen Texte. Nur wenige waren von ihm selber für den Druck bestimmt und sind daher entsprechend gestaltet. Anlass und Gelegenheit entsprechend sind sie in Länge und Form recht unterschiedlich. Aber in all diesen Texten wird stets ein zutiefst humanistischer, ein sehr menschlicher Zugang zu ihrem Thema deutlich. Mit dem Blick auf den Menschen will Hermann Herder etwas hervorheben, im Wortsinne: klar machen. Er liebt farbige Details, ist an Geschichten und Lebensläufen interessiert und an Spuren, die zu den Hintergründen führten, an denen ihm lag – als Mensch wie als Verleger.

Man begegnet in diesen Texten nicht nur dem vorgestellten Sujet; sie sind auch eine Begegnung mit dem Sprecher selbst. In ihnen wird der Verleger selber als Mensch sichtbar, und zwar noch auf andere Weise, als das in seiner autobiographischen Reflexion »Fährmann zwischen den Ufern« (2006) der Fall war. Es zeigt sich: Auch in seinen Reden stellt Hermann Herder größere Zusammenhänge her. Manches deutet er nur diskret an, anderes rückt er in neue Zusammenhänge, er richtet den Blick in die Weite oder aufs ganz Nahe und sucht die Welt so ein wenig offener zu machen.

Mit diesem Band zollt der Verlag Herder seinem fünften Verleger Respekt. So danke ich an dieser Stelle im Namen meiner Mutter und meiner Geschwister allen, die an dem Buch mitgewirkt haben: dem langjährigen Cheflektor Dr. Rudolf Walter für die Auswahl und Einleitung der Texte, dem erfahrenen Wissenschaftslektor und Betreuer des Archivs Burkhard Zimmermann für die notwendigen Recherchen und Frau Greta Strudel, seit 1950 Mitarbeiterin des Hauses, für die Sorge, die sie dem Altverleger in den mehr als zehn Jahren hat zuteilwerden lassen, in denen er sein Büro in der Freiburger Innenstadt hatte.

Das Buch ruft Hermann Herder in unserer Erinnerung wach und führt ihn uns noch einmal vor Augen, wie er als Verleger und als Mensch gewesen ist.

Hermann Herder starb vollkommen unerwartet und nach kurzer, schwerer Krankheit. Hellwach und bei vollem Bewusstsein bereitete er sich auf das Kommende vor und verabschiedete sich liebevoll von seiner Frau, seinen Kindern und Enkeln. Zu Hause und umgeben von seiner Familie trat er seine letzte große Fahrt an. Er ruht nun unter dem Grabdenkmal seiner Groß- und Urgroßeltern. Was unter dem Namen seines Großvaters Hermann Herder steht, gilt auch für ihn: Er war ein edler Mann.

I.
ZWISCHEN DEN ZEITEN

Wer sich wie der Verleger für geistiges Leben verantwortlich weiß,
wird bestrebt sein, bei aller inhaltlichen Unterscheidung
der Strömungen seiner Zeit den Sinn für geistige Weiträumigkeit
zu bewahren.

HERMANN HERDER

In den beiden Texten, die einleitend und als Ausklang gewissermaßen den Rahmen bilden für die hier vorgelegte Sammlung, steht der Verlag Herder im Zentrum: als geschichtlicher Lebensraum einer Verlegerfamilie durch die Generationen und als die kreative Werkstatt für Ideen, die »vermittels des Buchhandels ins Leben eingreifen wollen«. Im ersten Text geht es um einen Rückblick, im zweiten um Zukunftsperspektiven. Aber auch der Blick in die Geschichte ist immer vom Interesse an der Zukunft bestimmt. Und Zukunft ist in den Augen Hermann Herders nur möglich, wenn man sich und dem überkommenen Auftrag im Wandel der Zeiten treu bleibt. Was ist der »überkommene Auftrag«? Was könnte »das Besondere« bei einem Verlag wie Herder sein? Das als produktive Frage ins Bewusstsein der Mitarbeiter zu heben, wird er nicht müde. Er ist überzeugt: Wer Tradition nicht mit dem Heute zu verbinden weiß, hat keine Zukunft. Auf der Höhe der Zeit zu sein heißt, die »Zeichen der Zeit« zu erkennen, Gegenwart zu gestalten – aber nicht, dem Zeitgeist nachzujagen.

In die Zeit seiner Verantwortung fällt der grundlegende Wechsel vom Universalverlag katholischer Prägung für eine konfessionell geprägte Leserschaft zum Publikumsverlag, der sein Profil im Einklang mit der eigenen Geschichte finden sollte. Das Nachdenken darüber, was Kern und Grundlinie der eigenen Identität sind, ist in diesen Texten immer gegenwärtig. »Geist schafft Leben« –, was bedeutet dieser Satz für die Ziele eines Verlags im Zeitalter des Internet? Seine eigene Vision formuliert er in einem überraschenden Bild aus dem humanistischen Bildungskanon der Antike: dem »Schild des Achill«. Das ist der Titel der Rede zum 200-jährigen Verlagsjubiläum 1999, vor den Verlagsmitarbeitern gehalten. Sie bildet den Abschluss dieses Bandes. Ausgehend von der Idee des Enzyklopädischen wird deutlich, was ihm letztlich wichtig ist: die Verbindung von Glaube und Bildung, die Befähigung des Einzelnen, in einer Welt fragmentierten Wissens und angesichts einer unübersichtlichen Informationsflut das Ganze zu erkennen und den eigenen Standpunkt zu finden.

Zeit und Zeitgeist
im Spiegel eines Verlagsprogramms

In jedem Spiegel gebe es »Initialen der Wirklichkeit« zu sehen, hat Ernst Bloch einmal gesagt. Wäre es nicht so, würden nicht unzählige Maler ihr Selbstbildnis mit einem Spiegel im Hintergrund gemalt haben. Manchmal grinst aus dem Spiegel ein Totenkopf: »Memento mori!«, ruft er uns zu und zeigt uns die Grenzen menschlicher Lebenszeit an.

Für die meisten Menschen ist »Zeit« der Weg von der Vergangenheit über die Gegenwart des Augenblicks in die Zukunft. Das mag für den Alltag zutreffen. Aber: Ist es im geistigen Leben auch so?

Der Mensch ist sich selbst stets voraus. Vergangenheit und Gegenwart werden für ihn erst von der Zukunft her sinnvoll. Die historische Zeit wird vom Gestern her erlebt, ihr Geist aber – der »Geist der Zeiten« (um mit Goethe zu sprechen) – erschließt sich von der Zukunft her. Menschliche Intuition erahnt ihn, bevor er sich in allgemein wahrnehmbaren kulturellen, politischen und sozialen Erscheinungen vor aller Augen schlüssig ausdrückt.

Im Rückblick wird er als »Geist der Epoche« beschrieben. Den Ausdruck »Zeitgeist« hat übrigens Johann Gottfried Herder in Weimar geprägt. Wenig später wähnte Georg Wilhelm Friedrich Hegel diesen Zeitgeist beim Einzug Napoleons in Jena in persona zu erkennen.

*

Vermögen auch Bücher etwas vom Geist ihrer Zeit zu reflektieren? Sind auch sie Spiegel ihrer Zeit?

Jede Verlagsgründung – so sie diesen Namen wirklich

verdient – hat etwas Visionäres an sich. Das wird deutlich durch das Verlagsprogramm – der Verleger verlegt ja nie nur ein einziges Buch. Jedes seiner Bücher steht in einem Kontext, den wir das »Programm« des Verlages nennen. Diesem Programm kann in der Tat eine Spiegelfunktion für die jeweilige Zeit zukommen.

So zeugt jede Verlagsgeschichte von Auseinandersetzung und Ringen mit den geistigen Herausforderungen der jeweiligen Zeit. Bücher werden von der Geistesgeschichte geprägt und gestaltet, zugleich aber prägen und gestalten sie ihre Leser.

I.

1798 war das erste Herder-Buch in Rottweil am Neckar erschienen. Schon der zweite Buchtitel im Jahre darauf, 1799, spiegelt das anhebende Wetterleuchten am europäischen Horizont: Er lautet: »Briefe über die neuesten Ereignisse in Aegypten und ihre Beziehungen auf den Handel nach Ostindien und im mitländischen Meere«. Napoleon hatte, bevor er in Jena eintritt, vor den Pyramiden gestanden.

1801 ließ sich der Verlagsgründer im Residenzstädtchen Meersburg am Bodensee nieder. Der Konstanzer Fürstbischof Karl Theodor von Dalberg war auf ihn aufmerksam geworden. Dalberg war wissenschaftlich und künstlerisch hoch gebildet, mit Goethe und Schiller freundschaftlich verbunden. Politisch zählte er zu den Bewunderern Napoleons. Ihm schwebte die Idee einer deutschen Nationalkirche vor.

An einem nebligen Novembertag des Jahres 1801 erhielt der junge und unternehmungsfreudige Verleger aus Dalbergs Hand die Bestallungsurkunde zum »Hofbuchhändler«. Damals fiel ein Wort, das auch 200 Jahre danach nichts von seiner Faszination verloren hat: Herder erklärte, er habe die Absicht, »vermittels des Buchhandels durch Verbreitung guter Schriften in das Leben einzugreifen«.

Man spürt diesem Meersburger Verlagsprogramm auf den ersten Blick die Herkunft von der Aufklärung an. Schon die Auffassung, »in das Leben einzugreifen«, gehört zum Erbe der Aufklärung. Hier wird die Überzeugung sichtbar, menschliches Leben und gesellschaftliche Verhältnisse ändern und vor allem verbessern zu können.

Führender und prägender Kopf in Meersburg war der Weihbischof und Generalvikar Ignaz von Wessenberg, Vertreter jener Aufbruchsbewegung um die damalige Jahrhundertwende, die man »katholische Aufklärung« zu nennen pflegt.

Im Gespräch mit Wessenberg entwarf der Verleger sein Verlagsprogramm: Förderung der deutschen Sprache in Gebet und Psalter, Beiträge zur Neuordnung der Liturgie, breite Volksbildung, vor allem aber und immer wieder die theologische Ausbildung des Klerus. Dem dienten Anleitungen zur Predigt sowie die Vermittlung der Ideen eines christlichen Menschenbildes und einer religiösen Pädagogik.

Speerspitze aller dieser Bemühungen war die »Geistliche Monatsschrift«, ein periodisches Organ, das es so im katholischen Raum noch nirgends gegeben hatte. Zu ihrer Absicherung war an die Gründung einer Theologischen Gesellschaft zur finanziellen Förderung gedacht. Vorbild dazu war die »Asketische Gesellschaft« von Johann Caspar Lavater in Zürich. Ein weiter Teil der Nordschweiz gehörte damals zur Diözese Konstanz. Umgekehrt reichte der Einfluss des Protestanten Lavater tief ins katholische Süddeutschland hinein.

Schon in der Bestallungsurkunde Dalbergs von 1801 war der Passus enthalten gewesen, dass man »Buchdruckerey und Bücher-Verlag von Zeit zu Zeit visitieren lasse und besonders auf seine Leute ein genaues Aufsehen tragen werde ...« Bereits 1804 ließ die römische Kurie ihr Missfallen wissen und mahnte die Einstellung so viel aufklärerischen Schrifttums an.

Karl Theodor von Dalberg befand sich zu diesem Zeitpunkt in einer delikaten Situation: Napoleon schickte sich an,

Europas Karte neu zu zeichnen. Die geistlichen Fürstentümer waren gefährdet, den kleineren Souveränen drohte die Mediatisierung. Dalberg stand in Verhandlungen im diplomatischen Dreieck Paris – Rom – Wien. Im Blick auf seine politischen Ambitionen konnte er keine Unruhe auf Nebenkriegsschauplätzen dulden.

»Die Liebe des Friedens« – so ließ er Wessenberg wissen –, »welche im gegenwärtigen Zeitpunkte wichtig ist«, mache eine Beendigung solcher Publikationen notwendig.

»Ich ersuche den Herrn Generalvikarius, dieses dem Buchführer Herder bekannt zu machen und anzurathen, sogleich eine andere der Religion und Sittlichkeit offenbar nützliche Unternehmung und Verlag an[zu]fangen, welche zu keinen Zänkereien Anlass gibt; das Geschäft des Konkordates erfordert Klugheit und Vorsicht ...«

*

In dieser frühen Gründungsgeschichte wurden bereits Kern und Grundlinien des Verlages sichtbar. Die späteren Verlegergenerationen haben immer wieder auf dieses geistige Erbe zurückgegriffen. Dabei lässt sich nicht übersehen, dass die Verbindung des Verlagsprogramms mit den Grundideen kirchlicher Reformbewegungen immer wieder auf Bedenken und Einwände gestoßen ist – das gilt bis zum heutigen Tag.

Der Entzug von Wohlwollen und Förderung durch Dalberg bedeutete für den Verlag einen tiefgreifenden Einschnitt. Der Konstanzer Bischof war doch zugleich Bischof von Mainz und damit der letzte Kanzler des Heiligen Römischen Reiches.

Der junge Buchhändler erkannte, dass er von kirchenfürstlichen Versprechungen und Angeboten nicht mehr viel erhoffen konnte. 1808 kam es zur Übersiedlung nach Freiburg. Es war nicht nur ein geographischer Wechsel, sondern auch ein inhaltlicher Wandel – nämlich vom kirchlichen Programm zu einem profanen Verlagsprogramm in Anlehnung an die Universität im Breisgau.

Freiburg war – ganz anders als der Bodenseeraum – auf Frankreich hin ausgerichtet. Im 17. Jahrhundert hatte die Stadt längere Jahrzehnte hindurch der Krone Frankreichs gehört. Dass ein ganzer Stadtteil heute »Vauban« heißt, zeigt, dass die Erinnerung an diese Beziehungen lebendig geblieben ist.

Im Winter 1813/14 erlebten Freiburgs Bürger das kaiserliche Hauptquartier in ihren Mauern. Der Verleger knüpfte Kontakte zu Metternichs Privatsekretär Josef Anton von Pilat, einem profilierten Intellektuellen. Durch ihn verschaffte sich Herder einen Auftrag, als kaiserlicher Feldbuchdrucker die alliierten Truppen auf dem Weg nach Paris zu begleiten.

Es wäre reizvoll, die Einzelheiten zu schildern, wie es dazu kam und wie alles ablief. Ein Firmengründer ist immer selbst sein Unternehmen; Schöpfer und Werk sind eine Einheit – die Biographie ist zugleich die Firmengeschichte. In einer späteren Lebensbeschreibung von Herder lesen wir gewiss zu Recht: »Alle persönlichen Erinnerungen austilgen hätte so viel geheißen als ein Lebensbild ohne Farbe und Umriss entwerfen zu wollen.« Wir müssen uns indes auf das vorgegebene Thema beschränken: Das Verlagsprogramm als Spiegel seiner Zeit.

*

In Paris stieß der Verleger auf die große »Encyclopédie« von Diderot und d'Alembert. Im Vorwort des ersten Bandes hatten die Herausgeber ihre Intention formuliert: »die Ordnung und die Zusammenhänge des menschlichen Wissens darzustellen«.

Das Wort »Aufklärung« wurde von Diderot in diesem Vorwort ausdrücklich erwähnt. Er identifizierte sich mit dem, was Wort und Begriff meinen.

Das »Wahre ist das Ganze«, heißt es. Ist darum aber auch das »Ganze das Wahre«? Die Autoren der wichtigsten Artikel nahmen es für sich in Anspruch. Zu ihnen hatten Montesquieu, Jean-Jacques Rousseau und Voltaire gehört. Die »Encyclopédie« geriet – wen kann es angesichts solcher Namen wundern? – auf den römischen Index: Konfrontation zwischen Kirche und Zeitgeist.

Der Verleger kehrte fasziniert aus der französischen Weltstadt nach Freiburg zurück. Er begründete eine lithographische Anstalt und verlegte 1827 die berühmt gewordene sog. »Bilder-Gallerie«, zunächst in Lieferungen, später als Gesamtband. Die Zielgruppe des Werkes war klar umschrieben; es waren die Abonnenten der »teutschen Real-Enzyklopädie«. Diese war nicht illustriert. Die »Bilder-Gallerie« füllte genau diese Lücke. Das Werk fand weite Anerkennung und wurde ein wirtschaftlicher Erfolg. 1835 erschien eine französische Ausgabe. Es war die Geburtsstunde der Herder'schen Lexikographie.

Diese »Bilder-Gallerie« atmete den Geist der Aufklärung. Es war der gelungene Versuch, in Bildern eine »Schau des Ganzen« zu vermitteln, ohne aber durch Worte Ansprüche des Zeitgeistes vorzutragen.

Diesen Lithographien folgten kartographische Werke: Dass der Verleger einer »Weltgeschichte« nun an einen »Weltatlas« dachte, überrascht nicht. Diese Pläne überstiegen die wirtschaftlichen Möglichkeiten des Verlages. Wohl aber gelangen Blätter für einen »Atlas von Central-Europa« und die berühmte »Rheingränzkarte« des damals noch nicht regulierten Stromes.

Die Qualität dieser kartographischen Leistung aber sprach sich herum. Der damalige Genie-Hauptmann Helmuth von Moltke ließ seine in der und für die Türkei aufgezeichneten militärischen Karten in Freiburg herstellen. Fast schien es, als ob der Buchverlag hinter diesen lithographischen und kartographischen Unternehmungen zurückträte.

War das eine geniale Positionierung innerhalb einer misstrauischen liberalen Gesellschaft? Oder war es die Resignation eines Verlegers, der letztlich keinen Wirkungsraum gefunden hatte – weder in der Wessenberg'schen Reformbewegung noch im Liberalismus des badischen Bürgertums? Eine unruhige Zeit hatte einem unruhigen Manne die Möglichkeit geboten, vielfältige Pläne und Ideen zu verwirklichen. In einem Punkte aber war er gescheitert: Er musste erkennen, dass eine Versöhnung zwischen Kirche und Zeitgeist nicht möglich gewesen war.

*

Der Historiker Franz Schnabel, gewiss einer der besten Kenner des 19. Jahrhunderts, hat die Meinung vertreten, man »dürfe in der ›Katholischen Aufklärung‹ nicht nur einen dunklen Hintergrund sehen, vor dem sich die Erneuerung des katholischen Bewusstseins im 19. Jahrhundert umso lichtvoller abhebt«. Was für ein Bewusstsein war damit gemeint? Worin bestand seine Erneuerung?

Äußerer Anlass war ein Ereignis, das unter dem Namen »Kölner Ereignis« in die Geschichte eingegangen ist: Am 20. November 1837 ließ der König von Preußen den Kölner Erzbischof Klemens August Droste zu Vischering verhaften und auf die Festung Minden abführen. Kirche und Staat waren sich über die sog. »Mischehenfrage« uneins geworden. Der Vorgang bedarf einer kurzen Erläuterung:

Durch die napoleonische Neuordnung Europas waren in Deutschland erhebliche territoriale Verschiebungen erfolgt. Die geistlichen Fürstentümer waren aufgehoben worden, ihre katholische Bevölkerung – ausgenommen in Bayern – meist unter die Herrschaft protestantischer Herrscherhäuser geraten. So war das katholische Rheinland an Preußen gekommen. Friedrich II. von Preußen hatte sich nach der Eroberung von Schlesien noch großzügig gezeigt. Mit Rücksicht auf das Schulwesen hatte er nicht einmal die Jesuiten ausgewiesen. Sein Nachfolger zeigte sich weniger einsichtsvoll. Die immerhin noch ausgewogene Regelung des Preußischen Landrechtes war nun, 1803, durch eine Kabinettsorder verschärft worden. Die der katholischen Bevölkerung so aufoktroyierte veränderte Regelung widersprach der Garantie des kirchlichen Besitztums.

Solch schroffes Vorgehen gegen einen Bischof löste bei den Katholiken Deutschlands einen Sturm der Entrüstung aus – damals kam im Rheinland der Ausdruck von den »Muss-Preußen« auf. Joseph von Görres, Mittelpunkt der Heidelberger Romantik und rheinischer Republikaner, rief mit einem Flugblatt zum Kampf um Recht und Gerechtigkeit auf. Der Preußenkönig geriet in die Defensive. Die vorgeschobenen Gründe der Verhaftung (Auflehnung gegen die Staatsgewalt) ließen sich nicht halten; der Gefangene wurde ohne Anklage nach geraumer Zeit wieder auf freien Fuß gesetzt.

*

Im Jahre darauf starb der Verlagsgründer. Sein jüngstes Kind – darum Benjamin genannt – trat die Nachfolge an, erst 21-jährig. So jung er auch war: Die geschilderten Vorgänge haben ihn tief in seinem Selbstverständnis getroffen und nachhaltig geprägt. Er traf eine weitreichende und ungewöhnliche verlegerische Entscheidung: Er trennte sich von seinem erfolgreichsten Werk und verkaufte die neunbändige »Allgemeine Geschichte« von Karl von Rotteck an den Verlag Westermann in Braunschweig. Man darf diese Entscheidung als eine in der deutschen Verlagsgeschichte beispiellose verlegerische Entscheidung bezeichnen. Sie war aus tiefster Gewissensnot heraus getroffen worden, ungeachtet der Verehrung, die der junge Verleger für seinen akademischen Lehrer hegte und behielt. 14 Auflagen hatte Rottecks Weltgeschichte bei Herder erlebt; ein solches Werk gibt man nicht ohne schwerwiegende Gründe ab.

Über Karl von Rotteck brauche ich hier in Freiburg, wo er lebte, wirkte und starb, gewiss nichts zu sagen. Wohl aber bedarf sein Hauptwerk, das schon zu seinen Lebzeiten Zuspruch und Widerspruch gefunden hat, einer kurzen Anmerkung.

Zeitzeugen bestätigen unabhängig voneinander, dass es der Verleger gewesen war, der Rotteck zu seinem großen und von den Lesern als großartig empfundenen Werk angeregt hatte. Dass er gerade diesen altliberalen Politiker ansprach, war erstaunlich: Rotteck war nämlich kein Historiker, hatte nie Geschichte studiert und dennoch 1798 durch kaiserliches Hofdekret den Lehrstuhl für Weltgeschichte an der Freiburger Universität erhalten.

Rotteck hat keine Quellenstudien betrieben, sondern seinen Stoff aus einem Werk seiner Zeit entnommen: »Remers Handbuch der Allgemeinen Geschichte«. Den Mangel an Gelehrsamkeit möge man ihm verzeihen, schrieb er an Freunde bei der Übersendung eines Dedikationsexemplars. Er verstand seine Geschichte vielmehr als eine pädagogisch-politische Unternehmung. Sein großes politisches Anliegen war der Ruf nach Freiheit.

Karl August Varnhagen von Ense (der Mann der eher noch berühmteren schönen Rahel Varnhagen geb. Levin) formulierte dieses Anliegen in einem Brief an Rotteck: »… eine Waffe ist Ihr Buch, ein Kriegswerkzeug gegen Despotismus und Willkür …«

»Eine politische Unternehmung« also; das Ziel hatte der Verfasser in seinem Werk selbst beschrieben: »Ein Bollwerk gegen die Feinde der Aufklärung zu bauen …«

Das Anliegen der Aufklärung – das verband den Verleger mit seinem Autor. Nicht von ungefähr war es Wessenberg gewesen, der Herder mit Empfehlungsbriefen nach Freiburg ausgestattet hatte, auch an seinen Freund Rotteck.

Hier gilt es einem möglichen Missverständnis zu wehren, das im Blick auf den Begriff »Katholische Aufklärung« aufkommen könnte. Es geht dabei um das Verhältnis zwischen Vernunft und Offenbarung, die Frage also nach einem persönlichen Gott oder dem vernünftigen Gesetz der Welt im Sinne des Deismus.

Rotteck war von Hause aus katholisch; jemand hatte ihn bei seinem ersten literarischen Auftreten noch »einen edelmütigen Schreiber Gottes« genannt. Aber bald dominierte in seinen Gedanken »eine aufklärerisch individualistisch-rationalistische Grundhaltung und ließ ihn keine innere Beziehung mehr zu Kirche und Katholizismus finden«. So charakterisierte ihn treffend der Freiburger Rechtslehrer Alexander Hollerbach.

Sein Freund Wessenberg beklagte nicht ohne Grund, durch die »Weltgeschichte« würden »Samen des Zweifels in die Gemüther studierender Jünglinge ausgestreut …«

Rottecks Geschichtswerk strahlt ein echtes Pathos für den Gedanken der Freiheit aus. Der Verfasser lässt keinen Zweifel an der Überzeugung, dass es »keine größere Begebenheit in der Weltgeschichte gibt, als die Französische Revolution«. Mit diesem Bekenntnis eröffnet er seinen letzten, den 9. Band. Dabei vermag er nur schwer seine bittere Enttäuschung zu verbergen: 1832 war er durch die Karlsruher Regierung seines Postens als Universitätslehrer enthoben worden.

Die Restauration war in vollem Gange. An die Stelle der altliberalen Vorstellungen war eine neue Form von Liberalismus getreten. Vom »republikanischen Geist«, wie ihn Rotteck noch gelobt hatte, war nicht mehr die Rede.

Diese Weltgeschichte war nicht zufällig in den Herder'schen Verlagskatalog gekommen; aber sie ist auch nicht zufällig daraus verschwunden. In beiden Verlagsentscheidungen spiegelt sich etwas vom »Geist der Zeit«.

II.

Benjamin Herder (1818–1888) war der zweite in der Folge der Verlegergenerationen. Während eines halben Jahrhunderts leitete er die Geschicke des Verlages. Was war das für ein Jahrhundert?

Man hat dieses 19. Jahrhundert »ein zweites konfessionelles Zeitalter« genannt. Das Kölner Ereignis von 1837 hat dem Zusammenleben des deutschen Katholizismus mit Aufklärung und Altliberalismus ein jähes Ende bereitet. Die Katholiken fanden dadurch zu einem neuen Selbstbewusstsein. Das führte zwar zu keinem Aufstand gegen die Pickelhaube, wohl aber zu einer stärker werdenden Auflehnung mit geistigen Mitteln.

In solch bewegten Zeiten rückt das Schicksal Menschen oft gegen alle eigene Erwartung in die Rolle von Trägern neuer Orientierung. Aber die Erfahrung lehrt: Aus Not und Verfolgung werden sittliche Kräfte. »Manche Biographie des 19. Jahrhunderts« (so lesen wir bei Schnabel) weiß »von Verbitterung und Lebenstragik« zu erzählen. Wir werden sehen, wie viel davon sich im Spiegel der Verlagsproduktion von Herder widerspiegelte. Das nach seinem Tode, 1889, erschienene Lebensbild von Benjamin Herder trug wohl nicht ohne Berechtigung den Untertitel: »Fünfzig Jahre eines geistigen Befreiungskampfes«.

*

1816 hatte der Verleger Friedrich Perthes eine berufliche Reise durch Süddeutschland unternommen, die ihn bis nach Wien führte. Nach seinen Eindrücken war es in diesen Gebieten um den Buchhandel schwach bestellt. Als Schwiegersohn von Matthias Claudius hatte er einen offenen Blick für die religiöse Situation. Unter dem Eindruck dieser Reise schrieb er: »Die Zeit, in der sich gläubige Protestanten und gläubige Katholiken ihres Glaubens wegen eins fühlten, geht zu Ende ...«

Wie stark dieses »eins sein« gewesen sein mag, darf bezweifelt werden. Für Goethe waren »Katholicismus und Protestantismus schon lange im Trüben neben einander hergeschlichen ...«

Im Grunde aber standen die Christen beider Konfessionen vor den wenn auch verschiedenen Auswirkungen des großen, immer stärker werdenden Prozesses einer Rationalisierung.

1817 war der alten lutherischen Landesuniversität Württembergs eine katholisch-theologische Fakultät angefügt worden. Sie ist in wenigen Jahren zu einer wahren »Pflanzstätte katholischer Wissenschaft« geworden: Ihre Vertreter wussten historisch-kritischen Sinn mit dogmatischer Tiefe und Offenheit für ihre protestantische Nachbarfakultät zu verbinden.

Bald stellte man mit Respekt fest, dass die Tübinger den rationalistischen Geist aus der kirchlichen Wissenschaft verdrängten: Als eine bewusst historische Theologie trat die Tübinger Schule in eine ernsthafte »Auseinandersetzung mit dem Denken ihrer Zeit«.

Diese geistige Entwicklung fand rasch die Aufmerksamkeit des jungen Freiburger Verlegers. Obwohl selbst noch aufklärerisch erzogen, drang er doch in ungewöhnlichem Maße in den Geist dieser bedeutenden theologischen Bewegung ein. Mit den wichtigsten Vertretern der Tübinger Schule stand er bald in freundschaftlicher Beziehung und wusste sie an seinen Verlag zu binden; ohne diese Tübinger Bewegung ist die spätere Geschlossenheit seines verlegerischen Programms nicht zu erklären. Hier ist auch der geistige Ansatzpunkt zu sehen für sein groß angelegtes theologisches Verlagskonzept.

Von den vielen Tübinger Namen im Verlagskatalog seien hier nur zwei genannt, weil sie auf dem Alten Friedhof unserer Stadt anzutreffen sind: Johann Baptist Hirscher und Franz Staudenmaier, Katechet der eine, Dogmatiker der andere, jeder von ihnen von Einfluss auf seine Umgebung und Nachwelt. Aber auch in der Rottenburger Kathedralkirche sind Namen von Autoren des Verlages zu lesen: Eine Reihe von ihnen hatten die Tübinger Lehrkanzel mit dem dortigen Bischofsstuhl vertauscht.

Im Jahre 1844 hatte der streitbare Publizist Joseph von Görres den Wunsch ausgesprochen nach »einer großen Verlagshandlung für eine katholische Literatur in Süddeutschland«. Ausweis für einen großen Verlag waren und sind »große Werke« – neben umfangreichen Sammelwerken und Editionen vor allem große Werke enzyklopädischen Charakters.

Wenn ein Werk jener Zeit diese Einschätzung verdient, dann ist es das seit 1847 erschienene »Kirchenlexikon«. Der Verleger war knapp 22 Jahre alt, als er seinen Buchplan zum ersten Mal äußerte. Ein solcher Plan war neu – neu auch der Gedanke, alle maßgebenden Theologen in einem großen Werk zusammenzubringen.

Als Prinzip, das der Enzyklopädie zugrunde liegen sollte, nannte dessen Vorwort die »Einheit und Einigkeit des Katholizismus«. Jedem einzelnen Lexikonartikel sollte eine durchgehende, organische Einheit entsprechen. Das war romantisch-idealistisch gedacht und entsprach den Ideen der Tübinger Schule, und man konnte es als eine Kampfansage an den »Zeitgeist« verstehen. So wurde dieses Kirchenlexikon zur Erfüllung des Traumes von Görres. Ein französischer Historiker, Georges Goyau, hat das klar erkannt, als er schrieb: »L'éditeur avait dépassé 20 ans – l'âge où les rêves sont en fleurs; ainsi fermentaient dans la petite ville de Fribourg les germes d'une littérature catholique ...«

*

Ein Traum kann zum Alptraum werden ...

Bald war das Kirchenlexikon der einzige Auftrag in der hauseigenen Druckerei; dessen Personal war auf ein Minimum reduziert worden, Bücherbestellungen waren zur Seltenheit geworden. Was war geschehen?

»Wir leben hier wie in einem Heerlager«, schrieb der Verleger 1848 und beklagte die wirtschaftlichen Folgen der revolutionären Erhebung in Baden; »wir haben fast 15 Monate lang ohne Einnahmen gearbeitet ...«

Es sollte Jahre dauern, bis wieder Ruhe im Land eingekehrt war. Für den Verlag war es eine »Ruhe vor dem Sturm« – im Jahre 1852 brach in Baden ein schwerer Kirchenkampf aus zwischen der liberalen Regierung in Karlsruhe und dem Freiburger Erzbischof Hermann von Vicari.

Vordergründig ging es dabei um kirchliche Freiheiten gegenüber einem angestrebten Staatskirchentum. Dahinter aber wurden die Spätfolgen der Französischen Revolution nun auch in Deutschland sichtbar: Der moderne, autonome Mensch schickte sich an, die alte Ordnung endgültig aufzulösen und den Glauben an das göttliche Recht der Obrigkeit durch den absoluten Staat zu ersetzen.

War es 1848/49 noch um das wirtschaftliche Überleben des Verlages gegangen, ging es nun um seine Existenz überhaupt. Franz Schnabel hat in seinem Geschichtswerk die Darstellung dieser Periode mit der Überschrift versehen: »Die Auseinandersetzung mit dem Zeitgeist«.

Dieser sollte sich dem Verleger von seiner unerfreulichsten Seite zeigen: Der badische Liberalismus hatte mit dem Geist der vorangegangenen »Altliberalen« nur mehr den Namen gemeinsam; er stellte einen Verrat an deren Prinzipien dar, indem er die Freiheit an den Staat auslieferte.

Am 26. Januar 1854 erschien Bismarck persönlich in Karlsruhe; er war damals preußischer Bundestagsgesandter. Ziel dieser Reise war, den Prinzregenten zu bestärken, »den schwebenden Streit in der Eigenschaft eines Vorkämpfers der übrigen Deutschen und namentlich der protestantischen Fürsten« durchzuführen.

Anlass für diesen Besuch war eine Denunziation aus Freiburg: Ein Setzer der dortigen Offizin bediente Bismarck mit Nachrichten über kirchliche Druckaufträge – ein Spitzel also. So kam es im Zusammenhang mit einem bischöflichen Hirtenbrief zu einer polizeilichen Durchsuchung von Verlag und technischem Betrieb, die freilich ohne das gewünschte Ergebnis blieb.

*

Am 8. Dezember 1864 verkündete Papst Pius IX. in Rom den sog. »Syllabus«. Das war ein Verzeichnis von »Zeit-Irrlehren«, unter denen der Liberalismus ausdrücklich erwähnt wurde. Die Vorstellung, sich »mit dem Fortschritt, mit dem Liberalismus und mit der modernen Kultur auszusöhnen«, wurde darin ausdrücklich verworfen.

Dem »Zeitgeist« wurde damit der Kampf angesagt; die Ansage war umgekehrt das Signal für einen Generalangriff auf die katholische Kirche in nahezu allen europäischen Ländern. In diesem Kontext ist das Erste Vatikanische Konzil mit seiner Infallibilitätserklärung zu verstehen und der Kulturkampf in Deutschland zu sehen.

Das Verlagsprogramm geriet durch diese Vorgänge gewissermaßen »zwischen die Fronten«: Es war kaum mehr ein Buch zu einschlägiger Thematik vorstellbar, das nicht wenigstens einer der beiden Seiten missfallen hätte. Der Verlag sah sich in jenen Jahrzehnten ständigen Eingriffen von Zensurbehörden ausgesetzt – sowohl der kirchlichen wie auch der staatlichen Zensur. So erschienen manche Buchtitel nicht mehr in Freiburg, sondern anonym im schweizerischen Schaffhausen.

Die Entwicklung in diesen Jahrzehnten kann man durchaus als »doppelgesichtig« bezeichnen. So betrüblich und schmerzlich im Einzelnen die Auswirkungen dieser großen Auseinandersetzung zwischen Nationalstaat und Weltkirche waren – im Rückblick wird man sagen dürfen, dass sie für die Kirche zum Anstoß für eine Erneuerung geworden sind.

Der Verleger Benjamin Herder hat das schon frühzeitig erkannt. So schrieb er bereits 1854, dass er diesen Kampf »bei aller Trostlosigkeit unserer Zustände [für] die Kirche als sehr heilsam betrachte«.

Ein Jahrhundert später wird Arnold Gehlen die Feststellung treffen,»dass es mit der Religion wieder Ernst wird, werde man am Aufbrechen kampfbereiter Fronten bemerken«.

Rudolf Virchow, Pathologe und Reichstagsabgeordneter, hat den »Kulturkampf« einen Kampf »für die Kultur« genannt; die Beobachtungen von Samuel Huntington vom »Kampf der Kulturen« lenken unser Augenmerk von jenen lange zurückliegenden Ereignissen auf neue Kampfbereitschaften in unserer Gegenwart.

III.

1888 war wiederum eine Zäsur in der Verlagsgeschichte: Die dritte Verlegergeneration trat an, Hermann Herder d. Ä., mein Großvater. Er sollte den Verlag zur Weltgeltung führen. Die Zeit des Wilhelminismus war eine Zeit der Industrialisierung, des wachsenden wirtschaftlichen Reichtums. Äußerlich weithin eine friedliche Zeit, war sie gekennzeichnet von großer geistiger Unruhe. Der Übergang vom 19. zum 20. Jahrhundert stand im Zeichen der Modernismuskrise.

Im Blick darauf schrieb ein Autor folgende Sätze: »In jedem Zeitalter befinden sich jene Menschen in einer günstigen Lage, deren Weltanschauung und Lebensführung mit dem Geiste ihrer Zeit harmonisch zusammenstimmen.«

Weder der Verleger noch die Mehrzahl seiner Autoren befanden sich in dieser komfortablen Lage. Es sollte sich sehr schnell zeigen, dass eine Aussöhnung der »modernen Welt« mit dem Katholizismus nicht möglich war.

Der Modernismus richtete sich gegen das Christentum als Ganzes, seine Eltern waren Agnostizismus, Evolutionismus, Relativismus und vieles mehr – für die Vorstellung von göttlichen Wirklichkeiten blieb da kein Platz mehr übrig.

Diesem Gewirr von geistigen Strömungen gaben erst römische Theologen einen zusammenfassenden Namen: Seit 1907 bezeichnete man diese Geistesströmungen als »Modernismus«. Seit 1910 wurde werdenden Priestern der sog. »Antimodernisteneid« abverlangt.

Modernistenstreit und Antimodernisteneid vergifteten die

Atmosphäre erheblich. Viele der Beteiligten hielten den Weg für falsch, dem Zeitgeist durch disziplinarische Maßnahmen auf den Leib zu rücken. Viele waren bereit zu bekennen, was die Kirche bekannte; aber sie sahen sich überfordert, auch alles zu verwerfen, was sie verwarf.

Spätere Lexika enthalten ihre Namen – es waren nicht die Schlechtesten, die damals zwischen die Mühlsteine gerieten. Nicht alle haben »überlebt«, viele trugen ihr Trauma bis ans Lebensende mit sich herum. Geistige Probleme mögen nach hundert Jahren überholt sein, menschliche Schicksale aber bleiben.

Einen dieser Männer habe ich noch persönlich kennen gelernt: Karl Färber, Begründer und Herausgeber unserer Wochenzeitschrift »Christ in der Gegenwart«, wurde über 90 Jahre alt. So habe ich noch einen Zeitzeugen jener Auseinandersetzung mit dem »Zeitgeist« erlebt und seine Gründe gehört, jenen Eid nicht abzulegen. Es war kein bitteres Bedauern im Rückblick, eher eine »von Melancholie getränkte Nachsicht und Geduld«, um diese Formulierung des Verlegers Benjamin Herder hier zu verwenden.

*

Das Verlagsprogramm jener Jahre zeigt die Bemühung, einer Selbstisolierung zu entgehen und die Mitte zu halten zwischen falschen Fortschrittlichkeitsidealen und integralistischer Reaktion darauf.

Kühne theologische Konzeptionen sind seltener geworden; auch ist nicht zu übersehen, dass der Verlagskatalog mehr Lehrbücher enthält als schöpferische Werke.

Die Katastrophe des Ersten Weltkrieges hat diese Begegnung mit dem Zeitgeist der vorangegangenen Jahrhundertwende abrupt unterbrochen. Es blieb keine Zeit mehr, andere Lösungen in dieser Auseinandersetzung zu suchen als die disziplinarischer Verbote.

Das geschichtliche Urteil über diesen Papst – es war Pius X. –

ist zwiespältig; zwiespältig wie der Eindruck von seinem Grabmal: An den »pastore buono« erinnert dort ein schwebender Engel, der einem Kinde die Hostie überbringt – an den unerbittlichen Dogmenhüter drei gebeugte Greise, die irrigen Lehren abschwören.

Was spiegelt der Verlagskatalog von dieser wirren Zeit? Was von »diesen Bewusstseinsstörungen im Katholizismus«, wie sie Oskar Köhler genannt hat?

Der Historiker Michael Schmolke meinte, die meisten katholischen Verlage hätten damals »riskanten Boden zu betreten vermieden, und das hat sich ausgezahlt im Sinne der Bestandssicherung und der Ausweitung des soliden Geschäftes«.

Eine »Ausweitung« des Verlagsgeschäftes ist in der Tat nicht zu übersehen: Bereits 1892 gab der Verlag neben dem deutschen Jahresbericht zwei fremdsprachige heraus: einen Katalog in spanischer und einen weiteren in französischer Sprache mit einem umfangreichen Sortiment in über einem Dutzend europäischer Sprachen.

Die deutsche Kolonialpolitik hatte ohne Zweifel der Missionstätigkeit beider Konfessionen Auftrieb gegeben. Insofern spiegelt diese umfangreiche internationale Wirkungsdimension durchaus etwas vom erweiterten Horizont des deutschen Kaiserreichs.

»Herder war zum weltbekannten Universalverlag geworden, ohne etwas von seinem katholischen Profil aufzugeben«, formulierte Wolfgang Hug in einem Vortrag im Jubiläumsjahr des Verlages 2001. Mit seinem großen »Konversationslexikon« war der Verlag ranggleich neben Brockhaus getreten.

*

Zeichen einer »Bestandssicherung« wurde das große Verlagsgebäude, das im Spätherbst 1912 bezogen werden konnte. Ist dieser im Stadtbild herausragende Bau ein »Bedeutungsträger« und spiegelt er als »zeichenhaftes Gebilde« etwas, was im Zusammenhang mit dem Geist des Verlagskatalogs zu sehen ist?

Eine umfangreiche Diplomarbeit an der Karlsruher Technischen Hochschule galt diesem Bau; der Verfasser schildert den beauftragenden Verleger als einen »anspruchsvollen, modern denkenden Bauherrn«. Als »Eigner und Leiter eines kräftig expandierenden Familienunternehmens« von Weltgeltung wird er durch seine Bau-Idee greifbar: Als Ahnherren »erscheinen baulustige Fürstäbte der Barockzeit«.

Der Historiker Peter Hersche hat in einem umfangreichen Werk aufgezeigt, dass der Barock in seiner epigonenhaften Form des »Neobarock« eigentlich erst nach dem Zweiten Weltkrieg an sein endgültiges Ende gekommen ist.

Das Verlagsgebäude, auf ehemaligem Grund des Klosters Tennenbach gelegen, gehört dazu. In diesem Bau klingen Erinnerungen nach an den süddeutsch-österreichischen Schloss- und Klosterbau des 18. Jahrhunderts.

Insofern steht er an einer bedeutsamen Schnittstelle zwischen dem 19. und dem 20. Jahrhundert:

> erbaut *einerseits* als Eisenbeton- und Eisenskelettbau und somit höchst modern und funktionalistisch, *andererseits* in seinem äußeren monumental-repräsentativen »Kleid« Ausdruck eines verklingenden Zeitalters.

Der Bau atmet also einen »vergangenen Zeitgeist«: Der Barock gilt ja als letzte gesamteuropäische Epoche – bei aller Wahrung mittelalterlicher Tradition verband er Erkenntnis mit Frömmigkeit. Der Barock wurde so zum »Humusboden« für die Grundlegung katholischen Selbstbewusstseins auf dem Weg in ein modernes Zeitalter.

IV.

Der Ausgang des Ersten Weltkrieges schien freilich eher ins Bodenlose zu führen. Angesichts revolutionärer und spartakistischer Umtriebe gestand der aus dem Feld zurückgekehrte Verleger 1919, er sehe sich außerstande, sich dem Geist der neuen Zeit anzupassen. Der Entschluss, dennoch weiterzumachen, geschah aus Pflichtgefühl.

Die verlegerischen Beiträge in dieser politisch gärenden Zeit begannen mit Flugschriften, in deren Titeln immer wieder das Wort »neu« vorkommt: »Neubau der Gesellschaft«, eine Einführung in die »neuen Aufgaben der Demokratie«, oder von Joseph Schofer, dem temperamentvollen Führer der Badischen Zentrumspartei: »Mit der alten Fahne in die neue Zeit«. Schofer, streitbarer Prälat und Politiker, klagte hier die damaligen politischen Parteien an: Er warf ihnen vor, sich dem »Zeitgeist« nur allzu schnell zu fügen.

*

Hier stellt sich die Frage, ob Deutschland nicht vielmehr unter einer »neuen Fahne« den Weg in eine lange zurückliegende alte Zeit einschlug. Der »Tag von Potsdam« beschwor ja nur dessen letzte Wegmarke unter dem verführerischen Aufgebot von Regimentsfahnen und mit dem greisen Reichspräsidenten in Marschalluniform.

So rechnete der Usurpator mit Naivität und mangelndem historischem Unterscheidungsvermögen; denn viele, die unter dem Feldzug von 1866 noch gelitten hatten, ließen sich 1870 für das Kaiserreich begeistern, das im Grunde genommen gar nicht das ihre war.

Es ist auffällig, dass während der Zeit des Nationalsozialismus das Wort vom »Zeitgeist« nirgends auftaucht. Statt dessen ist nun überall vom »Reich« die Rede.

Es gab eine Maria-Laacher »Reichstheologie« (Ildefons Herwegen) und einen evangelische »Reichskirche« (Reichsbischof Ludwig Müller). Wenn überhaupt von einem Geist die Rede war, dann vom »Geist der heiligen Jugend unseres Volkes« (Stefan George), der ein in die Ewigkeit reichendes »Tausendjähriges Reich« beschwor.

Der Abschluss des »Reichskonkordates« zwischen dem Heiligen Stuhl und dem »Dritten Reich« konnte eigentlich nur in diesem Sinne missverstanden werden.

Als der Nationalsozialismus wenig später seine Maske fallen ließ, folgte ein schreckliches Erwachen. Der brennende Reichstag bildete dazu eine schauerliche Kulisse und war Vorbote von folgenden Brandfackeln und Feuerlohen.

Der Nationalsozialismus war nicht nur ein politisches Programm. Nicht umsonst trug eine seiner Bibeln den Titel »Der Mythus des 20. Jahrhunderts«. Die Botschaft von der »Schwarzen Sonne«, diesem Mythologem aus nordischer Vorstellungswelt, musste zur Kollision mit dem Christentum führen. Der Verlag Herder befand sich dabei in vorderster Frontlinie.

Gefährliche Gegner waren das Reichspropagandaministerium, die Reichsschrifttumskammer und die »Parteiamtliche Prüfungskommission«. Ein Verlag mit einem so breit angelegten Programm wie Herder stieß bei vielen Büchern an deren Verbotstafeln.

1936 traf ein solches Verbot den Titel »Neue Zeit und alter Glaube«. Verhandlungen mit dem Propaganda-Ministerium bleiben ergebnislos. Im November traf ein Brief in Freiburg ein, in dem sich der braune Verhandlungsführer tief enttäuscht zeigte über Gang und Ergebnis der Gespräche. Er schrieb:

> »Dass die Bereitschaft Ihres Verlages zum Verzicht auf die Herausgabe von Büchern, die als nicht tragbar bezeichnet werden müssen, so gering ist, hätte ich denn doch nicht für möglich gehalten.«

Und er schloss sein Schreiben mit der Drohung:

»Es ist Ihre Sache, welchen Weg der Verlag in Zukunft publizistisch gehen will. Der Verlag kann sich über das, was nottut, nicht im Unklaren sein ...«

Etwa ein halbes Hundert von Büchern wurde in jenen Jahren verboten; 1937 verfügte Goebbels ein Auslieferungsverbot für das 12-bändige Konversationslexikon – für den Verlag ein Millionenschaden! Aus Devisengründen blieb der Export erlaubt – so entstand im Ausland der Eindruck, es gebe in Deutschland keine Unterdrückung des Schrifttums.

Kriegsbedingte Druckaufträge waren der Grund dafür, den Betrieb nicht zu schließen; die Bombennacht des 27. November 1944 machte der reduzierten verlegerischen Arbeit ein Ende.

Von Brandbomben schwer getroffen, war das Verlagsgebäude völlig ausgebrannt; die Grundmauern aber hatten gehalten. Der Verleger – es war mein Vater – bekam »Bombenurlaub« (wie das damals hieß) und hielt an die zusammengeschmolzene Mitarbeiterschaft eine Ansprache. Der alte Ausstellungsraum, nur notdürftig vom Schutt befreit, ohne Fenster und Türen, bildete einen gespenstischen Rahmen für seine Worte.

»Immer ist dieses Haus ein Symbol gewesen«, so sagte er; und fuhr fort:

> »... in guten Tagen ein Wahrzeichen der Größe des Verlages; heute mahnt es an die zukünftige Aufgabe, das Wesentliche zu bewahren. Die Grundmauern haben standgehalten; so wollen wir aus diesen Grundmauern heraus die Aufgabe von Neuem beginnen. In der Not zeigt sich die Bewährung.
> Lassen wir uns nicht entmutigen: Zum Verlegen gehört Geist, fleißiges Können und Geld. Das Wichtigste aber ist der Geist – der Geist des Hauses aber lebt und ist unverlierbar ...«

*

Was für einen Geist spiegelten die ersten Bücher, die bereits im Spätherbst 1945 unter den schwierigsten Umständen hergestellt werden konnten? Ihre Buchtitel wirken allein schon wie eine Deutung der erlebten Katastrophe, und sie stammen aus der Feder eines Sehers, der solcher Deutung mächtig war – Reinhold Schneider:

»Der Tod des Mächtigen«,
»Erbe im Feuer«,
»Gedanken des Friedens«.

Eine Zeitschrift für die Seelsorge deutscher Kriegsgefangener in Frankreich hatte zum Titel »Licht ins Dunkel«.

Reinhold Schneider gehörte auch zu den Herausgebern einer Reihe »Das Christliche Deutschland 1933–1945«, gemeinsam mit einem evangelischen Verlag in Tübingen verlegt. Es waren Zeugnisse und Dokumente, die einen Eindruck vermitteln sollten, was überhaupt auf dem Bewährungsfeld gegenüber dem Nationalsozialismus seitens von Kirchen und Christen geschehen war.

Eine Bewertung ihrer Verhaltensweisen war so unmittelbar nach dem schrecklichen Geschehen naturgemäß nicht möglich. Es war wohl eher die Absicht, sich selbst und den militärischen Siegern zu zeigen, dass doch einige Christen in dieser dunklen Zeit widerstanden hatten.

Die erste Nachkriegszeit hatte in gewissem Sinne restaurative Züge. Angesichts der Ruinenstädte und des geistigen Trümmerhaufens bei Kriegsende war das vielleicht gar nicht anders vorstellbar. Insofern war das Ziel der wieder anlaufenden Verlagsproduktion erst einmal, den »Nachholbedarf« zu decken und die ungeheuren Lücken und Verluste in den privaten und öffentlichen Bücherregalen wieder zu füllen.

Der folgende wirtschaftliche Aufschwung des »Wirtschaftswunders« machte bald eine breite Verlagspalette und das »große Buch« möglich. Im Blick auf dieses »große Buch«

war der äußere Wiederaufbau des großen Verlagsgebäudes erfolgt; dem »Verleger des großen katholischen Buches« galt 1951 bei der Feier des 150-jährigen Bestehens der Glückwunsch des Kölner Kardinals Frings. Die Verwirklichung umfangreicher Verlagsvorhaben ist in der Tat ein Kennzeichen der vierten Verlegergeneration unter der Leitung von Theophil Herder-Dorneich. Was spiegeln diese Werke? Was von den Problemen der Zeit wird in ihnen (und dies im doppelten Sinne des Wortes) reflektiert?

*

Die Aufklärung hatte die Rationalität als Merkmal der menschlichen Natürlichkeit aufgefasst. Es gehört zu den Paradoxien des 20. Jahrhunderts, dieses »Zeitalters der Wissenschaft«, dass es zugleich ein Zeitalter der Ideologien wurde. Als dominierende Weltanschauung erwies sich dabei der Marxismus-Leninismus, der in der Sowjetunion völkische und staatliche Verwirklichung fand. Es war die »Zweite Welt« von unerhörter Realität und entsprechender Ausstrahlung.

Ihr galt die sechsbändige Forschungsenzyklopädie »Sowjetsystem und Demokratische Gesellschaft«.

Dieses Unternehmen »ohne Vorgänger oder Vorbilder« (so das Vorwort) war durch den Verleger – in diesem Fall meinen Vater – angestoßen worden.

Ein Jahrhundert nach dem Erscheinen des »Kapitals« von Karl Marx und fünfzig Jahre nach der Oktoberrevolution wurde der erste Band verlegt. Er sollte eine kritische Antwort westlicher Forschung sein auf ein System der Wissenschaften, das im Kielwasser des Denkens von Marx und Engels entstanden war. Die Enzyklopädie sollte untersuchen, »welche Spiegelung und welche Begründung diese Gegensätze in den Wissenschaften gefunden hatten«.

Mit Bedauern, aber in vornehmer Formulierung musste der Herausgeber mitteilen, dass »sowjetische Forscher nicht für die Abfassung der Artikel herangezogen werden konnten«. Als

Grund dafür wird im Vorwort »nur schwer zugängliches wissenschaftliches Material« genannt; Ursache war indes die Behinderung der angeschriebenen Gelehrten durch offizielle sowjetische Stellen. Diese waren indes auch so über Inhalt und Fortgang des Werkes bestens informiert. Nach der Wende stellte sich heraus, dass ein Mitglied der Freiburger Redaktion von der »Stasi« der DDR zu Spitzeldiensten gewonnen worden war.

Dieses Werk »ohne Vorgänger oder Vorbilder« war ursprünglich nur in russischer Sprache geplant gewesen. Finanzierung und Übersetzungsprobleme ließen dann aber nur eine deutsche und englische Ausgabe zu. Mit dem Mauerfall verfiel das Interesse an Fragen des Marxismus.

*

Hubert Jedin hat in seiner groß angelegten »Geschichte des Konzils von Trient« dargetan, dass eine Reform aus rein kurialer Initiative nicht möglich ist. Johannes XXIII. sollte nach der Vorstellung seiner Wähler ein »Papst des Übergangs« sein; durch die Einberufung des Konzils hat er sich als ein Mann gezeigt, der die Probleme der Zeit zutiefst erkannt hat. Er steht an der Grenze zweier höchst verschiedener Abschnitte der Kirchen- und Glaubensgeschichte.

Mit der 2. Auflage des »Lexikons für Theologie und Kirche« legte der Verlag wieder ein »großes« Buch vor. Es spiegelt den Geist der Vorbereitung ebenso wie den Geist dieses Konzils durch die ihm eingefügten Konzilsbände; sie enthalten nicht nur die Texte der einzelnen Deklarationen, sondern auch ihre Entstehungsgeschichte und ihr Zustandekommen.

»Spiritus Rector« dieses Werkes war der Theologe Karl Rahner, ein Freiburger übrigens. Man kann ihn zu den bedeutendsten Denkern unseres Jahrhunderts rechnen. Zusammen mit anderen Vordenkern in der deutschsprachigen und französischen Theologie hat auch er ganz entscheidend auf Programm und inneren Verlauf dieser Kirchenversammlung eingewirkt.

Der Jesuit Rahner bewältigte diese gewaltige lexikographische Aufgabe in Jahren, in denen er unter einem römischen Schreibverbot litt. Nun hat ein Lexikon seinen Lesern die »opinio communis« mitzuteilen und keine subjektiven Ansichten; als redaktioneller Kärrner bewegte er sich also am Rande des Verbotes. Es ist indessen nicht zu leugnen: Viele der entscheidenden Artikel atmen seinen theologischen Geist, eine Tatsache, die dieses Lexikon eben so bedeutsam machte. So deutet es an manchen Stellen Divergenzen aus der vorkonziliaren Ära an, die freilich schon zu Konzilsende bereits überholt waren.

Rahner trug die ihn diskriminierende Maßregelung des Schreibverbotes mit großem Gleichmut. Im vertraulichen Gespräch ließ er seine Meinung durchblicken, das höchste kirchliche Lehramt besitze keine tieferen Einsichten als er, Rahner, selber. Am Ende des Konzils wurde er öffentlich rehabilitiert: Papst Paul VI. empfing ihn persönlich. Meine Frau und ich begleiteten Karl Rahner auf diesem Gang.

Die Rezeption der Konzilsdekrete in der katholischen Christenheit geriet in den Wellenschlag der weltweiten »Kulturrevolution«. Insofern ist sehr genau zu unterscheiden zwischen den Intentionen der Konzilsväter und dem außerkirchlichen Sog, in den sie gerieten. Das »Handbuch der Kirchengeschichte« vermerkt bei der Schilderung jener schwierigen Situation diese Problematik ausdrücklich. Blinder Fortschrittsglaube um jeden Preis würde sich seither auf einen »imaginären Geist des Konzils« berufen und betrachte ihn als eine Art Freibrief. An die Stelle einer ruhigen, planvollen Umsetzung der konziliaren Vorstellungen sei »der launenhafte Impetus des revolutionären Zeitgeistes getreten«.

In solchem Sinne hatte sich schon der Artikel »Zeitgeist« 1935 sorgenvoll geäußert; er formulierte schon lange vorher: »Vielfach wird der modische, schwankende und leichtfertige ›Zeitgeist‹ dem ›Geist der Zeit‹ als dem ernsten, edlen Streben des Zeitalters entgegengesetzt …«

V.

Die »Kulturrevolution« von 1968 berief sich in vielem auf den Geist der Französischen Revolution. Im selben Jahr wurde der deutsche Buchhandel auf seiner Herbstmesse von der Radikalität der Studentenrevolution überrascht. Wer wie ich die gewalttätigen Vorgänge bei der Verleihung des Friedenspreises an Léopold Senghor rund um die Paulskirche miterlebte, konnte sie nur als ein gewalttätiges Menetekel verstehen. Den Betroffenen verschlug es die Sprache, und von der »Sprachlosigkeit der Konservativen« sollte hinfort häufig die Rede sein. Die Revolutionäre, ihre Schriftsteller und Intellektuellen aber machten sich die Worte Balzacs zu eigen, »mit der Feder zu leisten, was Napoleon mit dem Degen nicht gelungen sei«. Was bedeutet das für den Verlag Herder? Welchen Geist spiegelte sein Programm in jenen Jahren?

Mit dem Beginn des Zweiten Vatikanischen Konzils hatte meine verlegerische Tätigkeit begonnen. Bei der Berichterstattung am heutigen Abend treten darum zu den schriftlichen Quellen persönliche Erinnerungen hinzu.

Für den Verleger ging es in jenen turbulenten Jahren zuerst einmal darum, die eigene Position deutlich zu machen. Dabei stellte sich die schwierige Aufgabe, Grenzen nicht aufzuheben, sich aber auch nicht bei deren vorangegangener Festlegung einzuigeln. Die Älteren unter Ihnen, die jene Jahre miterlebt haben, können ermessen, wie schwierig das war. Denn neben Schule und Universität waren ja Verlage und Buchhandlungen das Feld, auf dem sich diese »Kulturrevolution« abspielte. Der Verleger sah sich – auch als Unternehmer, der er ja ist – einer wachsenden Fronde seiner Lehrlinge gegenüber, die einer geistig heimatlosen Generation angehörten. Der Verlust an Realitätssinn griff täglich weiter um sich.

Ein Medium, sich zu Wort zu melden, waren die vierteljährlich erscheinenden Themenhefte der Zeitschrift »Kontraste«. Im äußeren Gewand einer Illustrierten richteten sie sich an junge Menschen, die »sich das Denken noch nicht abgewöhnt hatten«. Diese Themenhefte waren – (so eine Leserzuschrift von damals) – »von frommem Säuseln ebenso weit entfernt wie von wertindifferentem Snobismus«.

Eine weitere Auseinandersetzung mit dem Mentalitätsumschwung vollzog sich im Taschenbuchsektor. Im Vordergrund standen die brennenden Themen der zutage getretenen Autoritätskrise.

Hier muss mit Respekt der Name einer Autorin genannt werden, die ihre Stimme im Anblick dieses Flächenbrandes mutig, unbeirrt und unüberhörbar erhob: der Name der Psychagogin Christa Meves. Von ihr publizierte der Verlag über 60 Titel in zum Teil höchsten Auflagen; von ihren Taschenbüchern wurden über drei Millionen verkauft. Sachkundig geißelte sie die Symptome einer um sich greifenden kollektiven Neurose in unserer Gesellschaft. Als charismatische Rednerin ließ sie nicht nach, verzweifelten Eltern und Lehrern Mut zuzusprechen.

Eine Stimme wieder anderer Art war die des Österreichers Gerd-Klaus Kaltenbrunner. Dieser intellektuelle Florettfechter war einer der wenigen Konservativen, die den Diskutanten aus dem linken Lager an Wissen und Schlagfertigkeit gewachsen waren. Mit der Buchreihe »Initiative« wollte er in geduldigen kleinen Schritten Wege aufweisen aus dem angehäuften Ideenschutt und die »Probleme der Zeit in Gegenbeleuchtung zeigen«. Das war in den siebziger Jahren eine dornenvolle Aufgabe.

Eine große deutsche Tageszeitung erkannte die sich abzeichnende »Tendenzwende« und bestätigte: Verlag und Herausgeber hätten mit ihrer Buchreihe schneller als andere Verlage »auf die Zeichen der Zeit« reagiert. 1988 erschien der letzte von 85 Bänden.

Wer sich so total infrage gestellt sieht wie die damalige Generation durch die Achtundsechziger, der tut gut daran, sich über sich selbst klar zu werden. Solcher Selbstvergewisserung sollte das 30-bändige Werk »Christlicher Glaube in moderner Gesellschaft« dienen. Hier wurde in grundsätzlichen Artikeln maßgeblicher Autoren nach Antworten auf die brennenden Fragen der Zeit gesucht. Der Titel der Enzyklopädie ist ihr inhaltliches Programm. »Christlicher Glaube in moderner Gesellschaft« weist darauf hin: Glaube und säkulares Wertsystem stehen sich nicht als zwei gleichberechtigte Partner gegenüber, vielmehr ist die eine Position schon in der anderen enthalten.

Die Enzyklopädie macht ernst mit der Einsicht, dass es keinen vor- oder nichtgesellschaftlichen Glauben geben kann. Der Lebensvollzug von Menschen geschieht stets in geschichtlichen und sozialen Rahmenbedingungen.

*

Ich bin am Ende meiner Ausführungen angekommen – damit freilich nicht am Ende des Themas. Es ist mir, als stünde ich erst am Anfang der Fragestellung. Was ist das für ein Begriffspaar – »Zeit« und »Zeitgeist« – und wie verhalten sich die beiden zueinander?

In seinem Vorwort zu dem Buch »Die großen Arcana des Tarot« von Valentin Tomberg stellt der Philosoph Robert Spaemann verwundert die Frage: »Ist die Zeit reif für dieses Buch?«

Was will er damit sagen? Es pflegt doch das Buch seine Zeit zu spiegeln; hier wird das Gegenteil gesagt – dass nämlich der Geist eines Buches sich in der Zeit spiegeln könne.

Sollte es eine Zeit geben, die dem Zeitgeist voraus ist?

Im Giebelfeld des Freiburger Verlagsgebäudes stehen die Worte: »Geist schafft Leben«. Die Herkunft dieses Zitates ist ausdrücklich vermerkt: Das Johannes-Evangelium, dem es entnommen ist, lässt keinen Zweifel daran, dass hier nicht »der Herren eigener Geist« gemeint ist. Dessen Wirkung beschränkt die französische Sprache deutlicher als die deutsche Sprache; sie spricht vom »esprit de siècle« und begrenzt diesen Geist auf die ganz bestimmte Zeitspanne eines Jahrhunderts.

Das Bekenntnis zu einem »Geist« aus einer anderen Seinssphäre muss nicht zur Folge haben, dem »Geist der Zeiten« ausschließlich Säkularität zuzuweisen. Wer sich wie der Verleger für geistiges Leben verantwortlich weiß, wird bestrebt sein, bei aller inhaltlichen Unterscheidung der Strömungen seiner Zeit den Sinn für geistige Weiträumigkeit zu bewahren.

Dabei weiß er sich in alle Fortschritte, in alle Widersprüche und in alle Schuld jener Wirklichkeit verwickelt, welche die Gesellschaft als Ganzes ausmacht – kurz: in den »Geist seiner Zeit«.

II.
GEISTIGE WELTEN

*Wenn die Blätter auf den Stufen liegen
herbstlich atmet aus den alten Stiegen
was vor Zeiten über sie gegangen.
Mond darin sich zweie dicht umfangen
hielten, leichte Schuh und schwere Tritte,
die bemooste Vase in der Mitte
überdauert Jahre zwischen Kriegen.*

*Viel ist hingesunken uns zur Trauer
und das Schöne zeigt die kleinste Dauer.*

Heimito von Doderer

In diesem Abschnitt sind Texte versammelt, die bekannten und eher unbekannten Persönlichkeiten, historisch weit zurückliegenden Lebensläufen oder Zeitgenossen, denen Hermann Herder selber begegnete, ihrem Werk und ihrer geistigen Welt gewidmet sind: Reinhold Schneider und Heimito von Doderer sind darunter, aber auch Unbekannte wie der katalanische Nationaldichter und Priester Jacint Verdaguer, der Maler Theodor Zeller oder der heute weitgehend vergessene Erfolgsautor Julius Langbehn (der »Rembrandtdeutsche«).

Diese Texte lassen sich jeweils einem bestimmten Ort, einem bestimmten Geschichtsraum oder einer bestimmten Sprachkultur, einer geistigen Welt zuordnen, die dem Verfasser etwas bedeuten. Aber sie reflektieren für ihn zugleich Ideen oder persönliche biographische Erfahrungen im Spiegel einer Person – etwa beim »Rembrandtdeutschen«. Er nähert sich dieser durchaus umstrittenen Figur auch mit einer Neugier an, die ihren Grund hat in dem eigenen lebenslangen Interesse am »Geist des Ganzen« und in dem Wissen, wie wichtig diese Figur im Gespräch mit dem eigenen Vater in einer Zeit war, als es darum ging, angesichts der Unmenschlichkeit des Krieges nach Quellen der Humanität zu suchen. Und es sagt sicher auch etwas über ihn selber aus, wenn er den Vortrag im Jahr 1999 mit dem Zitat beschließt: »Idealismus ist in unserem Geistesleben so nötig wie Brot unserem Leib. Sich erst zu entschuldigen, wenn man von Idealismus reden will, ist kläglich.«

Poetische Formen der Weltwahrnehmung, ästhetische Möglichkeiten des Weltausdrucks und der Erkenntnis – Poesie, Malerei, Musik – haben Hermann Herder immer angezogen. Der Ire William Butler Yeats oder der walisische Dichtertheologe David Jones, dessen Hauptwerk »Anathémata« er bei Herder Basel verlegte, sind in diesem Zusammenhang zu nennen. Zum großen Teil sind die Texte dieses Kapitels in der Zeit entstanden, als Hermann Herder sich bereits aus der aktiven Leitungsverantwortung für den Verlag zurückgezogen hatte. Sie zeugen davon, dass er Muße hatte, dem, was ihm in der aktiven verlegerischen Zeit wichtig gewesen war, auch in anderen Zusammenhängen nachzugehen und es aus einer Sicht zu beleuchten, die man zunächst wohl gar nicht vermutet hätte.

Der Traum von Atlantis:
JACINT VERDAGUER

»Einst kommt der Tag, an dem man anfangen wird, die katalanische Sprache zu erlernen, um Verdaguer zu lesen, so wie man jetzt die griechische Sprache erlernt, um Homer zu verstehen ...« So beginnt die Einleitung zur deutschen Ausgabe von Verdaguers »Atlántida«. Sie war 1897 bei Herder Freiburg erschienen, 1911 folgte eine 2. Auflage.

Der Verfasser dieser Zeilen vermochte indes seine eigenen Zweifel nicht zurückzuhalten und fügte hinzu:

»Dem hartnäckigen Zweifler will ich zugestehen, daß auch ich nicht an die Erfüllung solcher Weissagung glaube, leider – so will ich hinzusetzen ...«

Am Beginn der sog. »Diagonal«, dieser von Palmen umsäumten Prachtstraße Barcelonas, steht ein stattliches Monument; mit ihm ehren die Katalanen ihren größten Dichter:

Jacint Verdaguer
1845–1902

Wer ist dieser Dichter? Was ist der Inhalt seines Hauptwerkes? Welche Bedeutung kam ihm zu Lebzeiten und kommt ihm heute unter seinen Landsleuten zu?

*

Jacinto Verdaguer wurde am 17. Mai 1845 in dem Dörflein Folgueroles auf der Hochebene von Vic, unweit des gleichnamigen Städtchens, geboren. Aus Vic stammte auch ein anderer bedeutender Landsmann, Jaume Balmes (1810–1848), einer der scharfsinnigsten Denker Spaniens.

Verdaguer kam aus ärmlichsten Verhältnissen: Sein Vater verdingte sich als Landarbeiter und schuftete als Steinklopfer; die Mutter war, wie in so vielen Familien dieses Landes, eine schlichte, tief fromme Frau. Als während ihrer dritten Schwangerschaft ihr zweiter Sohn starb, gelobte sie unter dem Eindruck dieses schmerzlichen Verlustes den »nasciturus« dem priesterlichen Stand. Der Knabe kam gesund zur Welt – die kleine Holzwiege ist noch heute im Diözesanmuseum von Vic zu sehen.

Das Leben der Kinder begann in jenen Jahrzehnten mit harter Arbeit: Der kleine Jacint hütete das Vieh des Dorfes und erlebte so die Natur seiner Heimat; es waren Eindrücke, die sein Leben nachhaltig prägen sollten. Folgueroles liegt auf den Vorbergen der Pyrenäen, deren schneebedeckte Gipfel man in der Ferne sieht; nach Osten hin leuchtet das Blau des Mittelmeeres; im Dunst der Tiefebene vermag man den Montserrat zu erkennen, den geheimnisvollen Berg, die geistliche Mitte dieser Landschaft.

Verträumt, wie Jacint war, begann er zu träumen:

> »Es war in meiner frühesten Jugend« (so gestand er später einem Freund), »als ich es wagte, die Hand an jenes Werk der ›Atlántida‹ zu legen, ohne ein anderes Land gesehen zu haben als jenes, das zwischen meinen heimatlichen Bergen liegt, ohne ein anderes Meer gekannt zu haben als jenes, das ich auf Bildern gemalt vorgefunden habe ...«

Mit neun Jahren wurde Jacint nach Vic auf das Seminario Menor geschickt. Der Schulbesuch war frei; mit einigen Mitschülern marschierte er täglich nach Vic – eine dortige Familie bot ihm einen freien Mittagstisch.

Aus der Sicht seiner Lehrer war Verdaguer zu keiner Zeit ein erfolgreicher Schüler, und das sollte sich auch auf dem Priesterseminar nicht ändern. Nur in einem Fach blühte er auf und zeigte sich als früher Meister: in Rhetorik und Poesie.

Seine ersten, noch schüchternen Gedichte hatten religiösen Inhalt und bukolischen Charakter. Die Verse von Vergil, von Milton, von Torquato Tasso waren ihm vertraut – Homers Odyssee hatte sich der mittellose Schüler von einem Preisgeld erstanden: Beim Wettrennen mit bloßen Füßen auf einem frischen Stoppelfeld war er der Erste geworden! Nach diesem bäuerlichen Wettbewerb stellte er sich, wenige Jahre darauf, dem dichterischen Wettbewerb seines Landes.

*

Hier ist ein Wort zur katalanischen Sprache zu sagen, die um die Mitte des 19. Jahrhunderts eine erstaunliche Neugeburt erlebte. Sie wird von etwa 5 Millionen Menschen gesprochen: in Katalonien, Andorra, auf den balearischen Inseln, in den Provinzen von Valencia und Alicante; außerhalb der Staatsgrenze im französischen Roussillon sowie im Städtchen Alghero im Westen der Insel Sardinien.

Diese geographische Bestandsaufnahme, durchgeführt gewissermaßen nach der Methode der Trigonometrie, gibt freilich nur eine quantitative Vorstellung. Deutlicher werden Bedeutung und Gewicht von Kultur und Sprache, wenn wir die Namen bedeutender Menschen erfahren, deren Muttersprache das Katalanische ist bzw. war.

Antoni Gaudí, der geniale Baumeister der Sagrada Familia, die Maler Pablo Picasso, Joan Miró, Salvador Dalí und Antonio Tàpies, Manuel de Falla und Pablo Casals, Charlie Rivel, der Clown, und schließlich Juan Samaranch, der letzte Präsident des Olympischen Komitees!

Die meisten Touristen, die Sommer für Sommer die Costa Brava überschwemmen, halten die katalanische Sprache für einen spanischen Dialekt; auch einige Madrider möchten das so sehen. Das bündige Urteil von Salvador de Madariaga mag uns einer Diskussion darüber entheben. Er schreibt:

»Die albernen Versuche einiger Kastilianer, aus dem Katalanischen einen kastilischen Dialekt zu machen, erwähnen wir nur, um sie beiseitezuschieben ...«

Die katalanische Sprache ist seit über 1000 Jahren eine legitime Tochter des Latein und durchaus gleichberechtigt unter ihren Schwestern. Mit dem politischen Ende der Unabhängigkeit Kataloniens im 13. Jahrhundert sank das Katalanisch zur Sprache der Bauern und Fischer herab; die katalanischen Dichter drückten sich in jener Zeit in der Sprache der provenzalischen Troubadours aus.

1825 wurde Katalanisch von der Madrider Regierung als Unterrichtssprache verboten, gewissermaßen ein Schlusspunkt unter eine lange, schmerzliche Entwicklung. Aber es sollte anders kommen.

1833 schrieb Aribau (eine der großen Straßen Barcelonas ist nach ihm benannt) eine »Ode an das Vaterland« auf Katalanisch. 1859 erneuerte der Stadtrat von Barcelona das alte, aus dem Mittelalter stammende Fest der »Jocs Florals« – »Blumenspiele« (so lautet die Übersetzung ins Deutsche): Sie waren eine Art von poetischen Turnieren in katalanischer Sprache. Ein paar Jahre später erschien die erste Tageszeitung auf Katalanisch; eine literarische Zeitschrift folgte unter dem Titel »Lo Gay Saber«, was so viel heißt wie »fröhliche Wissenschaft«.

*

Friedrich Nietzsche hat 1882 eines seiner Werke so genannt und durch eine Anmerkung im Titel Bezug auf diese Tradition genommen: »La gaya scienza« ist das Motto zu diesem Werk, in dem sein Stil nun merklich geschmeidiger wird.

Wenn auch Nietzsche kaum etwas von den Vorgängen in Barcelona gewusst haben dürfte, so enthält die Vorrede zu diesem Werk doch Sätze, die klingen, als seien sie genau auf diese Wiedergeburt katalanischen Geistes, die »Renaixenza«, geschrieben. Hören wir, was Nietzsche schreibt:

»›Fröhliche Wissenschaft‹: das bedeutet die Saturnalien eines Geistes, der einem furchtbaren, langen Drucke geduldig widerstanden hat – geduldig, ohne sich zu unterwerfen, aber ohne Hoffnung – und der jetzt mit einem Male von der Hoffnung angefallen wird …«

und weiter:

»Dies ganze Buch ist eben nichts als eine Lustbarkeit nach langer Entbehrung und Ohnmacht, das Frohlocken der wiederkehrenden Kraft, des neu erwachten Glaubens an ein Morgen und Übermorgen, des Vorgefühls von Zukunft, von nahen Abenteuern, von wieder offenen Meeren …«

Im Jahre 1865, kaum 20 Jahre alt geworden, stellte sich Verdaguer erstmals dem poetischen Turnier. Nach reiflichem Überlegen und auf Rat von Freunden trat er in seiner ländlichen Tracht auf. Ein Ölgemälde, heute im Diözesan-Museum in Vic, stellt ihn dar: Hanfschuhe an den Füßen, jene so typischen »alpargatas«, mit roter Weste, vor allem aber die phrygische Mütze auf dem Kopf, wie sie früher an der ganzen katalanischen Mittelmeerküste getragen wurde und wie man sie heute noch bei den Sardana-Tänzen sehen kann.

Sein Auftreten in der städtischen Umgebung wurde zu einer Sensation. Das öffentliche Erstaunen über diese scheinbare »Unschuld vom Lande« wich bald der Bewunderung und schlug in Begeisterung um beim Anhören seiner Verse: Jedermann spürte sofort die Einzigartigkeit seiner Dichtung, seine unerschöpfliche Imaginationskraft, den Reichtum seiner dichterischen Sprache – hier erblühte aus den Wurzeln der Volkssprache unerwartet eine dichterische Blüte, hier gewann ein sprachliches Genie seiner Sprache die adeligen Züge zurück.

»Renaixenza« wurde zum Titel einer Zeitschrift, diese selbst zum Träger der wiedererwachten sprachlichen Entwicklung. 1906 fand der erste katalanische Sprachkongress statt. Nach einem Dornröschenschlaf von 300 Jahren war der katalanische Geist wieder erwacht und erwartete vom übrigen Spanien, vor allem von Kastilien, zur Kenntnis genommen zu werden. Den dichterischen Beitrag von Jacint Verdaguer wird man dabei nicht hoch genug einschätzen können.

Nach Hause zurückgekehrt, im Alltag des Priesterseminars, begann für ihn ein Kreuzweg – die schulischen Leistungen standen im krassen Gegensatz zu dem dichterischen Erfolg: Er musste Examina wiederholen und vermochte seine Studien nur mit dem allergrößten Wohlwollen von Professoren und Bischof abzuschließen. Am Rosenkranzfest des Jahres 1870 feierte er seine Primiz in dem malerischen Eremitenkirchlein Sant Jordi oberhalb seines Heimatdorfes. Alle diese Aufregungen waren nicht ohne Einfluss auf die Gesundheit geblieben: tagsüber das trockene akademische Studium – des Nachts, wenn Ruhe eingekehrt war, das Lauschen auf die dichterische Muse; seit 1871 der mühsame Dienst als Vikar in einem Bergdorf und schließlich der Tod der vielgeliebten Mutter, die diesen Priestersohn in doppeltem Sinn hervorgebracht hatte.

Der mystische Dichter erlitt einen physischen Zusammenbruch und musste sich und seinem Bischof sein Unvermögen für einen seelsorgerlichen Dienst eingestehen. Freunde taten sich zusammen und bezahlten eine ärztliche Untersuchung. Ein angesehener Arzt diagnostizierte eine »zerebrale Anämie« und verordnete eine Kur in einem Seebad. Aber: Wo sollte ein armer Bergkaplan dafür das Geld hernehmen?

In dieser höchsten Not erhielt der junge Dichter die Offerte einer Reederei: Antonio López, Marqués de Comillas, suchte für einen Ozeandampfer seiner Gesellschaft einen Schiffskaplan. So fuhr Jacint Verdaguer 1875 und 1876 neun Mal von Barcelona nach La Habana. Kuba war die letzte Perle aus dem ehemals stolzen Weltreich der spanischen Habsburger –

es sollte 1898 nach einem Krieg mit den USA wie Puerto Rico und die Philippinen verloren gehen: 1898, das tragische Jahr, nach dem sich eine ganze Generation von spanischen Intellektuellen benannte – Miguel de Unamuno und José Ortega y Gasset gehörten ihr an.

Hatte der Hirtenbub aus Folgueroles vom Meer geträumt und gesungen, ohne mehr vor Augen zu haben als (ich wiederhole sein Zitat) jenes Meer, das er auf »Bildern gemalt vorgefunden« hatte, so erlebte der Schiffskaplan es jetzt in seinen ganzen Ausmaßen: in seiner exotischen Schönheit zwischen den Antillen, in der Gewalt der gefährlichen Stürme in der Karibik. In seiner Kajüte legte er, unter dem überwältigenden Eindruck der aufgewühlten See, letzte Hand an sein Hauptwerk; mit einer Widmung an ihn versehen überreichte er nach der letzten Fahrt das Gedicht »L'Atlántida« seinem Gönner.

Meteorenhaft war nun sein weiterer Weg als Dichter: 1877 erhielt er für dieses sein Poem den Großen Preis der Diputació Provencial (Landtag), drei Jahre darauf den Titel eines »Mestre en Gai Saber«. Im Folgejahr lud man ihn gar ein, die »Jocs Florals« zu präsidieren. Seine »Ode an Barcelona« erhielt 1883 einen Sonderpreis; 100.000 Exemplare davon wurden auf öffentliche Kosten gedruckt und an sämtliche Schüler der Stadt und Region verteilt.

1886 wurden die Restaurierungsarbeiten am Kloster von Ripoll abgeschlossen, einem Kleinod frühromanischer Kunst in den Pyrenäen; Höhepunkt der Festlichkeiten war die Ehrung Verdaguers als »Poeta laureatus«.

Schon 1876 hatte der Reeder López den Priester Verdaguer in seine persönlichen Dienste als Hauskaplan genommen. Er bewohnte nun dessen Palast in der gotischen Altstadt Barcelonas und begleitete den Marqués auf vielen Reisen; so kam er nach Paris, Berlin, ja St. Petersburg. Den Abschluss bildete eine Reise ins Heilige Land, Anregung zu vielen religiösen Dichtungen.

Dem Höhepunkt seines dichterischen Ruhmes sollte ein bitterer Sturz in den Abgrund folgen. Selbst in Armut und Not aufgewachsen, galt Verdaguers Mitleid den Ärmsten der Stadt. Von Woche zu Woche stieg die Zahl der Hilfesuchenden, der Bettelnden, der Erblindeten (bis in die Mitte des letzten Jahrhunderts eine besondere Geißel Spaniens). Auf den Marmorstufen des Palastes seines Brotherren versammelte sich das Elend der Stadt. Deren Bürger – arbeitsam, sparsam, zweckbewusst, wie Katalanen sind – zeigten wenig Verständnis für solch exzentrisches Almosengeben. Bald raunte man sich Fälle von Geldunterschlagung zu, zu Unrecht, wie sich später herausstellen sollte.

Nach 17-jähriger Zusammenarbeit entzog der reiche Reeder seinem Hofkaplan das Vertrauen. Über Nacht stand Verdaguer buchstäblich auf der Straße; kirchenrechtlich gesehen ein »Irrläufer« zwischen zwei Diözesen (Barcelona und Vic), geriet er zwischen die Mühlsteine klerikaler Juristen. In völliger Fehleinschätzung der Lage ließ ihn der Bischof von Vic gar durch die Polizei suchen – Ursache für einen sich steigernden Verfolgungswahn des Dichters: Er flüchtete sich schließlich in die Arme einer ebenso bigotten wie energischen Dame und deren Tochter, die in der Stadt für ihre zweifelhaften religiösen Visionen und ihren Drang zu Exorzismen berüchtigt waren. Auf Vorwürfe antwortete Verdaguer mit polemischen Artikeln in der Presse »en defensa propia«, in eigener Sache. Sein Bischof suspendierte ihn daraufhin »a divinis«. Verdaguer war tief getroffen.

Am 10. Juni 1902 starb Mossen Cinto (Mossen = Monsignore), wie die Katalanen ihn liebevoll nennen, wenigstens formal ausgesöhnt mit seinen kirchlichen Oberen. So einsam er in den letzten Lebensjahren gewesen war, so unübersehbar war nun die Menge, die dem Toten das letzte Geleit gab. In den Bergen von Vic fügte sein Heimatbischof dem Taufregister einen handschriftlichen postumen Eintrag hinzu:

»Príncep dels poetes catalans«
»Fürst der katalanischen Dichter«

Es war vorläufig die letzte Anerkennung, ausgesprochen in der Sprache seiner Dichtungen. Im Jahre 1902 verbot der Militärgouverneur von Barcelona unter dem Vorwand sozialer Unruhen die Abhaltung der »Jocs Florals«. Die Organisatoren ließen sich dadurch aber nicht entmutigen. Die Festlichkeiten fanden auf französischem Boden statt, in jenem Teil des Landes, in dem Katalanisch gesprochen wird. Wie ein endloser Heerwurm wanderte die Schar der Teilnehmer dem Gipfel des Mont Canigou entgegen – von diesem Berg wird später noch die Rede sein: Verdaguer hat ihm ein heute noch populäres Gedicht gewidmet. Das Hochamt unter freiem Himmel feierte der Bischof von Perpignan, ein französischer Katalane.

Nach den Zwischenspielen von Diktatur, Monarchie und Republik wurde die katalanische Sprache unter Franco erneut verboten. Von 1941 an fanden die »Jocs Florals« 37 Jahre lang im Ausland statt, das letzte Mal, 1977, übrigens in München. Während dieser Jahrzehnte gaben die Katalanen die Hoffnung auf eine neuerliche »Renaixenza« nie auf.

*

Zum Schluss soll die Rede noch einmal auf das Hauptwerk Verdaguers kommen, das Epos »L'Atlántida«. Wohl kaum ein katalanischer Schüler erinnert sich nicht dessen erster Verse:

»Die Riesengipfel Andalusiens sahen
In Lusitaniens sturmbewegtem Meer
Zwei fremde Schiffe sich im Kampfe nahen ...«

Venezianer und Genuesen machen sich die Herrschaft über das Meer streitig. Schwarze Wetterwolken ziehen am Himmel auf, im Blitzschlag explodiert die Pulverkammer des einen Schiffes, das die feindliche Galeere mit sich in den Abgrund zieht; im Sturm geht die Schiffsbesatzung unter – einzig einem Schiffsjungen gelingt es, an eine Schiffsplanke gebunden, ans Land zu schwimmen. Dort nimmt sich ein weißhaariger Klausner des Schiffbrüchigen an. Den Namen des Schiffsjungen verrät uns der Dichter am Ende des Prologs: Es ist Cristóbal Colón, Christoph Columbus, der später einmal die Neue Welt entdecken wird.

Im Schlussgesang seines Epos spielt Verdaguer auf Verse von Seneca an, der, selbst Hispanier, aus dem römischen Córdoba stammte. Vor 2000 Jahren geschrieben, klingen sie, als seien sie prophetisch auf den Weltentdecker Columbus gemünzt:

> »Der Tag wird kommen in ferner Zeit, da das rauschende Meer die Erde enthüllt und des Schiffers Blick neue Länder entdeckt – die Grenze der Welt wird nicht mehr Thule sein ...«

Verdaguer hat sein Leben lang jegliches Ansinnen, spanisch zu schreiben, zurückgewiesen. Die Kennerschaft seiner Werke setzt darum die Kenntnis seiner Sprache voraus – Schicksal jeglicher Dichtung ethnischer Minoritäten. Außerhalb Kataloniens ist einzig das Epos »Atlántida« bekannt geworden. Die Qualität dieser Dichtung erkannt und den Namen seines Verfassers außerhalb Spaniens bekannt gemacht zu haben, ist das Verdienst des provenzalischen Dichters Frédéric Mistral. Er schrieb 1877 – noch ganz unter dem Eindruck der jüngsten »Jocs Florals« und eines Gespräches mit Verdaguer stehend – diesem einen Brief in provenzalischer Sprache, dieser Sprache, die einmal zur hochmittelalterlichen Blütezeit die Sprache der Troubadours gewesen war, aber seit den Albigenserkriegen wehrloses Opfer des französischen Zentralismus und unduldsamer sprachlicher Tyrannis: die »Langue d'oc«. Jeder gebildete Katalane vermag sie zu verstehen.

Frédéric Mistral schloss seinen Brief mit einem berühmt gewordenen lateinischen Zitat: »Tu Marcellus eris« – dieses Vergil-Wort findet sich in der Aeneis VI,883 und bezieht sich sowohl auf M. Claudius Marcellus (den Eroberer von Syrakus, 212 v. Chr.) als auch auf Marcellus, den Sohn der Octavia und Gatten der Caesar-Tochter Julia (gestorben 23 n. Chr.).

Umgekehrt war es die Behandlung des Stoffs, der die Neugierde der Leser, auch im Ausland, weckte: der Untergang des sagenhaften Kontinents Atlantis. Verdaguer, der im Seminar in Vic humanistisch erzogen worden war, folgte darin der Überlieferung, wie sie durch Platon aufgezeichnet worden ist.

In dessen Dialogen »Kritias« und vor allem »Timaios«, die zu den reifsten Werken des griechischen Philosophen gehören, findet Atlantis ausführliche Erwähnung. Mit höchster Meisterschaft hat Platon hier Dichtung und Wahrheit miteinander verwoben: Er lässt den Urahn seines Berichterstatters selbst zu Wort kommen, Solon, den weisen Gesetzgeber Athens. Bei einer Bildungsreise nach Ägypten hatte dieser, so hören wir, von Priestern im Heiligtum zu Sais geschichtliches Wissen erfahren, »das Hellas vergessen und Ägypten aufbewahrt« hatte. Der Bericht über Atlantis ist für Platon Anlass, eine ganze Kosmogonie zu entfalten. Sodann kommt die Rede auf den sagenhaften Kontinent, paradiesische Schöpfung des Poseidon. Dessen Bewohner, Nachkommen des Meeresgottes, haben einen Idealstaat gebildet, werden schließlich aber Opfer ihrer eigenen Hybris.

So gab es – es geschah vor etwa 9000 Jahren –

> »… gewaltige Erdbeben und Überschwemmungen; es kam ein schlimmer Tag und eine schlimme Nacht; es versank die Insel Atlantis im Meer und verschwand darin. Deswegen kann man noch heute das Meer weder

befahren noch erforschen, weil in ganz geringer Tiefe der Schlamm im Wege liegt, den die Insel, als sie sich senkte, zurückgelassen hat ...«

Der geniale Einfall Verdaguers bestand nun darin, die Sage vom Untergang von Atlantis zu einer neuen Einheit zu verschmelzen mit dem Mythenkreis um den griechischen Helden Herakles. Damit stellte der Katalane seine dichterische Deutung in den überhaupt größtmöglichen geographischen Rahmen, den antiker Mythos zu denken vermochte. Hier tut sich, wie Karl Kerényi an anderer Stelle treffend formuliert hat:

> »eine ganze Welt« auf, »uns bald heimatlich anmutend, bald befremdend [...] eine Welt zwischen der Mündung des Guadalquivir und dem Kaukasus, von einer Dauer [...] von mindestens zweitausend Jahren, die den Glanz großer Götter und Göttinnen in den Gestalten ihrer als Heroen verehrten Söhne getragen hat«.

Das Wissen um die Götter erschließt sich uns aus »Geschichten«; die Heroen dagegen ragen aus dem Mythos in die Geschichte hinein. Historizität kann ihnen – nach Karl Kerényi – nicht grundsätzlich abgesprochen werden. Die Hinweise auf geographische Räume bedürfen darum einer Erklärung: Der Hinweis auf den Guadalquivir bezieht sich auf die Pilgerfahrten des Herakles. Aus antiken Texten wissen wir, wie sie verliefen: dem Lauf des Ister entlang bis zu dessen Quellen im Nebelland der Hyperboreer – also die Donau hinauf bis zu deren Ursprung, in unsere Heimat. Und von da durch das heutige Frankreich nach Spanien.

Der Hinweis auf den Kaukasus erinnert an die geheimnisvolle Schiffsreise der Argonauten, um das Goldene Vlies zu gewinnen; Kolchis, ihr Ziel, lag im heutigen Georgien. Beide Menschheitserinnerungen weisen in den äußersten Osten und den äußersten Westen Europas, wo je zwei Brudervölker leben, die sich, ungeachtet der räumlichen und zeitlichen Distanz, noch immer und ohne Wörterbuch zu verständigen vermögen: Georgier und Basken. Beide siedeln zu Füßen mythenträchtiger Gebirge; beide gehören der vorindogermanischen Rasse an. Beide – und das ist für unsere Überlegungen von Bedeutung – bewahren Erinnerungen an die Katastrophe der alles verschlingenden Urflut: Auf dem Ararat soll die Arche Noachs gelandet, vor den Augen iberischer Urvölker Atlantis versunken sein.

Durch Herakles fällt ein Glanz auf die Iberische Halbinsel, der dem Nachbarland, dem italischen Stiefel, versagt blieb. Seine Wanderungen führten ihn bis zum äußersten Punkt der antiken Welt: Vom Atlasgebirge aus sieht er in der Ferne Gadeira liegen, das heutige Cádiz. Dort hat er die berühmten Säulen errichtet, die seinen Namen tragen. Herodot hat uns deren Inschrift überliefert: Nach Westen hin, so warnten sie, gebe es keine Weiterfahrt, auf Lateinisch: »Non plus ultra«.

Es war Columbus, der davor nicht zurückschreckte: Seine Karavellen ließen den versunkenen Kontinent unter sich zurück. Der Habsburger Karl V., in dessen Reich die Sonne nicht unterging, löschte die Warnung mit einem Federstrich aus: »Plus ultra« hieß fortan sein Wappenspruch. Die jahrtausendealten Barrieren waren nicht mehr – mögen sie nun Atlantis oder »ultima Thule« geheißen haben.

Mit drohenden Vorzeichen und schweren Unwettern kündigt sich der Untergang von Atlantis an. Aber Herakles lässt sich nicht aufhalten. Als Letzter sieht er die Insel in voller Blüte – dann steht er vor seinem Ziel, dem Garten der Hesperiden. Die Schilderung dieses paradiesischen Erdteils gehört mit zum Schönsten, was Verdaguer geschrieben hat; sie gipfelt in den Versen:

»Brich vom Orangenbaum den höchsten Zweig,
Smaragdne Früchte reifen dort zum Golde.«

Den geraubten Zweig pflanzt Herakles bei Cádiz in spanische Erde. Isabella, Kastiliens Königin, wird, Jahrtausende später, im Traum die goldenen Früchte erblicken und den Sinn des Mythos verstehen: Die Alhambra strahlt im Abendsonnenschein – die maurischen Edelsteine flechten sich für die Königin zu einem Ruhmeskranz, Unsterblichkeit verheißt ihr Glanz. So entsteht Atlantis aufs Neue – das Gedicht schließt mit den Worten:

»Wer hätte dir vorausgesagt, o Spanien!
An deiner Wiege, dass einst in dir
Atlantis, die Versunkene entstand –
Dein Arm vereint die Welten wieder.«

*

Das Epos von Verdaguer hat ein Nachspiel gehabt, im wörtlichen Sinne: Im Jahre 1928 machte sich der spanische Komponist Manuel de Falla daran, »Atlántida« zu vertonen.

Falla wurde 1876 in Cádiz geboren, dieser »weißen Stadt am blauen Meer«, aber seine Eltern waren Katalanen; er hatte darum einen genuinen Zugang zu Verdaguers Dichtung. Sie sei – so gestand er später einmal – für ihn immer mit der Landschaft und dem Meer seiner Kindheit verbunden gewesen: »In Cádiz, meiner Geburtsstadt, bot sich mir der Atlantische Ozean gewissermaßen selber an ...«

Eine erste Anregung zur Vertonung der »Atlántida« kam aus Salzburg von Max Reinhardt. Hugo von Hofmannsthal, Mitanreger der dortigen Festspiele, war ein kenntnisreicher Freund iberischer Literatur.

Phantasievolle Vorstellungen für Oper oder Ballett entwickelte in einem zwölfjährigen Gedankenaustausch der katalanische Maler José Maria Sert, erfolgreich auf beiden Seiten des Atlantiks: Im Rockefeller Center in New York sind seine monumentalen Wandmalereien noch heute zu sehen.

Manuel de Falla kehrte schließlich zur Kunstform der szenischen Kantate zurück. Ziel war die Verwirklichung eines lang gehegten Traumes: wenn schon keine Messe, so doch eine Musik von tiefster Religiosität zu schaffen.

Der Tod kam schneller, als vom Künstler immer schon befürchtet; de Falla hinterließ mehr als 300 Manuskriptseiten mit Skizzen und unvollendeten Sätzen. Sein Schüler, Ernesto Halffter, ergänzte und bearbeitete das Quellenmaterial – mit allen Vor- und Nachteilen solch pietätvoller Bemühung. Das so schließlich dann nun doch zugängliche Werk fand zwar den Respekt der Musikfreunde – deren Liebe vermochte es sich indessen nicht zu erwerben.

*

Biographie und Werk von Jacint Verdaguer haben ihren Ursprung in einer längst entrückten Vergangenheit – aber: Gehören sie noch der Wirklichkeit unserer Zeit an?

Ich zögere mit der Antwort, denn: Was heißt »Wirklichkeit«? Und: Wie wird Wirklichkeit erlebt und gesehen? Gesehen durch die bunten Gläser unserer »Spaßgesellschaft«? Oder erfahren durch Leid, Krankheit, Tod oder auf der Flucht vor diesen? Ich will versuchen, auf diese Fragen eine Antwort zu geben, eine Antwort aus der jüngeren katalanischen Geschichte.

Im Januar 1939, unmittelbar vor dem militärischen Fall von Barcelona, machten sich Zehntausende aus politischen Gründen auf die Flucht und strebten unter dramatischen Umständen der französische Grenze zu; unter ihnen war auch Pablo Casals. Sein Ziel war Paris, aber die französische Kapitale bot Schutz nur für kurze Zeit: Schon im Mai 1940 musste sich der katalanische Musiker wiederum auf die Flucht machen. Wieder flohen Zehntausende auf überfüllten Straßen in den Süden und Südwesten des Landes. Unter ihnen waren auch deutsche Emigranten: Heinrich Mann und sein Neffe Golo Mann seien hier genannt, Franz Werfel und Alma Mahler. Letztere schleppte im spärlichen Gepäck die Originalpartitur der

61

3. Symphonie von Bruckner mit sich, ein von Hitler persönlich vergeblich begehrtes Objekt! An der spanischen Grenze nahm sich in jenen turbulenten Tagen Walter Benjamin das Leben, gegenüber von Cerbère, wo nach einer lokalen Überlieferung der Höllenhund Cerberus den Weg in die Unterwelt bewacht haben soll ...

Verzweiflung überall – was vermag in solch schwersten Stunden eines Lebens noch Halt zu geben? Pablo Casals fand am Fuße der Pyrenäen, in Prades, Unterschlupf. Später schrieb er darüber:

»... damals hätte ich mir nicht vorstellen können, dass ich 17 Jahre meines Lebens in dem winzigen Städtchen verbringen würde ...«

Der Musiker fand im einzigen Hotel des Ortes ein schäbiges Zimmer:

»Es war« – so berichtet er weiter – »nicht gerade königlich eingerichtet, aber die Aussicht aus meinem Fenster war eines Königs würdig: Vor mir ragte der Mont Canigou gen Himmel. Dieser großartige Berg, der in den Werken unseres katalanischen Dichters Verdaguer besungen wird, ist uns Katalanen besonders ans Herz gewachsen ...«

Den majestätischen Gipfel vor Augen, die unsterblichen Verse Verdaguers im Herzen, so fand Casals im Exil eine zweite Heimat. Er hatte sich geschworen, zu Lebzeiten des Caudillo nicht nach Spanien zurückzukehren; alle Aufforderungen und Bitten von Freunden wies er zurück:

»... ich habe nichts sehnlicher gewünscht, als heimzukehren; mein Glaube an das katalanische Volk hat mich stark gemacht, um diesem Verlangen widerstehen zu können ...«

*

Casals' so unmittelbare Begegnung mit der geistigen Welt Verdaguers war eine höchst persönliche; sie fand statt in einem Epizentrum eines Bebens – im Blick auf den anhebenden Zweiten Weltkrieg wird man es gewiss ein »Weltbeben« nennen können: Am Rande des Bebrykischen Golfs spielten sich (wie wir gehört haben) menschliche Schicksale ab, die über die Lebenszeit der Beteiligten hinaus uns Nachfahren unvergessen bleiben.

*

Die Bedrohungen unserer Zeit sind anderer Art; aber auch hinter diesen ganz anders gearteten Bedrohungen werden doch immer wieder die Invariablen des menschlichen Schicksals sichtbar: Hybris, Schuld, Untergang.

Genau das aber sind die großen Themen von Verdaguers Epos »Atlántida«. Auf den ersten Blick mag dieses Gedicht dem oberflächlichen Beobachter als »passé« erscheinen, aber bei genauerem Zusehen bleibt seine Aktualität unvermindert erhalten.

In seinem Brief vom 18. Juli 1877 hat der provenzalische Dichter Frédéric Mistral sehr klarsichtig »Atlántida« gedeutet und in eine Reihe gestellt mit Miltons »Paradise Lost« und Lamartines »Chute d'un Ange«.

Wo immer und wann immer gesprochen wird vom Sturz der Engel, vom Fall des Menschen und vom verlorenen Paradies, wo gerätselt wird über die große Urflut, da wird auch die Dichtung Verdaguers lebendig bleiben. Dass für die meisten Leser der Weg zu dieser großen Menschheitsdichtung nur über eine Übersetzung führt, vermag die Bedeutung Verdaguers nicht zu mindern.

Suche nach Ganzheit:
DER »REMBRANDTDEUTSCHE«

»Im Herbst werden die Segel umgestellt ... ich muss und will meinen eigenen Weg gehen. Ich werde jetzt aufhören, die Vergangenheit zu studieren – ich will vielmehr die Zukunft konstruieren. Das scheint ein schwierig Ding und ist es auch. Indes habe ich einen Weg gefunden, es in gewissem Maß und auf gewissen Gebieten fertigzubringen: Ich multipliziere nämlich die Gegenwart mit der Vergangenheit und das ergibt die Zukunft ...«

So schrieb am 21. November 1881 von Venedig aus ein damals noch völlig Unbekannter einem Freund in die Heimat. Sein Biograph – von ihm wird in diesem Bericht noch die Rede sein – rückte später diese anspruchsvolle Äußerung zurecht und milderte sie ab durch einen Hinweis auf Thomas von Aquin. Dieser hatte geschrieben: »Das Künftige aus dem Gegenwärtigen oder Vergangenen zu erkennen, gehört zur Klugheit und ist der Vernunft eigentümlich, denn es geschieht durch ein Vergleichen.«

Wer war dieser Unbekannte, der sich solche Ziele setzte?

Zwei Maler sind es, die sein Erscheinungsbild in Porträts festgehalten haben, die ihn, nach Aussagen von Zeitgenossen, bestens kennzeichnen: 1877 Wilhelm Leibl, der Wahlbayer, bekannt durch seine Darstellungen bäuerlichen Lebens im Alpenland. Er hob einen Wesenszug heraus, den der Porträtierte selbst »das Gotische« nannte: Wir sehen auf dem Bild einen schlanken, hochgewachsenen, blonden Mann, der etwas Aristokratisches ausstrahlt.

Sieben Jahre später, 1884, malte ihn Hans Thoma während seiner Zeit in Frankfurt. Thoma porträtierte ihn mit entblößtem Oberkörper – »sozusagen nur als Mensch«, wie er kommentierte. In seiner Hand hielt der Dargestellte ein Ei, dem Frühstückstisch entnommen – das Ei als Symbol der organischen Welteinheit.

*

1890 erschien ein Buch, 300 Seiten stark, das in kürzester Zeit Auflage nach Auflage erlebte und im ganzen deutschen Sprachraum, ja bald weit darüber hinaus ungeheures Aufsehen erregte.

Der Titel lautete »Rembrandt als Erzieher«, der Verfasser verschwieg seinen Namen: »Von einem Deutschen« – das war alles, was dem Impressum zu entnehmen war. Der Leipziger Verleger verweigerte jegliche Auskunft – auf ausdrücklichen Wunsch des Verfassers.

Publizisten und Rezensenten machten sich auf die Suche nach dem Unbekannten. Sollte es Hinzpeter gewesen sein, der Erzieher Wilhelms II., oder (wie andere wissen wollten) »sieben Gelehrte im Auftrag des Kaisers«? Bedeutende Männer äußerten sich zu dem Buch, teils mit zustimmender Sympathie, teils mit kritischer, ablehnender Schärfe. Tausende waren sich einig darin, dass der Unbekannte ein »erlösendes Wort« gesprochen habe. Man nannte ihn einstweilen »den Rembrandtdeutschen«.

Erste Angaben, die über den Verfasser in die Öffentlichkeit drangen, stammten von Bismarck, seit dem 20. März entlassen. »Ich finde es erfreulich«, so schrieb er aus dem Sachsenwald, »dass ein solches Buch einen so großen Anklang gefunden hat. Es setzt eine gewisse Gymnastik des Geistes voraus: Im Bett, wo ich gerne vor dem Einschlafen noch etwas zu lesen pflege, kann ich es nicht gebrauchen … Jedenfalls ist es ein geistvolles Buch. Den Verfasser habe ich zu mir eingeladen. Er war zwei Tage bei mir in Barzin: ein kindlich bescheidener Mensch, den man erst anstoßen muss, um ihn zum Reden zu

bringen, was umso merkwürdiger ist, als er ja mit Keulen schreibt!«
Wer war dieser »Rembrandtdeutsche«?

*

Julius Langbehn, so lautete sein bürgerlicher Name, war am 26. März 1851 zur Welt gekommen. Er schrieb später:»Zwischen Heide und See bin ich geboren. Der Anfangspunkt meiner irdischen Laufbahn ist das Land Baldurs; sein mystischer Berg liegt 2 Meilen von meinem Geburtsort: Er heißt noch heute Baldersleben. Von diesem Burgberg überschaut man das ganze nördliche Schleswig.«
Die Vorfahren väterlicherseits waren Schulmeister gewesen. Ihr Leben spiegelt die Grenzlage dieser Landschaft, in der sich ein lebhafter Kampf abspielte zwischen deutscher und dänischer Kultur. Schleswig-Holstein,»meerumschlungen«, wie es der Dichter besingt, gehörte zu Dänemark. Der Vater Langbehns unterrichtete an der sog.»Gelehrtenschule« von Hadersleben, der nördlichsten Erziehungsstätte deutscher und protestantischer Bildung.

1848 begann eine systematische Dänisierung. Widerstand war unmöglich: Die deutschsprachigen Schüler gingen weg, die Lehrer wurden entlassen. 1851 machte sich Vater Langbehn mit Frau und Sohn auf den Weg, einem Flüchtling gleich ...

Die Vorfahren mütterlicherseits waren Pastoren gewesen. Sie gehörten zu jenen begüterten und gebildeten Landpfarrern, deren idyllische Häuslichkeit so oft beschrieben worden ist: Bis in die hohen sozialen Schichten hinauf sprach man damals Plattdeutsch, war des ungeachtet mit Latein, Griechisch und Hebräisch wohlvertraut und fühlte sich der humanistischen Tradition Melanchthons verpflichtet.

Aus solchem Holz – um diesen Ausdruck hier zu gebrauchen – war Julius Langbehn »geschnitzt«. Er selbst empfand sich von klein auf als »annershaftig«, wie es im Niederdeutschen heißt, fest davon überzeugt, zu einer eigenen, unverwechselbaren Aufgabe berufen zu sein:»Ich wäre klug genug« (so schrieb er),»um mir Millionen zu verdienen. Ich entschied mich dagegen, weil ich mich rein geistigen Interessen widmen wollte. Deutlich erkannte ich: Erst Millionen verdienen und dann Beethoven werden, das geht nicht. Die Dinge schließen sich aus ...« Aber wie studieren, wenn man kein Vermögen besitzt? Mangel an Geld hat Julius Langbehn nie als ein Hindernis für Lebensentschlüsse betrachtet. Den längsten Teil seines Lebens musste er sich, immer wieder neu, nach Erwerbsquellen umsehen. Das tat dem Entschluss, sich eine möglichst umfassende Bildung anzueignen, keinen Abbruch. In Kiel studierte er Philologie, Mathematik, Naturwissenschaften. Wir finden ihn dort in eine Arbeit vertieft über »alles Getier der Ost-, Nord-, West- und Südsee«. Eine Assistentenstelle, im Fach Chemie angeboten, schlug er aus.

Dann packte den blonden Holsteiner urplötzlich und mit eigentümlicher Macht ein geheimnisvolles Fernweh. Er versetzte, was er besaß, im Pfandhaus, fuhr mit der Eisenbahn nach Innsbruck und wanderte von dort zu Fuß über den Brenner hinüber ins Puster- und Piavetal.

Am 4. Mai 1873 kam er in Venedig an,»etwas strapaziert« (wie er später bekannte),»aber heiteren Mutes, im Besitz von 1 Lira und 25 Centesimi ...«.

Der etwa einjährige Aufenthalt in der Lagunenstadt wurde für ihn zum entscheidenden Erlebnis:»In Venedig fand ich zuerst mich selbst«, so bekannte er später einem Freunde. Obwohl bettelarm, fühlte er sich, Dürer gleich, als Edelmann.

»Ich versehe hier – natürlich im tiefsten Incognito – eine Stelle: ein Drittel Lehrer, ein Drittel Sekretär und ein Drittel Fremdenführer; eine ziemlich amphibienartige Existenz, indes für den Anfang mir zusagend.«

Fasziniert stand der Norddeutsche in Kirchen und Museen vor Venedigs Malerei, verbrachte ganze Tage im Markusdom, dem »wärmsten Ort der Welt«. Ganz besonders aber zog ihn das einfache Volk an: »Anstand, Höflichkeit und Sinn für Musik habe ich nirgends so verbreitet gefunden wie in dieser kostbaren Stadt ...«

»Pilgrimschaften« (wie er das nannte) an die Grabstätten von Petrarca und Ariost und zuletzt ein Aufenthalt in Florenz schlossen diese denkwürdige »Italienische Reise« ab.

Im Herbst 1875 schrieb sich Langbehn in München ein; von nun standen Philosophie, Literatur, Kunstgeschichte und Archäologie im Mittelpunkt seines Interesses. Sein Studium wurde, wenn auch ohne eigentliche Systematik, universal. In kürzester Zeit legte er seine Dissertation vor über das Thema »Über griechische Flügelgestalten«. Beim Rigorosum forderte er seinen Prüfer heraus mit der These: Eine Ästhetik sei für ihn nur denkbar als das Endresultat vergleichender Kunstgeschichte.

Das wurde als Kampfansage verstanden: »Sie sprechen mir ja die Existenzberechtigung ab«, so herrschte ihn einer der Prüfenden an. Die immensen Kenntnisse des Kandidaten hinderten aber daran, ihn zu relegieren.

Nun fühlte sich Julius Langbehn vorbereitet und stark genug, an die Niederschrift seines »Opus magnum« zu gehen, die Früchte seines Denkens in einem Buch zusammenzufassen. 1890 erschien sein Buch: Über Nacht war der Rembrandtdeutsche in aller Mund. Noch im Jahr des Erscheinens erlebte es 30 Auflagen.

*

Das damals am häufigsten gehörte Urteil lautete dahin, der unbekannte Verfasser habe »ein erlösendes Wort zur rechten Zeit« gesprochen.

Vergegenwärtigen wir uns darum für einen Augenblick die politische, wirtschaftliche, vor allem aber die geistige Atmosphäre im damaligen Europa:
– Durch die Straßen seiner Kapitalen ratterten seit Kurzem die ersten Kraftwagen.

- Aus dem in Amerika erfundenen Grammophon krächzte Musik.
- Die Setzmaschine »Linotype« von Mergenthaler löste den ehrwürdigen Handsatz Gutenbergs ab.
- In Paris schwang sich das kühne Stahlgerüst des Eiffelturms in den Himmel.
- Adolph Menzels Ölgemälde »Das Eisenwalzwerk« bildete den lodernden Hintergrund für die erste Sozialenzyklika von Leo XIII.

Kaum ein anderes Jahrhundert endete so völlig anders, als es begonnen hatte.

*

Der Historiker Franz Schnabel hat in seiner vierbändigen »Geschichte des 19. Jahrhunderts« (in den dreißiger Jahren von Herder verlegt, 1938 von den Nationalsozialisten prompt verboten) dieses Jahrhundert gedeutet. »Hinter den weltlichen Kräften des Zeitalters«, so schreibt er, »hat noch ein anderes 19. Jahrhundert gelebt.«

Zwar konnte (so fährt Schnabel fort) das christlich-religiöse Erbgut noch einmal erstarken – stellvertretend seien hier die katholische Romantik und der protestantische Pietismus genannt –, indes sei es diesen Kräften nicht gelungen, den immer stärker drängenden Zug der Zeit in die Verweltlichung aufzuhalten.

So endete dieses Jahrhundert – in Goethes Weimar idealistisch begonnen – in kapitalistischem und materialistischem Denken, in zunehmendem Spezialistentum, ja in einer »Atomisierung der Kultur«.

Das humanistische Erbe wurde vom ungeheuren Tempo der wirtschaftlich-technischen Entwicklung aufgezehrt.

Bald mussten sich die Tieferblickenden die Vergeblichkeit des Versuches eingestehen, noch einmal zur Schau des Ganzen zu kommen.

*

Genau das aber forderte der Rembrandtdeutsche:

>»Immer strebe zum Ganzen«, hatte noch Schiller aufgerufen ...
>und der Patriot Ernst Moritz Arndt war sich gewiss, dass »Gott keinen halben Menschen liebe«.

»Man muss aus dem Vollen schöpfen, dann wird man auch in's Volle wirken«, formulierte Langbehn und entwickelte von daher seine Lehre vom »Katholon-Dasein« – die »Ganzwirkung eines Ganzen auf ein Ganzes« – dem Ganzen steht das »brüchige« Denken gegenüber in Halbbildung und entseelter Wissenschaft. »Rationalismus und Verstocktheit rücken zusammen.«

Angesichts der drohenden »Vergletscherung der Seelen« rief Langbehn zur »moralischen Tat« auf; mit seinem »Heroldsruf« hoffte er das deutsche Volksempfinden aus dem Schlafe zu wecken:

>»Erz von Schlacke zu trennen,
>Rost von Erz,
>lebendige Menschen von vertrockneten Gelehrten,
>Kindergeist von Greisenkultur –
>das ist meine Aufgabe.«

Als Orientierungspunkt stellte er seinen Lesern Charakter und Werk von Rembrandt vor Augen, des Malers der Menschlichkeit.

Diese Berufung auf den großen Niederländer kam nicht von ungefähr. Um 1800 hatte der Maler Philipp Otto Runge von Kopenhagen aus berichtet:

Rembrandt sei ihm im Traum erschienen; er habe voll Zorn das »kalte Herz« der Menschen gerügt, die, so hatte Runge wörtlich zitiert, »mit ihrem armseligen Verstand zu ergründen suchten, was die Empfindung der ganzen Welt noch nicht erschöpft habe ...«

Für Langbehn war Rembrandt aber vor allem der idealtypische Vertreter der »niederdeutschen Art«, all dessen also, was er selbst in sich spürte und selbst zu verkörpern trachtete.

Der gebürtige Jütländer fühlte sich ihm seelenverwandt und glaubte in Rembrandt »den weltumspannenden niederdeutschen Geist zu erkennen, der von Holland bis Venedig, von Dänemark bis Nordamerika reicht«, Blüte gesunder Natürlichkeit und maßvoller Genialität – eine Welt also, vor der das neudeutsche Kaiserreich mit seinem »berlinisch-borussischen Korporal-Unwesen nur schmerzend als Niedergang verstanden werden konnte«.

Und damit sind wir im Mittelpunkt des Langbehn'schen Magnetfeldes angelangt. Es fällt uns Heutigen die Beschreibung desselben schwer – wie erst dessen Bewertung! – Dies umso mehr, als das Rembrandt-Buch meint, an dieser Stelle unfehlbar zu sein.

In den frühen Auflagen des erfolgreichen Buches spielte das Christentum noch eine völlig untergeordnete Rolle. Langbehns Vorstellungen einer Seelenreinheit und Wahrheitsliebe flossen ausschließlich aus den Quellen einer Ästhetik.

Eine Pädagogik höchster Ideale:
- Reinheit
- Charakter
- Güte
- Seelenadel –

so rief er zur Selbsterziehung und zu innerer Wiedergeburt auf.

Solch heroische Affekte verlieren leicht den Boden der Realität. Hier zeigen sich in deutlichen Umrissen Fehlentwicklungen in eine höchst fragwürdige Richtung:
- Aristokratismus der Rasse
- Erwartungen an das »Ariertum« für eine »Weltgesundung«.

Nun täten wir Unrecht, wollten wir den Rembrandtdeutschen hundert Jahre später mit den Maßstäben unserer Erfahrungen beurteilen, ja verurteilen.

Anthropologische Geschichtsauffassungen waren damals in Europa weit verbreitet:

Von der Küste Albions wehte in formschönen, aber oberflächlichen Thesen der Geist einer nordischen Rasse nach Deutschland: Houston Stewart Chamberlain, Schwiegersohn von Richard Wagner, besang vom Heldenhügel Bayreuths aus die schöpferischen Kräfte der germanischen Rasse.

Von der anderen Seite des Rheins sah der französische Historiker Hippolyte Taine in den geistigen Leistungen seiner Nation ausschließlich das Ergebnis von Rasse und Umwelt.

Schließlich sei als Kuriosum die Cecil-Rhodes-Stiftung genannt. Ihr Stifter hatte ihr sein Riesenvermögen aus dem Diamantengeschäft vermacht. Sie sollte junge Talente fördern, die indes ausschließlich aus den angelsächsischen Teilen des Commonwealths kommen mussten, den USA ebenso und – man höre es und staune: aus Deutschland, dem Land der germanischen »Vettern«.

»Rasse ist alles, eine andere Wahrheit gibt es nicht«, diesen Ausspruch tat Benjamin Disraeli, Englands Premierminister, gewiss nicht im Blick auf seine hebräische Abstammung, sondern als Hommage an die angelsächsischen Schöpfer des britischen Weltreiches.

So viel zum Umfeld des Rembrandt-Buches.

Angesichts vieler seiner Thesen konnte es nicht ausbleiben, dass man Ausschau hielt nach »Paten« des darin enthaltenen Geistesgutes. Schon damals fiel der suchende Blick seiner Zeitgenossen auf Graf Gobineau, Lagarde, vor allem aber auf Friedrich Nietzsche.

Langbehn schätzte zwar den Dichter des Zarathustra hoch, verwies aber stets auf den grundverschiedenen Ansatz ihres

Denkens. »Nietzsche ist wie ein orientalischer Eroberer, ein Dschingiskhan«, sagte Langbehn im Blick auf Nietzsches Herkunft aus dem Osten Deutschlands. »Ich dagegen bin wie ein altsächsischer Herzog«, und fügte hinzu: »Nietzsche ist ein Sturmvogel, der zerstört – Halbasiaten können nicht aufbauen!«

*

Ungeachtet dieser Unterschiede kümmerte sich der Rembrandtdeutsche geradezu rührend um den Geistesgestörten nach dessen Einweisung in die Irrenanstalt Jena. Das Stichwort »Venedig« führte die beiden Männer zusammen.

»Gott hat mir in Langbehn einen Engel gesandt«, so schrieb Nietzsches Mutter von Jena aus an ihre später im Zusammenhang mit dem Nietzsche-Nachlass berühmt-berüchtigt gewordene Tochter in Paraguay ... und umgekehrt Langbehn 1900 an den Bischof von Rottenburg: »Ich glaube, Nietzsche wird lange leiden, und dann – selig werden. Darf ich Sie bitten, ihn Gottes Barmherzigkeit zu empfehlen, weil er – mein Bruder war?«

Julius Langbehn war über Nacht einer der gefeiertsten Männer Deutschlands geworden. Aber er änderte seine einfache Lebenshaltung deswegen nicht. Er blieb, was er gewesen war: »... ein Mensch, ernst, naiv, von starkem Herzen, ein adamitischer Mann, Liedergeist und Granitgeist ...«, so das Urteil eines Zeitgenossen.

Langbehn über sich selbst: »Adeliger und Tagelöhner zugleich«, das sei das »Jütische« an ihm, dem Jütländer, das »Würzige, Heidehafte«. Den niedrigsten Weg hielt er immer für den sichersten: »Nackte Füße sind die besten Schuhe!«

Diese spartanischen Vorstellungen entsprachen keineswegs der Entwicklung in Deutschland. Schmerzlich empfand er das laute und parvenühafte Auftreten Wilhelms II. in der Öffentlichkeit, das viele Deutsche nachzuahmen sich bemühten.

Der Rembrandtdeutsche hatte »Bescheidenheit und Ruhe als die ersten kaiserlichen Pflichten« erklärt – das »muss den heutigen Deutschen, insbesonderen *einem* heutigen Deutschen zu denken geben …«, so schrieb er. Er war nicht gegen das monarchische Prinzip, er wollte nur dessen Missstände abgestellt wissen.

Mit solchen öffentlichen Äußerungen machte sich Langbehn missliebig, andere, persönliche Widrigkeiten kamen hinzu. Langbehn trug sich vermehrt mit dem Gedanken, Deutschland zu verlassen. Den Ausschlag gab schließlich eine Rede des Kaisers: Der forderte Journalisten und Intellektuelle, die mit der neuen Politik nach Bismarcks Entlassung unzufrieden waren, auf, »den Staub von den Pantoffeln zu schütteln und das Land zu verlassen«.

1892 siedelte Langbehn nach Wien über: »Ich tauche jetzt für sieben Jahre unter«, erklärte er seinen Freunden. Aber es sollte anders kommen.

Als ein Kenner von Musik und Verehrer Mozarts besuchte Langbehn in Wien jeden Sonntag die Gottesdienste in den Kirchen; die sakrale Musik Haydns, Mozarts, Beethovens, Schuberts und Bruckners zog ihn an.

»In diesen Kirchen knien die Menschen ganz unbefangen vor den Altären, ob alt oder jung, ob reich oder arm, ob hochgestellt oder niedrig.« So erlebte der Niederdeutsche eine ihm bisher unbekannte Welt – die Verbindung zwischen »deutsch« und »katholisch«. Später schrieb er dazu: »Es gibt eine goldene Brücke, welche den Protestantismus zum Katholizismus hinüberführt – das ist die Kirchenmusik.«

Der Pastorenenkel aus Holstein betrat diese Brücke – an der anderen Seite angekommen, entschloss er sich zur Konversion. Das »Niederdeutsche« trat zurück, bald wurde er seiner eigenen Vergangenheit gegenüber kritisch, warnte vor »Rembrandtentzückungen«. Neben der sonnigen Welt des alten Hellas tauchte das mystisch-dunkle katholische Mittelalter vor seinen Augen auf. In der Gestalt der Seherin Katharina

Emmerick (von Clemens Brentano populär gemacht) fand er schließlich den Schlüssel zu dieser Welt: »niederdeutsch und katholisch«.

Nun stand der Aufnahme in die katholische Kirche nichts mehr im Weg. Die Taufe fand in Holland – im Respekt vor Rembrandt! – statt, die Firmung im Kloster Beuron im Donautal. Den Winter 1895 auf '96 verbrachte Langbehn in Freiburg. Er schrieb dazu: »Im Herder'schen Buchladen begegnete ich Hansjakob, diesem Sohne Badens mit seinem großen Schlapphut, als er dort Bücher einkaufte ...«

Die Emigration nach Wien, dann die Konversion entfremdete ihm einen Teil seiner Leserschaft. Dafür gewann er andere. Unterwegs zum neuen Glauben hatte er einen jungen »Seelenverwandten« getroffen, der von nun an sein Schicksal teilen sollte: den nordfriesischen Maler Momme Nissen. Auch er war konvertiert und trat später in den Dominikanerorden ein. Er führte Langbehn beim Bischof von Rottenburg ein: Paul Wilhelm von Keppler, einem feinsinnigen Gelehrten von umfassender Bildung. Momme Nissen wurde später Langbehns Biograph und gab (kritisch ediert) dessen nachgelassene Schriften heraus; sie erschienen bei Herder in hohen Auflagen.

Seine letzten Lebensjahre verbrachte der Rembrandtdeutsche auf der Suche nach der großen Synthese.

Er hatte erkannt, dass die »Gesundung des deutschen Menschen« (wie er es nannte) nicht im Brachland des von ihm so hoch geschätzten Nordens Europas erfolgen konnte.

Neben dem »Heldenland« gab es – das wusste er seit seiner Konversion – ein »Heiligenland«. Nur die Verbindung beider – davon war er nun überzeugt – konnte die Zerissenheit der Seelen heilen.

»Ritorna, ritorna
o bello Raffaele!«

So sang er im Blick auf den Maler aus Urbino bei einem Besuch in Schleswig, dem Land der Kindheit. Die Malerei der Nazarener und Präraffaeliten entsprach seiner Welt, den Aufbruch der Sezession hat er nie verstanden.

*

Das Ende kam unerwartet und schnell: Am 30. April 1907 starb er auf einer Reise durch Bayern. Sein Malerfreund Momme Nissen fand für ihn ein würdiges Grab in Puch bei Fürstenfeldbruck, im Schatten jener uralten Linde, unter der die fränkische Seherin Edigna gehaust haben soll.

Der dörfliche Pfarrherr, der die Exequien hielt, die Bauern und Bäuerinnen in Leder und Loden, die Leibl gemalt hatte – sie wussten nicht, wen sie da zu Grabe trugen.

Namenlos, wie er mit seinem aufwühlenden Buch seinerzeit vor die Öffentlichkeit getreten war, so wollte er – wiederum namenlos – aus der Welt abtreten.

»J. L.
1851–1907«
stand auf dem Holzkreuz.

Erst viel später erfuhr der Dorfpfarrer, dass er einen »viel genannten Unbekannten« bestattet hatte.

Erst viel später veranlasste Bischof Keppler einen würdigen Grabstein mit der Inschrift:

»Auch er war eine
Stimme des Rufenden
in der Wüste.«

*

Lassen Sie mich mit einer persönlichen Anmerkung schließen: Beim Räumen in alten Briefschaften stieß ich jüngst auf Kriegsbriefe aus dem Jahre 1943: Briefe des 17-jährigen Luftwaffenhelfers an den Vater, Hauptmann der Flakartillerie, der mit einer Scheinwerferbatterie bei Lübeck lag. Es ging um die bewegende Frage: *Wie kann man angesichts des Völkermordens Mensch bleiben?*

Mein Vater riet mir zur Lektüre des Buches »Vom Geist des Ganzen« von Julius Langbehn.

Momme Nissen, der spätberufene Dominikaner, hatte den Nachlassschriften des Rembrandtdeutschen die Fragwürdigkeiten genommen, aber die Substanz belassen.

Zur Lektüre des damals empfohlenen Buches kam es infolge der sich überstürzenden Kriegsereignisse nicht mehr.

50 Lebensjahre nach jenen Briefen, 110 Jahre nach der Veröffentlichung seines Buches habe ich nun in den letzten Wochen das Vermächtnis des Rembrandtdeutschen gelesen, beeindruckt von seinem schier unerschöpflichen Reichtum.

Ich schließe mit einem für ihn bezeichnenden Wort von Julius Langbehn: »Idealismus ist unserem Geistesleben so nötig wie Brot unserem Leib. Sich erst zu entschuldigen, wenn man von Idealismus reden will, ist kläglich.«

Erfüllte Einsamkeit:
REINHOLD SCHNEIDER

Reinhold Schneider war unsteten Wesens. Er selbst gebrauchte wiederholt auf seine Person bezogen den Begriff des »Gastes«. Nirgends mochte er länger verweilen. »Als Gast bin ich am liebsten zu Hause« – so trug er sich am 15. März 1958 nach seiner Rückkehr aus Wien in das Gästebuch des Hotels am Freiburger Münsterplatz ein. Die Heizung im eigenen Haus war ausgefallen und nötigte den Dichter zu einem vorübergehenden Ausweichquartier.

Als Hauptgrund für die Wahl Freiburgs nannte Reinhold Schneider den täglichen Anblick unseres gotischen Münsterturms. Zu diesem »schönsten Turm der Christenheit« (wie Jakob Burckhardt ihn genannt hat) spürte er eine tiefe Zuneigung.

»Du vielgeliebter Turm« spricht er ihn in einem Sonett an, in dem er den zerstörerischen Bombenangriff im November 1944 vorausahnt.

Das Münster hat dem Dichter diese Liebe auf einzigartige Weise gedankt: Durch die Vorhalle des 116 Meter hohen Turms wurde am Mittwoch, den 9. April 1958, der Sarg des Toten zur feierlichen Abschiedsfeier hereingetragen; vor dem Sarg getragen leuchtete auf dunklem Kissen das Silberhell des Ordens »Pour le Mérite« – die höchste Auszeichnung, die das geistige Deutschland zu vergeben hat. Solchen Abschied hatte man in der Geschichte des ehrwürdigen Gotteshauses nicht gesehen.

Die Buchhandlung Herder in der Wiener Wollzeile war – auf ihre Weise – verbindender Ort zu eben dieser Stadt: »Poste restante« wurde ihm hier übergeben, so wie es ein Jahrzehnt vorher in der römischen Buchhandlung Herder geschehen war, als der Freund Werner Bergengruen sein »Römisches Erinnerungsbuch« im Auftrag von Herder schrieb.

Der Freiburger Verlag hatte schon früh – noch in Potsdam – Kontakt mit dem Dichter gesucht. Mein Onkel, Verlagsdirektor Julius Dorneich, hielt nach einer ersten Begegnung seinen Eindruck fest: »... Reinhold Schneider war zwar mit größeren Werken an den Insel-Verlag gebunden, aber er war gern bereit, mit Herder zusammenzuarbeiten, weil er spürte, dass in dieser Zeit der Entscheidungen ein Verlag entschiedener Glaubensüberzeugungen geistige Heimstatt für viele Menschen sein würde.«

Durch diese Worte ist ein Zweifaches angedeutet:

Einmal die Gewissheit der Verfolgung durch ein mörderisches Regime – ein Moment, das in jenen Jahren zu immer enger werdenden persönlichen Beziehungen Gleichgesinnter führte.

Zum anderen kommt in dieser Erinnerungsnotiz zum Ausdruck die Hinwendung zum Glauben, zu dem Reinhold Schneider damals erst kürzlich zurückgefunden hatte, nicht zuletzt durch die Lektüre des spanischen Gottessuchers Unamuno.

*

Nach seiner Übersiedlung nach Freiburg nahm Reinhold Schneider die Einladung des Verlages Herder an, gemeinsam mit dem Bonner Kunsthistoriker Heinrich Lützeler die Sammlung »Bilderkreis« als Herausgeber zu gestalten.

Es waren schmale Bändchen, ausgewählte Kunstwerke darstellend, von herausragenden Verfassern gedeutet.

Von den insgesamt neun Bändchen, die Reinhold Schneider beisteuerte, sind noch während des Krieges vier Bändchen erschienen. Es waren Themen, die dem Dichter ganz besonders am Herzen lagen.

Unter diesen Titeln war – wen mag es wundern – das Bändchen »Das Antlitz des Mächtigen«. Seine Herausgabe wurde angesichts der politischen Lage zum Wagnis: Was von der oberflächlich arbeitenden NS-Zensurstelle in Berlin offensichtlich übersehen wurde, entging den aufmerksamen Lesern jener Zeit gewiss nicht. Erst viel später (nach Kriegsende) wurde uns eine damalige Rezension im neutralen Schweden bekannt, die ausdrücklich von einer »versteckten Abrechnung mit dem NS-Regime« sprach.

Erstaunlicherweise wurde dem Verlag bald darauf von derselben Stelle Papier freigegeben für Ausgaben des »Bilderkreises« in ungarischer, rumänischer, ja neugriechischer Sprache.

Ich erinnere mich noch sehr genau des Gefühls, das der damals 15-jährige Gymnasiast hatte, als er die Bändchen in der Sprache Homers in die Hände nahm.

*

Reinhold Schneider hat in jenen düsteren Jahren des Krieges unendlich gelitten. Er hatte sich zur »Zeitgenossenschaft« entschlossen, d. h. zum Verbleib in Deutschland. Sein Wirken verstand er als aus der »inneren Emigration« kommend. Diese Jahre waren für ihn eine einzige »dunkle Nacht«.

Seine Stimme hatte indes vielleicht gerade darum für viele Menschen tröstlichen Charakter. Er dichtete für die Geängstigten, er wandte sich an die Verzweifelten, an die Verwundeten und Sterbenden.

Seine Schriften wurden von Hand zu Hand gereicht, mit der Schreibmaschine abgeschrieben, heimlich vervielfältigt.

Sie wurden gelesen in den Lazaretten, den Luftschutzbunkern, in den Gefangenenlagern. In seinen Sonetten, vor allem in seinem »Vaterunser«, erklang eine Stimme des Trostes, gerichtet an alle, denen Gott namenlos geworden war.

In unserem Verlagsarchiv stieß ich auf eine Beschreibung aus dem Gefangenenlager bei Chartres. Sie mag die damaligen Gefühle lebendig werden lassen:

»… indem wir aus den Mülltonnen alte Papiersäcke holten, die Papierwände in Streifen rissen und die so entstandenen Blätter zu einem Heft falteten; darauf schrieben wir auf der Erde liegend mit einem kostbaren … das ganze Büchlein vom *Vaterunser* ab – überlistet war die Papiernot, aber auch die Verlassenheit und Armut unserer Seele …«

Der Dichter sagte darüber später: »Mein ganzes Bestreben war, den Menschen Worte zu sagen, die ihnen helfen, das Unabweisbare zu tragen …«

*

Am 27. November 1944 sank die Altstadt Freiburgs im Bombenhagel britischer Flugzeuggeschwader in Trümmer. Das Münster überlebte wie durch ein Wunder. Sein Turm ragte wie ein mahnender Finger aus Schutt und Asche in den Himmel.

Das Verlagsgebäude von Herder brannte in jener Bombennacht vollständig aus. Unter den letzten Werken, die unsere Druckerei noch vor der Katastrophe verlassen hatten, befand sich die spanische Übersetzung von »Las Casas vor Karl V.« – seit 1886 verlegte Herder in der spanischen Sprache.

Ein Jahr später, an Weihnachten 1945, war es wiederum ein Buch von Reinhold Schneider, das im schwer getroffenen technischen Betrieb hergestellt werden konnte, zeitbedingt äußerst bescheiden ausgestattet: »Gedanken des Friedens«.

In jener so schweren Zeit wuchsen die Menschen auf eine neue Weise zusammen. Anlässlich einer späteren Neuauflage dieses Bändchens schrieb Reinhold Schneider im Rückblick auf jene Zeit:

»Das Jahr 1945 ist auch deshalb unvergesslich, weil damals das gedruckte Wort etwas galt. Der noch erhaltene Satz, eine in der zertrümmerten, rauchgeschwärzten Druckerei wieder in Gang gekommene Maschine, das mühevoll errungene Papier und gar das erste gedruckte Heft, das waren unschätzbare Geschenke. Die Korrekturen wurden persönlich überbracht und zurückgegeben. Es gab kein Telefon, keine Post, die heilsame Mühe des Handwerks war uns noch einmal geschenkt worden. Das Buch war eine ganz persönliche Sache, ein Bündnis zwischen zwei Menschen, dem Verleger und dem Autor. Der Autor möchte noch einmal danken für die hingebungsvolle Mühe, die damals kaum mehr glaubliche Schwierigkeiten überwunden hat, um eine Ordnung des Geistes und des Friedens aufzubauen.«

*

In den Sonetten der Kriegsjahre war deren apokalyptischer Charakter eindrucksvoll zum Ausdruck gekommen.

Nun, nach Kriegsende, wurde der Blick frei in Tiefen, vor denen viele die Augen geschlossen hatten. Die Frage nach der je eigenen Mitschuld stellte sich für viele Menschen hart und unausweichlich.

Der Freiburger Pathologe Franz Büchner trug einen Gedanken an den Verlag Herder heran. Er schlug die Herausgabe von Zeugnissen des geistigen Widerstandes gegen das Dritte Reich vor.

Büchner hatte 1942 unter dem Eindruck der Euthanasie-Verbrechen einen viel beachteten Vortrag gehalten: »Der Eid des Hippokrates«. Sein Verhalten war über alle Zweifel erhaben.

Aber: Wer konnte für das ganze christliche Deutschland sprechen? Wer hatte über alles menschliche Versagen hinweg seine unberührte Autorität behalten?

Von Edzard Schaper stammte das Wort, »dass Deutschland ein Gewissen habe, solange Reinhold Schneider lebe«. Dieser, vom Verlag Herder zur Mitherausgabe eingeladen, sagte zu. Er gab den Ausschlag zugunsten einer Änderung des vorgesehenen Titels der Sammlung: »Das andere Deutschland« sollte dieser lauten. Eine Aktennotiz der Verlagsleitung hielt fest:

> »Nein«, so sagte Reinhold Schneider, »wir wollen doch gleich bekennen, dass es das ›christliche Deutschland‹ war, das wir vertreten haben ...«

Die Aufgabe dieser Sammlung umriss er wie folgt:

> »Diese Zeugnisse sollen nicht dazu helfen, uns zu entlasten, und wir sollten uns ihrer nicht rühmen, so ruhmvoll sie sind. Sie sollten uns aufrütteln zu einem anderen Leben, zu der todernsten Frage, was geschehen muss, dass ein solches Unrecht nicht wieder geschieht, eine widergöttliche und widermenschliche Staatsmacht nicht wieder aufgerichtet wird.«

Der katholische Verlag Herder hatte die Federführung bei dieser Reihe. Veröffentlicht wurde sie aber zugleich unter dem Impressum des evangelischen Furche-Verlages.

Das war ja eine Frucht der gemeinsamen Leidenszeit: die erstmalige vorurteilsfreie Begegnung der christlichen Konfessionen.

Und doch stellte Reinhold Schneider mit feinfühligem Gespür nach Beendigung der unmittelbaren Gefahr neue Entfremdung fest.

Eine der vom Verlag Herder verlegten Kleinschriften (ihre Auflage betrug rund eine Million Exemplare!) hieß: »Versöhnung der Gläubigen. Daß alle eins werden«.

Reinhold Schneider schrieb darin – es sind Worte, die ihre Gültigkeit nicht verloren haben: »Von der Wahrheit kann nichts geopfert werden: aber nur die Liebe kann die Wahrheit verwalten.«

Und weiter: »... haben wir uns aber einmal die Hände gegeben im äußersten Ernst, in Erwartung des Herrn, so sind wir auch einander angelobt ...«

*

1947 wurde in Deutschland zum ersten Mal der Männer des 20. Juli in einer Feierstunde gedacht. Der Bitte zu sprechen mochte sich Reinhold Schneider nicht entziehen, wiewohl er sich mit dem Gedanken eines Attentates nie hatte identifizieren können. Den Männern des 20. Juli galt gleichwohl seine Achtung.

In »Verhüllter Tag« greift er das Thema auf und führt seine Auffassung von der Tragik der Macht zu Ende. Er schreibt dort: »Wer sie bejaht, kann der Mitschuld nicht ausweichen, auch wenn er alle Überschreitung verurteilt. Wer sie aber nicht bejaht, wie soll der leben?«

Und weiter: »Es bleibt nur die personale Entscheidung, die weiß, dass sie handelnd und verzichtend schuldig wird.«

Die so schwere Frage dieser Entscheidung, die ungeheure Gewissensnot der Männer, die sie nach langem innerem Ringen schließlich trafen: All das stand im Mittelpunkt der Rede Reinhold Schneiders.

»Man spürt den ganzen Ernst, mit dem sie um diese Frage gerungen haben, gerade auch um die Frage ihrer Schuld.« So schrieb Marie-Sibylle Klausing im Juli 1947 an den Dichter.

Und: »Es ist viel zum und viel über den 20. Juli gesagt und geschrieben worden; nichts aber hat das Wesentliche so erfasst, so charakterisiert wie Ihre Worte ...« So heißt es im Dankesschreiben von Erika Canaris, der Witwe des Admirals.

Der Text dieser Rede ist später und erstmals vom Verlag Herder als kleine, schmale Broschüre verlegt worden.

Graf Hardenberg in Nörten-Hardenberg bot Reinhold Schneider die Zusendung von Exemplaren an ihm bekannte Hinterbliebene des 20. Juli an. Der Dichter signierte diese Heftchen als sein Zeichen besonderer Verbundenheit mit diesen ihm unbekannten Frauen, in deren Seelen er sich so einfühlsam und so tief hineinzudenken gewusst hatte.

In welchen Umständen viele dieser Frauen leben mussten – noch ohne erstrittene Rente, weithin unversorgt, zum Teil Flüchtlinge, zum Teil ausgebombt, lässt sich der Beschreibung entnehmen, die Emmi Bonhoeffer nach Freiburg schickte:

> »Um Ihnen in Kürze zu sagen, was mir Ihre Bücher, Sonette und Schriften seit vielen Jahren bedeuten, will ich Ihnen nur erzählen, dass ich auf die Frage, wie wir hier leben, meist etwa antworte: ohne Civilisation, aber mit Kultur. – Wir haben zu viert ein Zimmer (ich mit drei Kindern), Strohsäcke, aber ein Klavier, Pumpe im Hof, aber Dachgarten am Zimmer mit Blumen, Kohl im Topf, aber Reinhold Schneider im Kopf, Möbel verloren, aber Geige gerettet, keinen Herd, keine Tassen, sondern Konservenbüchsen, aber gute Bekanntschaft mit dem Buch Hiob, Flecken an der Wand, aber darüber das Bild meines Mannes …«

Reinhold Schneider hat in seinen Worten nicht nur in höchst würdiger Weise der Toten gedacht – er hat sich auch an deren tapfere zurückgebliebene Frauen gewandt. Seine Worte, von überzeugendem Mitgefühl, stießen in die Tiefen ihrer Herzen hinab.

Clarita von Trott zu Solz dankte dem Dichter mit folgenden Worten:

> »Es hat mich das ganze Jahr hindurch oft bewegt und *auch beschämt, dass ich keine Worte des Dankes fand, – weil es zu viel ist, was ihre Worte auslösten.* Es erscheint hier für mich dieselbe Unfähigkeit, die die meisten von uns Frauen bisher verhinderte, etwas Gültiges über unsere Männer auszusagen. Und darum haben mich Ihre Worte so erschüttert, darum muss ich weinen, sooft ich

sie lese – weil *Sie darin die Wurzeln unseres eigensten Erlebens aufdecken.* Und *auch, dass Sie an uns Frauen dachten, erfüllte mich mit warmem Dank.* Nicht weil wir irgendeines Gedenkens würdig wären, sondern weil wir ja nicht leben könnten, wenn uns die Möglichkeit genommen würde, in dieser oder jener Weise, sichtbar oder verborgen, Gehilfin der Männer in ihrem Kampf um das ›Reich Christi hier und jetzt‹ zu bleiben.«

So gaben Reinhold Schneiders Worte diesen hinterbliebenen Frauen, für sie ganz unerwartet, Trost und Kraft.

»… Trost für uns Frauen, deren tiefstes Leid ich fast unseres Glücks Vollendung nennen möchte.«

So schließt eines dieser ergreifenden Schreiben: »Ich danke Ihnen, wie nur eine Frau danken kann, von der dieses schwerste und höchste Geschehen ein Teil ihrer selbst geworden ist.«

*

Was ist aus diesen historisch zu nennenden Briefen geworden? Aus einem Schreiben des Freiburger Verlegers vom 4. Oktober 1947 an Reinhold Schneider wissen wir: Im Verlag lagen zu diesem Zeitpunkt jene Frauenbriefe vor, und er bot Reinhold Schneider an, sie zu einem Konvolut zu dessen Händen vereinigen zu lassen. Das geschah indes offensichtlich nicht. Die Briefe müssen an Reinhold Schneider zurückgegangen sein und galten seither als verschollen.

Am 23. Oktober 1999 wurde in Freiburg dem deutschen Bundespräsidenten Johannes Rau die Reinhold-Schneider-Plakette verliehen. In Vorbereitung eines Dokumentationsstandes im Historischen Kaufhaus (dem Ort des Festaktes) tauchten bei einer Durchsicht des Herder'schen Verlagsarchives ganz überraschend Abschriften solcher Briefe auf.

Nun wurde in Eile das seinerzeit vorgeschlagene Konvolut wenigstens der Abschriften hergestellt.

Im Anschluss an den Festakt konnte ich Johannes Rau dieses für ihn bestimmte würdig gebundene Exemplar überreichen. Sein Dank für diese ungewöhnliche Gabe kam aus vollem Herzen: In seiner vorangegangenen Dankesrede hatte er sich als ein intimer Kenner des Werkes von Reinhold Schneider zu erkennen gegeben.

*

Seit dem 20. Juli 1944 sind nahezu 60 Jahre verstrichen, und niemand der unmittelbar Betroffenen dürfte mehr am Leben sein. So schien es mir erlaubt und angemessen, in aller Diskretion auswählend aus jenen eindrucksvollen Dankesbriefen heute Abend hier vorzutragen.

Reinhold Schneider wäre nicht fähig zu seinen Worten gewesen, wenn er nicht mitgelitten hätte mit jenen Männern, die zu Duldern geworden waren, die »in ihren Zellen im Angesicht des Todes ein Bekenntnis ablegten zum unveräußerlichen, echten Menschentum ...«

In manchen seiner Formulierungen glauben wir die Gesichtszüge des Dichters selbst zu erkennen: »Der schreckliche Abend des 20. Juli neigte sich über Gescheiterte – die Tat ward von unserem Volk genommen, das Leiden trat an ihre Stelle.« »Dulder« / »Gescheiterte« – sollte das auch das Schicksal desjenigen werden, der dieses Scheitern eben noch so eindrücklich geschildert hatte?

Schon bald nach dem Zusammenbruch von 1945 stürzten Hoffnungen ein, die Reinhold Schneider gehegt hatte.

»Wer konnte erwarten, dass Staatsmänner oder gar Völker das Trümmerfeld als Verwandelte betreten würden ...«, so klagte er in einem Beitrag, der später unter dem Titel »Lebensringe« zum 60. Geburtstag am 13. Mai 1963 veröffentlicht wurde (in: Erfüllte Einsamkeit).

Ich brauche über die äußere politische Entwicklung hier nicht viel zu sagen; sie ist den Älteren unter uns noch gegenwärtig: die rasche Bildung zweier deutscher Staaten, die ideologische Verhärtung des Ostberliner Regimes, schließlich die Aufrüstung noch unter Adenauer.

Reinhold Schneider litt unter all dem unsäglich. Er wollte sich keinesfalls mit der Rolle »eines unglücklichen Liebhabers der christlichen Tat« begnügen, der fatalen Rolle, wie sie Kierkegaard beschrieben hatte.

So kam es im Jahre 1950 zu der so heftig umstrittenen Reise von Reinhold Schneider in die damalige Sowjetzone Deutschlands. Begreiflicherweise nahmen wir Freiburger regen Anteil an diesem Vorgang und diskutierten zum Teil leidenschaftlich das »Für« und »Wider« der Reise.

Zwar vermochte der Dichter während dieser Reise einige Pfänder auszulösen: Eine Anzahl von grundlos Inhaftierten, einige im berüchtigten Gefängnis von Bautzen festgehalten, erhielten durch seine Vermittlung die Freiheit.

Insgesamt aber war der Schaden, den diese politische Aktion auslöste, doch als groß einzuschätzen. Viele wohlmeinende Leser des Dichters zeigten sich stark verunsichert, andere gar entsetzt.

Das »Petrusblatt« in Westberlin, naturgemäß ein besonders sensibler Beobachter aller Vorgänge in der »Zone« (wie dieses Gebiet damals in Westdeutschland genannt wurde), stellte in seiner Ausgabe vom 13. Mai 1951 die provozierende Frage: »Quo vadis, Reinhold Schneider? Sollen wir ihn einladen, seinen Wohnsitz von Freiburg nach Sachsen zu verlegen?«

Wenige Tage darauf fasste der so Diffamierte seine Gründe in einem Schreiben an die Freiburger Verlagsleitung zusammen: »Dass die Ostzone meinen Namen in ihrer Propaganda einsetzt, musste ich ebenso erwarten wie die Angriffe der christlichen Presse. Es gab keine andere Möglichkeit, gegen eine Entwicklung zu protestieren, die ich von Anfang an bekämpft habe und die unser Volk in ein Stadium zurückzuwerfen droht, die es mit seinen besten Kräften verlassen wollte …«

Und weiter: »Ich bin nicht Kommunist, weil ich unter Kommunisten meinen Glauben ausspreche.«

Reinhold Schneider fühlte sich verkannt, empfand die Vorwürfe als nicht gerechtfertigt. Schmerzlich musste er das Auseinanderbrechen alter freundschaftlicher Beziehungen zur Kenntnis nehmen.

Andere standen unbeirrt zu ihm, an der Spitze Werner Bergengruen; in seiner Tischrede zu Schneiders 50. Geburtstag bekannte er sich öffentlich zu ihm. Vielleicht hat er am deutlichsten die Gewissensstimme vernommen, die Reinhold Schneider so unerbittlich einforderte.

Ich selbst habe Bergengruens Eintreten für den Freund immer als einen sehr bewusst geleisteten ritterlichen Dienst empfunden.

*

Die Schatten im Leben Reinhold Schneiders wurden länger. Das Jahr 1957 neigte sich seinem Ende entgegen, als er nach Wien aufbrach.

Curt Winterhalter, Verlagslektor in Freiburg, ihm besonders eng verbunden, hatte vor der Abfahrt die Anregung ausgesprochen, ein Tagebuch zu führen.

Am 7. Februar 1958 konnte Reinhold Schneider ihm auf einer schmucklosen Postkarte berichten: »Ich habe inzwischen etwa 7 Schulhefte geschrieben, sehr kunterbunt. Gegen Ende des Monats denke ich am Ziel zu sein; dann sind es, in Maschinenschrift, vielleicht 250 Seiten im Format der Schulhefte. Das Ganze ist ein Selbstgespräch über die Zeit, ein Versuch, das Phänomen Österreich zu umschreiben – aber in der gegenwärtigen Welt. Religiöse Schwierigkeiten, die gerade in Wien sich melden müssen, kann ich nicht unterdrücken …«

Reinhold Schneider wusste offensichtlich nur zu gut, was sich seinem Auge und seinem Herzen in Wien gezeigt und was und wie er diese Eindrücke für sich gedeutet und beschrieben hatte.

An anderer Stelle, wieder an Curt Winterhalter gerichtet, äußerte er sich:»Die Aufzeichnungen sind vielfältig, aber mit schweren Problemen belastet.«

Lassen Sie mich einige Stimmen zu Gehör bringen, Äußerungen, deren Wortlaut in Abschrift in unserem Verlagsarchiv festgehalten ist. Zwei von ihnen waren an Mitarbeiter des Verlages gerichtet; sie dürften darum nicht bekannt geworden sein.

Der Jesuit Erich Przywara schrieb im Todesjahr an Anna Maria Baumgarten:»Es ist gewiss eine schmerzliche Lektüre, weil er in seinen beiden Büchern (er bezog sich hier auch auf das Buch »Erfüllte Einsamkeit«) so lebendig heraustritt, dass man nicht glauben möchte, er sei bereits hinübergegangen. *Winter in Wien* ist vor allem einzigartig, weil er im Medium seines vorausgespürten Scheidens das Abschiedhafte und hier aber das unsterbliche Wien so zu gestalten weiß, wie es vor ihm niemand vermocht hat ...«

Ludwig von Ficker, Herausgeber des »Brenner«, äußerte sich gegenüber Johannes Harling. Dieser, ursprünglich für den Verlag Tyrolia tätig, war seit Ende des Weltkrieges bei Herder tätig, wo er die Herausgabe der Taschenbuchreihe »Herder-Bücherei« verantwortete. In einem Brief im Oktober 1958 heißt es:»Ich stehe noch ganz im Banne der luziden, noch dankbar die irdischen Augenblicke ausschöpfenden Fülle seines Wahrnehmungsvermögens, zu der ihm, als einem offenbar Bevollmächtigten der Vorsehung, die Nähe des Todes verholfen hat ...«

Schließlich möchte ich aus einem Brief von Jakob Hegner zitieren, den dieser an Karlheinz Schmidthüs schrieb, den Herausgeber der »Herder-Korrespondenz«:»Schneiders ›Winter in Wien‹ las ich erschüttert. Ich habe ihn – fürchte ich – verkannt, wollte immer Literarisches von ihm und dabei war er ein Heiliger!«

Anfang März 1958 war Reinhold Schneider aus Wien nach Freiburg zurückgekehrt; sein jäher Tod am 7. April hatte im ganzen deutschen Sprachraum überwältigende Anteilnahme ausgelöst.

Nach der Feierstunde im Freiburger Münster wurde der Sarg nach Baden-Baden überführt und der Tote dort zur Ruhe gebettet.

Was nicht zur Ruhe kam, war die Diskussion um seine Gestalt und sein Werk – vor allem: »Winter in Wien«.

Im Frühjahr 1963 wurde des 60. Geburtstages und der fünften Wiederkehr des Todestages von Reinhold Schneider gedacht. Für die Gedenkstunde in Freiburg am 12. Mai war Werner Bergengruen als Festredner gewonnen worden.

In Vorbereitung auf diese Gedenktage machte sich die Redaktion der Wochenzeitschrift »Christlicher Sonntag« (heute: »Christ in der Gegenwart«) auf die Suche. Der Herausgeber, Karl Färber, zum engsten Freundeskreis des Verstorbenen gehörend, wünschte sich eine Deutung von diesem Werk von höchster Warte aus.

Der zuerst Angefragte, Hans Urs von Balthasar, lehnte ab. Unter dem 20. März 1963 schrieb er an Karl Färber seine Begründung. Aus diesem Brief glaube ich Ihnen einige Sätze wiedergeben zu sollen.

Der Vorgang liegt inzwischen Jahrzehnte zurück, von den damals Beteiligten lebt niemand mehr. Im Blick auf den späteren Kardinal der Römischen Kirche halte ich mich an die Gepflogenheit des Vatikans, der seine Archive nach 40 Jahren zu öffnen pflegt.

»Lieber Herr Färber!« – so lesen wir – »Je mehr ich in die Endphasen Reinhold Schneiders mich einlese, umso schauerlicher wird mir die Verstörung dieses edlen Geistes. Das Ganze ist eine furchtbare Tragödie, die letztlich ein [...] Wollen der Tragik zum Grund hat. Auf diesem Grund sind all die herrlichen Blüten gewachsen.

Wenn ich schreibe, muss ich das sagen. Und wenn ich es sagen soll, möchte ich mir im Voraus jede mildernde Zensur und Bearbeitung meines Manuskriptes verbitten. Ist es nicht besser, ich lasse es sein, und Sie holen sich anstelle meiner irgendeinen jungen, begeisterten, harmlosen Schneiderianer?«

Den Gedenkartikel im »Christlichen Sonntag« schrieb dann Max Müller, in jenen Jahren auf dem Konkordats-Lehrstuhl für Philosophie an der Universität Freiburg.

Dass ihm die vorausgegangene Ablehnung durch den Basler Theologen bekannt war, darf bei den engen Beziehungen Max Müllers zum Verlag Herder angenommen werden. Sicher ist, dass er sich von einer ähnlichen Intention, wie sie in dem Brief von Balthasar formuliert ist, leiten ließ, dem Bemühen nämlich um eine Bewertung aus einer Distanz heraus. Das musste misslingen, schon aus der einfachen Tatsache heraus, dass es für eine solche Distanz nach fünf Jahren noch zu früh war.

So mussten zahlreiche Passagen dieser an sich intelligenten philosophischen Analyse von der Gestalt des Verstorbenen und seinem letzten zwiespältigen Werk von vielen Lesern als eine »schonungslose Kritik« verstanden werden.

Am deutlichsten protestierte Lotte von Schaukal, die Tochter des Dichters. Sie schrieb an den Herausgeber des »Christlichen Sonntags«: »Was an diesem Gedenkaufsatz empört, ist die Ehrfurchtslosigkeit, die sich an dem großen Geiste reibt, sich nicht scheut, nicht schämt, selbst Ausdrücke wie ›masochistisch‹ im Zusammenhang mit Reinhold Schneiders Leid und Leidensfähigkeit zu gebrauchen.«

Die bedauerliche Tatsache zahlreicher Unrichtigkeiten, ja ausgesprochener Fehler in diesem Artikel vermochte das Urteil von Max Müller nicht glaubwürdiger zu machen.

So entsprach seine Behauptung, Reinhold Schneider sei »in Wien ohne jede Gefährtin« gewesen, nicht der Wahrheit. Dass Max Müller sich gerade in diesem Zusammenhang zu einer fragwürdigen Äußerung über die Lebensgefährtin bereit fand, war unglücklich und musste viele Leser schmerzen. Max Müller zog nämlich den Schluss aus dieser vermeintlichen Abwesenheit, es habe dem Dichter in Wien »ein kritikloses Publikum« gefehlt.

In »Winter in Wien« finden sich nicht nur erschütternde Aussagen, sondern auch ausgesprochene Paradoxien. Max Müller setzte die damals viel gehörte Äußerung vom »inneren Umfall des Dichters in Wien« in einen Bezug zum »äußeren Unfall«, nämlich dem Sturz in Freiburg. So glaubte er, die »Schneider-Verehrer und Schneider-Schwärmer« vor »permanenter Verharmlosung und seelsorgerlichem Missbrauch« warnen zu müssen.

*

Auch der Verlag Herder wurde mit Kritik bedacht, in der ironische Formulierungen nicht fehlten. So machte Max Müller dem Verlag zum Vorwurf, dieser habe erst den inzwischen allgemein anerkannten großen religiösen Dichter und Schriftsteller in sein Programm aufgenommen, und dies auch erst, nachdem sich der Pulverrauch des Weltkrieges verzogen habe. Ich habe gezeigt, dass es sich so nicht verhält.

Das mindert nichts an meiner hohen Wertschätzung des Verlegers Rossé in Colmar, der es umsichtig und mutig verstand, eine Anzahl kleinerer Schriften des Dichters (darunter übrigens auch die Erstausgabe des »Vaterunser«) in seinem Alsatia-Verlag zu verlegen. Für seine Bemühungen zahlte er nach 1945 mit seinem Leben.

*

Karl Pfleger hat in seinem Nachwort zur Taschenbuchausgabe von »Winter in Wien« Reinhold Schneider einen »Menschen der Nacht« genannt. War diese Nacht jener Art, wie sie Johannes vom Kreuz geschildert hat? War sie vergleichbar der

Nacht, deren Dunkelheit Therese von Lisieux erdulden musste? Wir wissen es nicht.

Unter den Leserzuschriften an die Redaktion des »Christlichen Sonntags« findet sich im Verlagsarchiv von Herder auch ein Schreiben einer mir weiter nicht bekannten Ordensfrau aus Altötting. Einfühlsam hat sie zu den düsteren Erfahrungen Reinhold Schneiders während der letzten winterlichen Lebenszeit in Wien Worte gefunden, mit denen ich meinen Bericht schließen möchte:

»Ich gehöre gewiss nicht zu jenen, die ihre Augen vor den Dunkelheiten in ›Winter in Wien‹ verschließen. Aber ich hätte gedacht, schon allein das wahrhaft erschütternde Ringen mit den Wassern aus der Tiefe könne nur mit scheuer Ehrfurcht aufgenommen werden. Glauben wir denn wirklich an die ›dunkle Nacht‹ im Leben mancher Heiliger, wenn wir in Reinhold Schneiders letzten Erfahrungen nicht Heimsuchungen der Gnade zu erkennen vermögen?«

Wienerisches Lebensgefühl:
HEIMITO VON DODERER

Der »Aschermittwoch der Künstler« in Wien war nach dem Zweiten Weltkrieg aufs Engste verbunden mit der Persönlichkeit des Msgr. Otto Mauer. Dieser vielseitig begabte Mann – Studentenseelsorger und Domprediger – begründete eine Kunstgalerie in der Grünangergasse; »nächst St. Stephan« war ihr Name, der rasch zum Programm wurde: Ein intimer und begeisterter Kenner jeglicher Avantgarde, wurde Mauer zum entscheidenden Mittelpunkt und Förderer junger österreichischer Talente nach dem Zweiten Weltkrieg.

Otto Mauer, hochgebildet, sensibel und theologisch versiert, begründete mit drei gleichgesinnten Publizisten 1946 die Zeitschrift »Wort und Wahrheit«. Sie knüpfte an die große Tradition von Kulturzeitschriften in der Donaumonarchie an, die von jenem österreichischen Bewusstsein geprägt waren, von dem Doderer in seiner Athener Rede sagte, dass es »wirklich das von allen am wenigsten materielle sei«.

»Wort und Wahrheit« erschien, zweimonatlich, im Verlag Herder in Wien. Im Kreis um Otto Mauer fand ich rasch Aufnahme und durfte mich bald in Wien heimisch fühlen.

Dem traditionellen Aschermittwochsgottesdienst ging jeweils ein Faschingsabend voraus, ganz wie es der Lebenslust der Wiener entspricht. In Wien sind freilich auch die weinseligen Stunden stets von jener nachsinnenden Melancholie geprägt, die der tiefe Blick ins Allzumenschliche »sub specie aeternitatis« mit sich bringt. Nicht ohne Grund hat in dieser Stadt der Tod eine seltsam anziehende Kraft, wie jeder Besucher der »Kapuzinergruft« spürt. »Der Tod, der muass a Weaner sein«, so heißt es in einem Lied, das ebenso wie das Lied

»O du lieber Augustin« darauf Bezug nimmt. War doch der liebe Augustin auf nächtlichem Heimweg und vom Heurigen trunken in die offene Pestgrube gefallen. Otto Mauer stand Doderer nahe. Dieser, als Nachfahre deutscher Einwanderer in der franzisko-josephinischen Blütezeit, war ursprünglich Protestant gewesen. 1930 trat er aus seiner Kirche aus, ebenso wie vereinbarungsgemäß Gusti Hasterlik aus der ihrigen. Beide also am Vorabend der von Gusti nach unendlichen Szenen ertrotzten standesamtlichen Trauung in der Absicht, ihre für damals unkonventionelle »freie Liebe« nicht auch noch in einen kirchlichen Rahmen zwingen zu müssen.

*

Justament im Augenblick, da braune SA-Stiefel durch Wien marschierten und in Radio und Reden zum neuen Unglauben aufgerufen wurde, entschloss sich Doderer zur Konversion. Dabei kam für ihn nur der Weg zum Katholizismus in Betracht – wahrscheinlich auch eine Folge nächtelanger Gespräche mit Albert Paris Gütersloh (*1887), für den metaphysische Fragestellungen untrennbar mit allen Lebens- und Kunstfragen zusammenhingen.

Es ist für das so zwiespältige Wesen Doderers höchst bezeichnend, dass dem »Absturz in den Nationalsozialismus« nach der Trennung von Gusti rund sieben Jahre später die Einsicht folgte, dass es mit den politischen Transparenten auf dem Heldenplatz nicht genug sein könne, sondern dass menschliches Leben der Transzendenz bedürfe. So hatte die Periodizitätslehre von den Siebenjahresrhythmen seines akademischen Lehrers Swoboda diesmal eine unerwartete Bestätigung erfahren.

Jener politische »Absturz« Doderers war in der Öffentlichkeit freilich nicht unbemerkt geblieben, geschweige denn vergessen worden. Dem Eintritt in die Partei war der Antrag gefolgt, in die Reichsschrifttumskammer aufgenommen zu werden. Nach 1945 hatte Doderer darum Mühe bei seinem Entnazifizierungsverfahren. Die Fürsprache des Msgr. Mauer bewahrte ihn vor den schlimmen Folgen des schon verhängten Berufsverbotes. Dessen Stimme war von Gewicht: Hatte der damalige Jugendseelsorger Mauer doch 1938 die einzige Großdemonstration katholischerseits gegen die nationalsozialistische Okkupation organisiert, mutig und unbeirrt.

*

Es war der Monsignore, der mich an jenem Faschingsabend 1955 Doderer vorstellte. Der saß abseits des ausgelassenen, doch durchaus disziplinierten Treibens in einem Sessel mit hoher Rückenlehne; er kauerte in sich zusammengesunken, mit starrem, unbeteiligtem Blick. Ich fand ihn genauso, wie er sich in der Gestalt des René von Stangeler in der »Strudlhofstiege« (diesem »alter ego«) beschrieben hatte:

> »… seine Augen standen etwas schräg und die Backenknochen waren irgendwie magyarisch oder zigeunerhaft, die Beine gekreuzt, die Hände in den Taschen …«

Msgr. Mauer hatte mir zugeflüstert, dass Doderer kurz vor dem Abschluss eines Romans stünde (die »Dämonen« sind im Jahr darauf, 1956, erschienen). So legte es sich nahe, in dieser Richtung eine diesbezügliche Frage zu stellen. Ich hatte noch nichts von ihm, wohl aber über ihn gelesen; ich wusste, dass Doderer Historiker war, ich wusste freilich auch, dass ein Romancier nicht der Geschichtsschreiber seiner Zeit ist und auch nicht sein will. Wie verhielten sie sich in dem angekündigten Werk also zueinander: das reale Geschehen im geschilderten Zeitraum und dessen Wahrnehmung und Verarbeitung im Bewusstsein der Zeitgenossen, widergespiegelt in den fiktiven Gestalten des Romans?

Der Autor indessen zeigte wenig Lust, sich darüber in ein Gespräch einzulassen, und zog sich noch tiefer in den Sessel zurück. Er murmelte etwas vom Brand des Justizpalastes am

15. Juli 1927 als einem historischen Wendepunkt einerseits und Fluchtpunkt andererseits, auf den hin die Lebenslinien der Romanfiguren ausgerichtet seien mit der je ihnen eigenen Wirklichkeitserfahrung. Es mochte sein, dass er sich in einer der häufigeren depressiven Phasen seiner Altersjahre befand, zu denen sich eine wachsende Bedrückung gesellte über den Tod langjähriger Freunde.

Ich hatte an jenem Abend meine Frage nach dem Verhältnis von Historie und Roman eher intuitiv gestellt. Ein halbes Jahrhundert danach bei der Lektüre der »Dämonen« und der Vorbereitung auf unsere Leserunde empfinde ich sie indes aus der Rückwärtsschau als durchaus berechtigt. Es ist eine der zentralen Fragen der beiden großen Romane Doderers, der übrigens die Berechtigung, sie zu stellen, selbst bestätigt: Trägt doch die »Strudlhofstiege« einen sehr bezeichnenden Untertitel: »Melzer und die Tiefe der Jahre«. Auch ein noch so »bescheidentliches und bedeutungsloses menschliches Dasein«, so sagt Doderer einmal, habe seine »Tiefe«, und wer sie spürt, ist »angerührt«.

Wir werden noch einmal auf diese für Doderer so zentrale Fragestellung zurückkommen müssen. Für den Augenblick halten wir die richtungweisende Aussage des Untertitels der »Strudlhofstiege« fest: Tiefe ist »unten«. »Unten« und »oben« sind aber keine historischen Begriffe, im Gegensatz zu »Jahren«, die den Lauf der Geschichte einteilen helfen. So fließt hier einander Fremdes zusammen. Um es mit Richard Wagners Vers aus dem »Parsifal« zu beschreiben: »Zum Raum wird hier die Zeit.« Diese Zeit-Raum-Relation, dieser historisch-topographische Raum erfährt in Wien seine unauswechselbare Mitte.

Ein Zitat aus den »Dämonen« mag das veranschaulichen:

»An dieser Stelle löste sich in René ein Boot der Erinnerung vom Stege der Gegenwart; und auf solchem Nachen entglitt er für Sekunden, und weiter hinaus, und schon eine ganz andere Tiefe unter sich fühlend; und mit Staunen: nun aber kam's, tauchte herauf aus der bläulichen Tiefe, die man oft in den alten Wiener Vorstadtgassen zu spüren, ja fast zu sehen vermeint.«
(»*Dämonen*«, S. 817)

*

In der folgenden Woche begann ich mit der Lektüre der »Strudlhofstiege«. Ich pilgerte aus der Inneren Stadt, wo ich mein Logis hatte, hinüber in den IX. Bezirk, den Alsergrund, und stand lange vor der »Strudlhofstiege«, die Theodor Jäger 1910 erbaut hat.

In Wien kennt man das Wort »Treppe« nicht: Stiege heißt es und Stiegenhaus. Es gibt viele Stiegen in Wien, jedes Palais der Stadt birgt seine Stiege; man mag viele ihrer Schönheit wegen bewundern, aber keine von ihnen hat Weltberühmtheit erlangt.

Was unten im Geiste des Barock beginnt, zwei geschwungene, einander gegenüberliegende Treppen, das setzt sich darüber mit schräg hinaufführenden Rampen fort. Im »goldenen Schnitt«, zwischen Rund und Rampe, eine Brunnenschale: Aus einem offenen Fischmund quillt Wasser hervor. Schmiedeeiserne Laternen, sieben an der Zahl, grün gestrichen, vom Jugendstil geprägt, rahmen das Wunderwerk ein, von mächtigen Kastanien ist es schützend überdacht.

Die »Strudlhofstiege« ist durch Doderers gleichnamigen Roman zu einer »Bühne des Lebens« geworden (in dem Roman S. 129). Stiegenstufen und Rampen wirken durchaus opernhaft: Hier kann man herauf- und herabsteigen, genießerisch und besinnlich: »In der Mitte der Stiege begegnet man sich selber!« – so empfindet es René von Stangeler, dieses »alter ego« des Dichters, bei der ersten Begegnung mit diesem

Bauwerk. Der »genius loci« jener Wiener Örtlichkeit ist – so schreibt Doderer in seinem Tagebuch am 28. Januar 1948 – »der eigentliche Hauptacteur in diesem Buche«.

*

Der Strudlhofstiege hat er eines seiner schönsten Gedichte gewidmet. Es lautet:

> Wenn die Blätter auf den Stufen liegen
> herbstlich atmet aus den alten Stiegen
> was vor Zeiten über sie gegangen.
> Mond darin sich zweie dicht umfangen
> hielten, leichte Schuh und schwere Tritte,
> die bemooste Vase in der Mitte
> überdauert Jahre zwischen Kriegen.
>
> Viel ist hingesunken uns zur Trauer
> und das Schöne zeigt die kleinste Dauer.

*

Im Juli 1955 brach ich zu einer Palästina-Reise auf. Ich verbrachte drei Wochen in Israel in Begleitung zweier österreichischer Freunde, beide Dozenten für Hebraistik an den Universitäten Wien resp. Graz.

Nach dem Aufenthalt in Israel las ich Doderer mit anderen, mit kritischeren Augen. Sein Verhältnis zum Judentum ist von einer tiefen, in ihren Auswüchsen nur schwer verständlichen Ambivalenz geprägt. Das wird am deutlichsten in seiner Beziehung zur Familie Hasterlik.

Von der etwa gleichaltrigen Gusti Hasterlik war er aufs Höchste fasziniert. Ihre feine Nase, ihre veilchenblauen Augen hat er in den »Dämonen« beschrieben (S. 198), ihre frauliche Klugheit gelobt (S. 990). Sie war ihm auf allen Feldern des Lebens voll gewachsen, wusste ihn zu nehmen, ja zwang ihm immer wieder ihre eigenen Vorstellungen auf: geistig für alles

Neue aufgeschlossen und darüber hinaus fest entschlossen, aus den Vorstellungen über die traditionelle Frauenrolle auszubrechen. So begann diese Beziehung im Zeichen »freier Liebe«. Sie war Geliebte, Kamerad, geistig ebenbürtige Gefährtin. Gustis weltoffene Art bestätigen ihre noch erhaltenen Briefe an Heimito. Er hat sie übrigens – wie spätere Bleistiftstriche zeigen – in seiner »Strudlhofstiege« verwendet.

*

Doderers Eingeständnis sich selbst gegenüber, ausgerechnet einer Jüdin in Leidenschaft verfallen zu sein, löste eine Hass-Liebe aus. Ihre Affekte tobten sich auf zwei verschiedenen weiblichen Ebenen aus: Was die Tochter Gusti an Liebe einforderte, das hatte seinen Preis. Gegenstand solcher Abneigung wurde die Mutter Irma geb. Regenstreif, nicht weniger hübsch und begabt als Gusti, wie diese als Pianistin ausgebildet.

Doderer fürchtete, von ihr als finanzielles Leichtgewicht durchschaut zu werden; ihren durchdringenden Blick verglich er hasserfüllt mit dem einer »nahrungssuchenden Ratte«. Eine Beschreibung dieses kultivierten, assimilierten jüdischen Hauses findet der Leser in den »Dämonen« unter dem Namen »Siebenschein«.

Doderers Familie lehnte Gusti aus rassischen Gründen ab. Heimito kritisierte dies in einer ersten Phase; Äußerungen seiner Schwester Astri disqualifizierte der Bruder zunächst als »borniertem Antisemitismus dieser Doderin«. Er sollte sich später selbst diesen Vorurteilen anschließen.

Einen Zugang zur geistigen Seite des Judentums hat Doderer nicht gefunden – er hat ihn wohl auch nicht gesucht. Bei der Frage, wie weit bei seiner eigenen Konversion solche Suche eine Rolle gespielt haben mag, verunsichern uns ironische Tagebuchnotizen (Tagebuch vom 14. Februar 1939).

Doderer hielt sich bezüglich seines Glaubens bedeckt. Peter von Tramin äußert sich dazu:

»… von seinem Katholizismus machte er, der tiefgläubige Katholik, in seinem Werk keinen Gebrauch: nicht die geringste Spur davon lässt er durchschimmern …«

Seine Einschätzung jüdischer Mitbürger im täglichen Leben war weithin die der bürgerlichen Schicht im Wien des alles dominierenden Bürgermeisters Lueger. In der zweiten Hälfte des 19. Jahrhunderts hatten sich in wachsendem Ausmaß Juden aus Russland auf den Weg nach Wien gemacht, getrieben von der Angst vor Pogromen. Das liberal geprägte Wien erschien vielen als ein neues Jerusalem.

Dort begann sich, als Reaktion auf die zunehmende jüdische Präsenz in akademischen Berufen, in Wirtschaft und Presse ein zunehmender Antisemitismus zu formieren. Er war nicht mehr konfessionell empfunden, sondern, als Folge der jüdischen Assimilation im Gastland, rassisch bedingt – das war das Neue an ihm. Die Taufe jüdischer Konvertiten war damit bedeutungslos geworden.

1936 – Doderer war mit den »Dämonen« beschäftigt – stellte er den Antrag auf Aufnahme in die Reichsschrifttumskammer. Er begründete diesen Antrag mit Bemerkungen, die betroffen machen:

»Alle gesellschaftliche Kommunikation ist bei uns vom jüdischen Elemente durchsetzt«,

so beginnt Doderer und führt dann aus, dass

»ich Spannungen, Gegensätze, ja ›Zerrissenheiten‹ dank der Reinheit meines Blutes allüberall spürte«.

So habe er (schreibt er an die Reichsschrifttumskammer) seinen Entschluss gefasst:

»Ich versuchte, dieses ›Theatrum Judaicum‹ sozusagen in drei Stockwerken vorzuführen: auf der Ebene des familiären und erotischen Lebens, auf der Ebene der Presse und der Öffentlichkeit, und endlich auf der Ebene der Wirtschaft in der Welt der großen Banken.«

Angesichts dieser Äußerungen stellt sich die Frage, was Doderer von diesem »Programm« eines »Theatrum Judaicum« in den »Dämonen« verwirklicht hat.

Ich möchte die Beantwortung dieser Frage den aufmerksamen Lesern und Leserinnen überlassen. Ich begnüge mich mit einem formalen Hinweis:

Nahezu alle Notizen und Manuskripte im Original von Doderer sind uns erhalten geblieben; was er 1936 entwarf, ist größtenteils 1956 als erster Teil übernommen worden. Es gibt also keine purgierte Fassung.

Doderer mag sich angesichts des Nationalsozialismus geirrt haben – literarisch hat er sich nicht in dessen Dienste nehmen lassen.

Unter den Mitschülern, später den Kriegskameraden und schließlich den literarischen Freunden Doderers befanden sich zahlreiche Juden. Dass sich zahlreiche von ihnen nach 1938 zur Auswanderung veranlasst sahen, dass nicht wenige im KZ verschwanden, findet im literarischen Werk keinen Niederschlag. Ihnen als Opfern politischer Gewalt wenigstens einen literarischen Nachruf zu setzen, unterließ er; an keiner Stelle seines Werkes bedauert er ihren Verlust. Ihre Namen in der Erinnerung zu bewahren, blieb Doderers Biographen überlassen.

Im schärfsten Gegensatz zu diesen rassischen Vorurteilen müssen wir daher die visuelle Jagd nach den weiblichen Reizen dieser Rasse empfinden. Vor allem von deren korpulenten Vertreterinnen fühlte er sich übermächtig angezogen.

Mit Inseraten versuchte er Kontakte herzustellen, Bekanntschaften einzufädeln. Ein uns erhalten gebliebenes Zeitungsinserat aus jener Zeit lautete:

»Junger Doktor, 33 Jahre aus guter Familie, finanziell unabhängig und desinteressiert, gepflegte, trainierte Erscheinung, sucht ehrbare Bekanntschaft mit distinguierter ca. 45jähriger israelitischer Dame (Wienerin) von nur außergewöhnlich starker, korpulenter, üppiger und überaus mächtiger, breiter Statur, schwarzem, respektive graumeliertem Haar und weißem Teint und wirklich imposanter Erscheinung. Strengste Diskretion.«

Als besondere Pointe erweist sich das Datum des Inserates: Doderer gab es zwei Tage vor der standesamtlichen Trauung mit Gusti Hasterlik auf.

Ein in höchstem Maße unersättlicher Voyeur, scheute er sich nicht, an fremden Türen auszuharren, um irgendwann einen Blick auf begehrte Fülle zu erhaschen. Sein Neffe, bei dem Doderer zeitweilig als Untermieter logierte, wusste zu berichten: »Bei uns sind Speckschwarten in Prachtexemplaren zu sehen!« Diesen Neffen kennen wir aus der Lektüre als Dr. Körger. Die pikante Schilderung von dem Damentreffen im Kapitel 9 der »Dämonen« unter der Überschrift »Ein entzückendes Konzil« gibt von dieser Sinneswelt einen gemilderten Eindruck.

Bei einem Urteil über die zum Teil nicht immer appetitlichen amourösen Eskapaden im Leben des Heimito von Doderer wird man rasch auf ein Faktum stoßen: Es kann nicht geleugnet werden, dass dieses geradezu faunartig anmutende Triebleben als ein nicht zu unterschätzendes Stimulans für das Entstehen seines literarischen Werkes zu bewerten ist.

Sein intimes Tagebuch, oftmals in lateinischen Kürzeln geführt, wurde dafür Ausgangspunkt. Gedacht war es als eine »Chronique scandaleuse«. Später führte er die anwachsenden Manuskripte unter der Abkürzung »DD«, was so viel heißen sollte wie »Dicke Damen«. Aus »DD« entfaltete sich schließlich der endgültige Titel: »Die Dämonen« – davon wird später noch zu sprechen sein.

Doderer hat aus seinem überdosierten Triebleben nie einen Hehl gemacht: Mit dem französischen Wort »débauche« umschrieb er seine Ausschweifungen gewissermaßen programmatisch. Dabei beschränkte sich dieser Drang nicht auf das »schöne Geschlecht«, seine homoerotischen Anlagen waren nicht minder stark ausgeprägt. Diese beiden Seiten seiner menschlichen Beziehungen bildeten einen »Grund-Akkord seines Lebens« (Wolfgang Fleischer). Doderer selbst hat sie als Motor seines Lebens und Schaffens verstanden.

Diese Neigungen öffneten ihm den Zugang zu Menschen auf nahezu allen Sprossen der sozialen Leiter. Man darf dabei nicht vergessen, dass er sich selbst nicht oben auf dieser Leiter befand. Zwar entstammte er einer reichen, nobilitierten und erfolgreichen Unternehmerfamilie: Der Bau des Nord-Ostsee-Kanals, die Einrichtung der Tauernbahn waren bewundernswerte Doderer'sche Leistungen, denen sich eine Teilstrecke des so berühmten Orientexpress anschloss.

Indes hatte Vater Doderer den größten Teil seines Vermögens durch patriotische Zeichnung von Kriegsanleihen verloren. Aussicht auf ein größeres Erbe bestand also nicht.

Heimito blieb bis zum 32. Lebensjahr, vom Vater wirtschaftlich abhängig, im Elternhaus. Von da an hielt er sich nur mühsam über Wasser und war auf Spenden angewiesen; die Mutter steckte ihm heimlich Beträge zu; von einem reichen Onkel erbettelte er Geld. Alles in allem kein erstrebenswertes Leben für einen jungen Herrn, der gerne seiner Neigung zu Luxus und standesgemäßem Auftreten gefolgt wäre.

*

Dass Doderer trotz dieser erschwerten Umstände seinen literarischen Weg unbeirrt ging, verdankte er einer geradezu visionären Gewissheit:

Doderer hatte sich 1915 als Offiziersaspirant beim noblen 3. Dragonerregiment freiwillig gemeldet. Ein Jahr später war er bei der für die k. u. k. Armee so verlustreichen »Brussilow-Offensive« in russische Gefangenschaft geraten. Nach wochenlanger Eisenbahnfahrt durch Sibirien landete er 1916 im Kriegsgefangenenlager Krasnaja Rjetschka. Dort, 200 Kilometer entfernt von der russischen Küste des Japanischen Meeres, saß er jahrelang; er hatte Zeit, viel Zeit, um über sich selbst nachzudenken. Unter solch außergewöhnlichen Umständen traf er die folgenreiche Lebensentscheidung, Schriftsteller zu werden.

1920 gelang Doderer mit einigen Kameraden die Flucht. Auf endlosen Fußmärschen durch endlose Weiten stand er im August in einem zerlumpten englischen Soldatenrock, fast nicht wiederzuerkennen, vor seinem Elternhaus. Seine ersten literarischen Versuche während der Gefangenschaft hatte er auswendig gelernt. Dank seines verblüffenden Gedächtnisses blieben sie erhalten.

*

Erhalten blieb aber auch die in Sibirien gewonnene Gewissheit, zum Schreiben bestimmt zu sein. Bis zur späten Akzeptanz als Romancier war er sich durch die vielen düsteren Jahre hindurch dieser Berufung sicher. Ein Kriegskamerad hatte erklärt, »wichtig sei allein, dass Doderer gesund nach Hause käme; Doderer sei ein großer Dichter.«

Fast um dieselbe Zeit, 1915, war in Wien ein anderer Künstler zu einer ähnlichen Gewissheit, wenn auch völlig anderer Art gelangt: Arnold Schönberg verstand sich mehr und mehr als ein »auserwählter Mittler«, als lebende Brücke zwischen Geist und Materie. Die Beschäftigung mit dem Oratorium »Die Jakobsleiter« hatte in ihm mystische Erlebnisse geweckt, die er im Sinne seiner eigenen Berufung deutete. Doderer, auf andere Weise, gestand später, eine »Entrückung« habe ihn zum Schreiben geführt.

Aus Sibirien hatte Doderer nicht nur Schreibversuche mitgebracht, sondern auch dauerhafte Freundschaften; zu den lebenslangen Freunden zählte sein damaliger Leutnant, Rudolf Haybach.

Als Ingenieur verdiente er jetzt sein Geld, als Verleger setzte er es begeisterungsfähig ein: Ein Freundeskreis förderte den kleinen, bibliophilen Ein-Mann-Verlag. Erster Autor wurde Albert Paris Gütersloh, der später von Jakob Hegner verlegt werden sollte.

Nach einem schmalen Gedichtbändchen von Doderer unter dem Titel »Gassen und Landschaft« erschien 1924 bei Haybach »Die Bresche«. Das Manuskript hatte zuvor Cassirer in Berlin – was eine erste Adresse gewesen wäre – abgelehnt. Denn in diesem schmalen Büchlein gibt Doderer in seinem Titelhelden ungeniert seine sadistischen Neigungen zu erkennen. Seinem Doppelgänger Jan Herzka werden wir in den »Kavernen von Neudegg« der »Dämonen« wieder begegnen.

*

Dem Berichterstatter, der ja selbst Verleger ist, sei an dieser Stelle ein kurzer Exkurs über die Beziehung Doderers zu seinen Verlegern erlaubt: Ein lange Jahre gehegter Wunsch, Verlagslektor zu werden, blieb unerfüllt. Er bewarb sich vergebens bei Westermann in Hannover, später bei einem nicht weiter bekannten Leipziger Verlag. Es blieb also beim Beruf des freien Schriftstellers.

Der Haybach-Verlag war zu klein, um den Weg zum Erfolg versprechen zu können. Doderer machte sich für seinen ersten größeren Roman auf die Suche.

In Wien war damals auf genossenschaftlicher Basis ein Verlag entstanden unter dem Namen »Saturn«. Dort erschien 1930 seine dritte Veröffentlichung »Das Geheimnis des Reichs«. Es wurde kein Erfolg, der Verlag verramschte schließlich den Rest der Auflage und gab die Option auf Folgewerke zurück. Der Verleger, Fritz Ungar, war Jude und emigrierte 1938 in die USA; seinem Namen, nun als Frederick Ungar, begegnete ich bei meinen ersten beruflichen Aufenthalten in New York. Der Verleger Rudolf Haybach hatte auf Dauer kein Glück mit seinen elitären Ambitionen. Sein schönstes Buch, »Kain und Abel« von Albert Paris Gütersloh mit dessen eigenen Lithographien, war zugleich sein letztes. Ende Oktober 1925 stellte Haybach bei seinem Berufsverband den Antrag auf Sistierung des Mitgliedsbeitrages. Er schrieb:

»Der Gesamtumsatz meines Verlages – ich brauche es ja nicht geheim zu halten, da Sie ja selbst wissen werden, dass sogenannte Luxusdrucke nicht gehen, – betrug gerade soviel, als Sie mir an Spesen aufrechnen: ein ill. Roman von Doderer, verkauft an die Buchhandlung R. Lanyi um netto S. 1,50. Sie können begreifen, dass es mir nicht leicht fällt, einen so hohen Beitrag zu leisten.«

Was der Verleger unbedingt vermeiden sollte: Haybachs Verlag ging in Schönheit unter.

*

In Österreichs schwierigster wirtschaftlicher Lage hatte Doderers Mutter diesem Revenuen von deutschen Wertpapieren abgetreten. Die damalige strenge deutsche Devisenregelung schränkte eine Geldüberweisung ins Ausland drastisch ein. So siedelte Doderer nach Deutschland um. Ausgerechnet in Dachau nahm er Quartier, nur wenige Hundert Meter von dem allerersten Konzentrationslager der Nazis. Es ist schwerlich anzunehmen, dass er von dessen Existenz bei den sommerlichen Bierabenden im Gasthaus »Zur schönen Frau von Dachau« keine Kenntnis bekommen haben soll.

Die Zeit in Dachau brachte Doderer die entscheidende Lebenswende. Er begegnete dort in Wirklichkeit einer schönen

Frau von Dachau: Es war Emma Maria Thoma, später nur noch »Mienzi« genannt; sie war eine Nichte von Ludwig Thoma. Eine Photographie zeigt diese grundsolide und bieder-bürgerliche Bayerin im Dirndl gekleidet im Herrgottswinkel ihrer Wohnung.

Doderers Verhältnis zu ihr war, wie immer in seinem Leben, zwiespältig: Einerseits entrückte er sie in höchste, für Sünder wie ihn nicht erreichbare Sphären; andererseits rückte er sie gedanklich in die Nähe jener Bilder und Statuen von entkleideten frühchristlichen Martyrerinnen, bei deren Anblick sich seine sadistischen Gefühle entzündeten. Erinnern wir uns daran, dass der »Vorgang in vier-und-zwanzig Stunden« (so der Untertitel seines Buches »Die Bresche«) in einem Antiquariat beginnt: Jan Herzka erwirbt, fasziniert von dem Titelblatt, ein Martyrologium weiblicher Blutzeugen.

Offensichtlich ließ sich Mienzis Liebe in diesen zwei sehr entgegengesetzten Welten ansiedeln, in der zweiten mit ihrem nachlassenden Widerspruch.

Heimito und Maria Thoma heirateten später. Es wurde eine eheliche Beziehung gewissermaßen »in Raten«, die sich bei Doderers kurzen Besuchen verwirklichte, zuerst in Dachau, später in Landshut, wohin die Thoma dann zog. Insgesamt hielt ihr der nun in diesem Punkt gereifte Doderer die Treue, bis er, nun wieder ganz in Wien, Dorothea Zeemann kennenlernte. Sie war Schriftstellerin und nach Doderers Tod Sekretärin des P.E.N.-Clubs Österreich. Für Doderer war das eine andere Welt als die der braven Mienzi.

*

Von Dachau aus hatte die Beziehung zum Verlag C. H. Beck ihren Anfang genommen. In München sollte Doderer seine verlegerische Heimat finden. Der Lektor Horst Wiemer begeisterte sich für Doderer: »Ich habe einen Dichter entdeckt«, konnte er seinem Verleger mitteilen.

Im Jahr 1938 erschien »Ein Mord, den jeder begeht« und

machte den Autor schlagartig bekannt. Es war eine Auftragsarbeit des Verlages auf der Grundlage eines Exposés: Innert zwölf Monaten sollte Doderer 400 Seiten abliefern. Es waren dann auf den Tag genau 407 Seiten – Beweis für seine Fähigkeit, mit äußerster Disziplin zu arbeiten.

Die folgenden Werke Doderers erschienen alle bei dem angesehenen Münchner Verlagshaus, teils unter dem Impressum Beck, teils dem des Verlages Biederstein. Ich will darauf nicht näher eingehen – der Grund für das Entstehen des Zwillingsverlages Biederstein war politischer Art: Die amerikanische Besatzungsbehörde zögerte längere Zeit bei der Lizenzerteilung. Offensichtlich konnte Beck 1945 keine gänzlich reine Weste vorweisen.

Doderer hatte damit einen Hausverlag und in Dr. Heinrich Beck einen Freund gefunden. Wo die Bibliographie andere Verlagsnamen aufweist (so Reclam, Die Arche, schließlich dtv), handelte es sich um Lizenzausgaben. So erschienen unmittelbar nach dem Zweiten Weltkrieg für Österreich bestimmte Teilauflagen beim Verlag Luckmann in Wien; dessen Verlegerin, Ilse Luckmann, war eine exzentrische Dame, die sich am liebsten pfeiferauchend der Fachwelt präsentierte. Ihr Name muss erwähnt werden, weil sie in schwerer Zeit Doderer sehr selbstlos und wirksam förderte. Die großen Romane, für die sie ansehnliche Geldbeträge bevorschusst hatte, waren für ihren kleinen Verlag zu schwerlastig geworden.

Es blieb also beim Verlag C. H. Beck; in dieser Beziehung sollte sich Doderer als ungemein treu und beständig erweisen.

Dieser Exkurs über den Autor und seine Verleger mag mit einem abschließenden Hinweis enden, der unser Freiburg einbezieht: Die große Gesamtausgabe Doderers, in Leinen gebunden, trägt in ihrem Impressum den Namen der »Freiburger Graphischen Betriebe« – die Bände sind auf Maschinen von Herder gedruckt worden.

*

Vieles wäre noch über Doderer zu berichten. So sein Interesse für Musik, das ihn zur Form der »Sieben Divertimenti« führte – in der letzten von ihnen greift er übrigens eine Kalendergeschichte von Johann Peter Hebel auf. Auch versuchte er, seine Romane nach den Baugesetzen der klassischen Sonate zu gestalten. Ob dieses musikalische Interesse sehr tief führte, mag man bezweifeln: Von Schönberg, Alban Berg und Webern hat er nie Kenntnis genommen.

Intensiv hat sich Doderer mit dem philosophischen Denkgebäude von Thomas von Aquin auseinandergesetzt; von dort her hat er seine Theorie der »Apperzeption« entwickelt. Es würde den Rahmen dieses Referates sprengen, auf all das einzugehen.

*

Zum Abschluss möchte ich noch einmal auf meine Frage an den Autor, 1955 gestellt, zurückkommen: die Frage nach dem Verhältnis zwischen der wirklichen Historie und ihrer Rezeption im Bewusstsein der romanhaften Figuren und damit des Dichters selbst. An zwei Beispielen soll eine Antwort versucht werden:

1. Im 4. Kapitel des Ersten Teils der »Dämonen« wird ein Gala-Abend in der Staatsoper beschrieben. In der Loge von Friederike Ruthmayr taucht Monsieur Levielle mit dem Titel eines »Kammerrates« auf. Eine eher unsympathische Gestalt, ist dieser zwielichtige Financier von einem Hauch der Intrige umgeben.

Wir erinnern uns: Es geht um die Gültigkeit eines sog. »Militär-Testaments«, errichtet in Kriegszeit von dem später gefallenen Rittmeister Ruthmayr. Wesentliche Teile des betroffenen Vermögens sind bei der Bank von England deponiert. Sie werden dort bei Kriegsende sequestiert und später freigegeben.

In diesem Zusammenhang findet die Österreichische Bodenkreditanstalt Erwähnung. Für uns späte Leser sagt dieses Detail wenig. Wer in Wien indes nachfrägt, erfährt freilich einen interessanten Zusammenhang: Über eben diese Bank pflegte das Kaiserhaus seine Geldgeschäfte abzuwickeln. Der Zusammenbruch dieser Bank steht darum zugleich für den Untergang der Donaumonarchie. Die Ungewissheit des Ruthmayer'schen Erbes spiegelt auf ihre Weise die unaufhaltsame Zerrüttung der österreichischen Staatsfinanzen und den späteren Kampf der Republik um eine lebenserhaltende Anleihe durch den Völkerbund. Gegen Ende des Romans liegt das Militär-Testament beim Notar im Original vor unseren Augen auf dem Tisch. So wie die Republik – jedenfalls für den traditionsbestimmten Österreicher – die illegitime Nachfolgerin der Monarchie geworden ist, so tritt Quapp als die natürliche Tochter des Rittmeisters dessen Erbe an.

So spüren wir noch einmal »das Nachwehen eines Duftes von ehemals«, wie es Doderer in der Szene in der Opernloge geschildert hat (S. 106). Doch haben wir, die Leser, ebenso wie die »personae dramatis«, von jenem »ehemals« der Kaiserzeit endgültig und unwiderruflich Abstand genommen.

2. Im Dritten Teil der »Dämonen« gerät Quapp zunehmend in den Bannkreis zweier sehr unterschiedlich beschaffener Ungarn. In diesen menschlichen Beziehungen spiegeln sich die Machtkämpfe der zwanziger Jahre um das Burgenland.
Die Verträge von 1919, unterzeichnet in St.-Germain bzw. Trianon, hatten mit raffinierter Absicht die Grenzziehung zwischen Österreich und Ungarn undeutlich gelassen. Das Burgenland ist heute noch mehrsprachig und von deutsch-österreichischen Ungarn und Kroaten bewohnt. Das kroatische Gebet- und Gesangbuch der Diözese Eisenstadt ist von Herder in Wien verlegt worden.
Die Machtkämpfe wurden auf beiden Seiten von irregulären Verbänden geführt. Die so tragischen Schüsse in Schattendorf am 30. Jänner 1927 sind in diesem Kontext zu sehen: Die

Auseinandersetzungen zwischen sozialistischen »Schutzbündlern« und Magyaren-freundlichen Frontkämpfern, zwischen deutsch-nationaler »Heimwehr« und Kroaten, zwischen »schwarz« und »rot« werden in Doderers Schilderungen im 3. Kapitel des Dritten Teils angedeutet. Der Kampf um die ungarischen Grenzpfähle bekam bisweilen den Beigeschmack von dörflichen Sippenstreitereien (S. 546ff.).

Quapps erste Beziehung galt dem ungarischen Maler und Modezeichner Imre (S. 626). Er sollte sich später als kommunistischer Agitator entpuppen. Am 15. Juli 1927 feuerte er, auf einer Holzkiste stehend, wie von einem Feldherrnhügel aus und weithin sichtbar die Arbeitermassen an. Eine Kugel riss ihn herunter. »Er fiel, als wär's ein Stück von mir«, merkt der Chronist an.

Dieses Zitat vom »Guten Kameraden« war ein äußerst geschickter Schachzug Doderers, wie sich später herausstellen sollte: In der Zeit der zweiten österreichischen Republik empfanden nämlich beide politischen Lager die Schilderung Doderers der so tragischen Ereignisse des 15. Juli 1927 als objektiv, ja sogar in ihrem Sinne.

»Als Doderer starb, glich seine Beerdigung einem Staatsbegräbnis: Kardinal König sprach die Tumbagebete; der Bundeskanzler, der Bürgermeister, der deutsche Botschafter und viele andere Würdenträger nahmen an der Totenmesse teil. Dann zog halb Wien zum Grinzinger Friedhof, wo von der Stadtgemeinde Wien ein Ehrengrab gestiftet worden war. Noch nie war ein Dichter so feierlich zur letzten Ruhe geleitet worden«,

so schrieb Hilde Spiel später in ihrem Abschied von Doderer.

Quapp heiratet im Roman schließlich den ungarischen Diplomaten Géza von Orkay. Das lenkt den Blick der Leser noch einmal auf den schmerzlichsten Schnitt in der späten Geschichte Habsburgs.

In Ungarn hatte das Regime des Admirals von Horthy den Weg in die Unabhängigkeit entschlossen eingeschlagen. Zwar war Exkaiser Karl aus dem schweizerischen Exil nach einem halsbrecherischen Flug noch einmal auf ungarischem Boden gelandet – freilich in völlig falscher Einschätzung seiner Chancen. Sein ehemaliger Flügeladjutant von Horthy verschloss sich dem Gedanken einer Restauration.

In den »Dämonen« spiegelt sich auch dieser letzte Akt der Historie im menschlichen Schicksal: Die Verbindung zwischen Quapp und dem ungarischen Diplomaten verkörpert einerseits noch einmal die jahrhundertealte Zusammengehörigkeit der beiden Völker. Andererseits hat der Ungar Géza von Orkay die Zeichen der Zeit richtig erkannt: Ungarns Trennung von Österreich ist unwiderruflich. Wenn schon in diplomatischen Diensten, dann aber folgerichtig nicht in Wien. Doderer bringt es in einem kurzen Satz auf den Punkt: »Höchste Zeit für Bern!« (S. 999).

*

Den Monat Juli habe ich in Wien verbracht; mit Aufmerksamkeit habe ich dort verfolgt, wie die Öffentlichkeit sich mit den Ereignissen vor 75 Jahren beschäftigte. Zahlreiche Artikel versuchten, die damaligen Ereignisse zu kommentieren. Die wichtigste Publikation dürfte die sorgfältige Analyse von Norbert Leser sein, die er unter der Mitwirkung zahlreicher akademischer Schüler veröffentlichte. Der Titel »Als die Republik brannte« trifft dieses so vielschichtige Ereignis und seine weitreichenden Folgen.

Doderer hat es hellsichtig zum Fluchtpunkt seines Romanes gemacht: Der »Flohzirkus«, wie er die schier unüberschaubare Zahl seiner Gestalten manchmal selbst verzweifelt nannte, gewinnt vom Datum des 15. Juli 1927 her eine innere Ordnung.

Am treffendsten hat es Georges Duby formuliert, wenn er schreibt:

»... es ist unmöglich, das Drunter und Drüber von tausend verwickelten Handlungen, die sich an jenem Tag unentrinnbar verquickten, je in seiner vollständigen Wahrheit«

zu erkennen (zitiert aus der Sonderbeilage »Spectrum« vom 13./14. Juli 2002 der Zeitung »Die Presse«).

*

Dieses Zitat lässt sich sowohl auf die historischen Ereignisse des Jahres 1927 beziehen als auch auf den Roman »Die Dämonen«. Darum hat man sich im Österreich unserer Gegenwart mit Recht die Frage nach der Deutung jener Geschehnisse gestellt. Die Frage also, inwieweit es möglich ist,

»stattgefundene Wirklichkeit zu sublimieren ... und so in eine höhere Wahrheit umzuwandeln.«
(Helmut Stephan Milletich in: Norbert Leser, »Als die Republik brannte«, S. 143ff.)

Doderer war nicht der Einzige, der sich diese Aufgabe zum Ziel gesetzt hat. Noch im Oktober 1927 erschien ein Sonderheft der berühmt-berüchtigten Zeitschrift »Die Fackel«. Karl Kraus, Urenkel von Jonathan Swift, Enkel von Heine und Nestroy, bleibt der Öffentlichkeit nichts schuldig: Angriffslustig wie eh und je, mit vernichtendem Witz geißelt er Pressestimmen und amtliche Verlautbarungen. Gegen den Polizeipräsidenten – schuld an der »Brandröte des Himmels über dem Wien des 15. Juli« – führt er schließlich eine skurrile private Plakataktion an den Litfasssäulen der Stadt:

»... ich fordere Sie auf
abzutreten / Karl Kraus /
Herausgeber der Fackel.«

Doderer schildert die blutigen Ereignisse aus der Ferne – wir wissen es aus der Lektüre der »Dämonen« – mit dem so oft bewährten antiken Mittel der »Teichoskopie«. Mit einem Feldstecher ausgestattet, beobachtet er vom Haus Nr. ... in der ...straße aus das Anrücken der Massen (S. 1242). Er vermag so eines der ersten Opfer zu sehen: eine Hausfrau, mit Milchflaschen auf dem Heimweg. Die Milch ist beim Sturz der tödlich Getroffenen ausgelaufen, vermischt sich auf den Pflastersteinen mit ihrem Blut: Rot und Weiß als Metapher für die in den Staub getretene Fahne der österreichischen Freiheit (S. 1244).

Anders als der Beobachter Doderer war ein anderer Schriftteller selbst Teil der Menge: Elias Canetti beschreibt in seinem autobiographischen Band »Die Fackel im Ohr« den Brand des Justizpalastes. Höhepunkt darin ist die meisterhafte Darstellung vom Zusammenprall zweier konträrer Wirklichkeiten: Ein verzweifelter Beamter klagt über seine im Feuer zurückgebliebenen Akten:

> »Da haben sie doch Leute niedergeschossen!« sagte ich zornig, »und Sie reden von Akten!« Er sah mich an, als wär' ich nicht da, und wiederholte jammernd: »Die Akten verbrennen, die ganzen Akten!«

*

So ist dieser Tag facettenreich wie kein anderer. Lebenswege laufen diesem Tag zu, Lebensfäden reißen ab. Der 15. Juli 1927 wird zum Schlüsseltag des Romans und zugleich einer ganzen Generation, die nach 1918 entwurzelt worden war. Ihr Leiden war, in einem Staat leben zu müssen, den keiner gewollt hatte. Das »Cannae der österreichischen Freiheit« hat Doderer diesen Tag genannt (S. 1328).

Eine Woche nach diesen tragischen Ereignissen fand die abschließende Generaldebatte im Parlament statt (26. Juli 1927). Dabei ergriff auch Otto Bauer das Wort, der intellektuelle Führer der österreichischen Sozialdemokratie. Er sprach von

»Leidenschaften, die leicht das Werkzeug von Dämonen hätten sein können«.

Diese Worte konnten nicht anders denn als eine Distanzierung von den gewalttätigen Protesten verstanden werden. So fühlte sich die Arbeiterschaft zum zweiten Male verraten, diesmal von der eigenen Führung.

In der Tat hatten die »Dämonen« ihr Gesicht offen gezeigt: Im Verständnis von Doderer war es die Sichtbarwerdung jenes

»dort unten in der Tiefe der Zeit versunkenen Grundgeflechts«,

so hatte es René von Stangeler empfunden, als er auf dem Wehrgang der Burg Neudegg stand. Und weiter:

»… blies ein heißer Südwind, strahlten böse Sterne oder schäumte ein Bodensatz auf aus den vermischten Resten längst vergessener Vorfahren …«

(»*Dämonen*«, S. 753)

Was aus solchen Tiefen aufsteigt, kündigt sich durch Geruch an. Es kann der Lavendelgeruch sein oder (S. 756) der leicht desinfektive Geruch, der an das Krankenzimmer der Kinderzeit erinnert: Beides soll vor Motten und Rost schützen oder vor Verwesung.

Am deutlichsten hat Norbert Leser diese »Dämonen« beschrieben. Er hatte schon vor 1984 die letzten Überlebenden und Zeitzeugen von Schattendorf befragt. Dann ließ er das Material liegen. Erst 75 Jahre danach schien es ihm an der Zeit, die Ereignisse von 1927 noch einmal ans Tageslicht zu bringen: die

»Szenen von Schattendorf, bevor diese endgültig in das Schattenreich der Geschichte absinken«.
(Vorwort zu »Als die Republik brannte«, S. 7)

Die Formulierung »Szenen« bezieht sich auf das antike Theater. Es ist auffällig, wie viele zeitgenössische Beobachter jene Ereignisse von 1927 mit der griechischen Tragödie verglichen haben. So schrieb Wilhelm Ellenbogen, sozialdemokratischer Politiker und Publizist, rückblickend:

> »Ein Drama – folgerichtig aufgebaut nach den aristotelischen Grundsätzen [...]: Exposition, Entwicklung, Peripetie, Katastrophe.«
> *(Norbert Leser, »Als die Republik brannte«, S. 53)*

In diesem Sinne kann man Heimito von Doderer durchaus verstehen als den großen Tragödien-Dichter der jüngeren Geschichte Österreichs.

Doderer muss ein besonderes Gespür für dieses Schattenreich besessen haben. 1941, als Offizier im aquitanischen Städtchen Mont-de-Marsan, schreibt er:

> »Was dem erzählerischen Zustand zu Grunde liegt, ist nichts Geringeres als der Tod einer Sache [...] die ganz gestorben, voll vergessen und vergangen sein muss, um wieder auferstehen zu können.
> Das Grab der Jahre hat sie von allen Wünschbarkeiten und Sinngebungen gereinigt.
> So ist die Gewähr gegeben, dass jede vernünftige, wägende, schätzende Beziehung dazu endgültig durchschnitten wird ...«

Und Doderer beschließt diesen Gedankengang im Blick auf den »Stoff« seiner Romane in der Überzeugung:

»Damit aber ist seine spontane, freisteigende Wiederkehr ermöglicht, sein Wieder-Erscheinen auf einer neuen und andren Ebene: nämlich jener der Sprache.«

*

Sprache – damit sind wir beim eigentlichen Geheimnis von Doderers Schaffen. Schon früh, 1939, fand er im sog. »Andreas-Fragment« von Hugo von Hofmannsthal eine Wegweisung, die ihm gültig schien, nämlich

»die sich zeigende Möglichkeit von nichts weniger als einer neuen europäischen Sprache: der österreichischen nämlich«.

Dass ihm das gelungen ist, hat niemand schöner zu bestätigen gewusst als Hilde Spiel:

»… er hatte das Weltgefühl in sich – wie Hofmannsthal«,

schrieb sie 1981. Wenige Jahre später (1989) bekennt sie (und ich kann diese Aussage nur zu gut verstehen):

»Ich war wehrlos gegenüber dieser Verdichtung wienerischen Lebensgefühls, dieser ebenso präzisen wie skurrilen Sprache, dieser Kraft des Aufbaus bei immer wieder frappierender Anschaulichkeit der Details.
Alles, alles nahm ich hin …«

»Dante vivo«:
THEODOR ZELLER

Im 27. Gesang von Dantes »Inferno« wird die Burg Praeneste erwähnt, das heutige Palestrina, malerisch an den Hängen des Apennin gelegen.

In den Sommermonaten der Jahre 1911 und 1912 lenkte der Tonsetzer Adrian Leverkühn seine Schritte dort hinauf – der römischen Hitze und der Malaria der Pontinischen Sümpfe entfliehend.

In Palestrina hatte er – wenn wir dem Chronisten Thomas Mann glauben dürfen – eine höchst eindrucksvolle Vision: Unerwartet tauchte nämlich die Gestalt des Mephisto vor ihm auf und verwickelte den Musiker in ein langes Gespräch.

Keine Spiegelfechtereien der eigenen Seele seien es gewesen, sondern eine höchst reale Begegnung – so lesen wir in Leverkühns geheimen Aufzeichnungen.

Ein Vierteljahrhundert danach suchte wieder ein Künstler Palestrina auf; diesmal ein Maler, höchst unfreiwillig, seiner jüdischen Frau aus Wien wegen auf der Flucht vor den braunen Schergen.

In einem Nebengebäude des Kapuzinerklosters fand er bescheidene Unterkunft für sich, Frau und Kinder. Unter ihnen die Tochter Veronika, die sich heute unter uns befindet und die ich herzlich begrüße.

Im kühlen Klostergarten – Lieblingsort übrigens schon von Adrian Leverkühn – hatte nun der Maler aus dem badischen Denzlingen seine Gesichte, die er dann niedermalte: Blatt um Blatt, Illustrationen zu den Gesängen der »Divina Commedia«, – beginnend mit den infernalischen Szenen der Hölle.

»Es ist nicht leicht, in die Hölle zu kommen«, so hatte der Tonsetzer Leverkühn gestöhnt. Wir möchten eher sagen: »Es ist ungleich schwerer, aus der Hölle wieder herauszukommen!«

Der Maler Theodor Zeller hat es vermocht: An Dantes verlässlicher Hand ist er dem Inferno entkommen, hat das Purgatorio durchwandert und schließlich die lichte Welt des Paradieses erahnt.

Der große Florentiner und sein Weltgedicht haben ihn nie mehr losgelassen, haben ihn Jahrzehnte hindurch begleitet, sein Leben zutiefst geprägt. Wie kam es dazu?

*

Nach dem Krieg beschrieb Theodor Zeller jene erste entscheidende Begegnung mit seinem Anreger, Auftraggeber und Förderer, dem Freiburger Verleger Theophil Herder-Dorneich, meinem Vater.

»Im Jahre 1932«, so schrieb Zeller, »fing das mit dem Dante an: Eines Tages stand ich in der Bibliothek des Verlegers, wo er vorsichtig, bewegt, feierlich geradezu bei mir anfrug, ob ich die ›Divina‹ schaffen wolle …«

Das erste Bild malte Zeller in Assisi, rannte dann, müde von der drückenden Arbeit, auf die Rocca d'Assisi hinauf, um Vergessen zu suchen. »Es war«, so gestand er später,

»der ungeheure Dante, dieser Koloss, der mich fast erwürgte …« »Wie mit Fieber kam ich zurück«, so fuhr er fort, »um das erste Blatt zu überprüfen: Es war bis auf die Zeichnung fast restlos verschwunden: Die Fliegen hatten die Farben aufgefressen.«

Wer denkt da nicht an Goethes Vers vom »Herrn der Fliegen«!

*

Wer die Hölle schildern will, der muss die Hölle durchschritten haben. So mochte es Zeller empfunden haben nach der Rückkehr aus Assisi und Florenz. »Mein Leben war haltlos geworden, rastlos, wie die Hölle«, so gestand er später. Der politische Druck auf ihn nahm zu; dem Herauswurf aus der Reichskulturkammer folgte das Berufsverbot. Nach 1938 blieb nur noch die Emigration. Ziel war Rom, von dort aus Palestrina. Bei den Kapuzinern malte er weiter, »im Traum« (so notierte er)

> »aus dem Nichts, mit aufgerissenen Augen die Welt der Erscheinungen anstarrend, aufwachend nicht nur durch physischen Hunger allein, der dauernd mein Gast war; so schuf ich Inferno, Purgatorio und die Anfangsblätter des Paradiso – außer mir selbst, über mich selbst hinaus, ohne Wissen, blindlings glaubend«.

Nach Kriegsende lebte Zeller eine Weile im oberbayerischen Lorenzenberg. Viele der im Dommuseum ausgestellten Blätter tragen den Vermerk: »Überarbeitet in Lorenzenberg, 1946, 1947.« Nach der Währungsreform kehrte er nach Denzlingen zurück und vollendete dort die Blätter des Paradiso.

*

Ich selbst nahm den Maler Theodor Zeller erstmals als zehnjähriges Kind wahr. Wöchentlich einmal kam er zum Jour fixe in das elterliche Haus zum Mittagessen; dann zogen sich mein Vater und er in die Bibliothek zurück, um die nächsten Blätter der »Divina« zu besprechen. Dort schmückte ein Fries die Fläche oberhalb der Bücher: der Prolog des Johannes-Evangeliums. Für Besucher, die Ärgernis an den nackten Figuren Zellers nahmen, war ein Vorhang angebracht, der mit einer Stange zugezogen werden konnte.

Die Mutter meines Vaters war Italienerin. So waren uns Enkelkindern die Laute der italienischen Sprache vertraut.

Die geflügelten Verse Dantes wussten wir in Italienisch aufzusagen. Mit den Gesängen der »Divina« und zwischen den Illustrationen Zellers bin ich aufgewachsen.

*

Kehren wir zum Schluss noch einmal nach Palestrina zurück: In dem Gespräch mit dem Tonsetzer Adrian Leverkühn sprach Mephistopheles ein höchst bemerkenswertes Wort aus:

»Zeit ist das Beste, Eigentliche, das wir geben und unsere Gabe das Stundenglas.«

Wer solcher Höllengabe vertraut, dem verrinnt die Lebenszeit zur verlorenen Zeit; was ihm bleibt, ist »la recherche du temps perdu«, um mit Marcel Proust zu sprechen.

Anders Dante: Zu seinen Lebzeiten wurden die ersten mechanischen Uhren gebaut. Darum überrascht es nicht, im Zehnten Gesang des Paradiso vom »süßen Tin Tin« des Glockenschlages zu hören. Es ist die Stunde, da die Braut sich erhebt, um dem Bräutigam ein Morgenlied zu singen. Glockenschlag kündet hier von gewonnener Zeit.

Der Maler Theodor Zeller starb 1986. Wenige Tage vor seinem Tod schickte er eine verlässliche Botin zu meinem Vater, dem jahrzehntelangen Begleiter auf der gemeinsamen Wanderschaft auf den Spuren Dantes. Und so lautete seine letzte Botschaft:

»Dreimal bin ich aus dem Koma erwacht, ich weiß jetzt, dass es Ihn gibt – ich bin Ihm begegnet, weiß, dass er unendlich gut ist, Er wartet auf uns ...«

Wer solches mitzuteilen vermag, auf den dürfen wir gewiss die Worte beziehen, mit denen Dantes Purgatorio endet; dass er

»... rein und bereit sei, zu den Sternen aufzusteigen.«
»... puro e disposto a salire a le stelle.«

III.
BEGEGNUNGEN MIT AUTOREN

»*Es gibt da eine interessante Frau, die wir in den Buchplan einbinden sollten … Sie hat die Kraft, aus christlicher Motivation die Welt zu verändern.*«

MARIANNE DIRKS

Der erste Beitrag dieses Kapitels zeigt Aspekte der deutsch-deutschen Beziehung, die der Vergangenheit angehören. Dass beim Treffen mit Autoren konspirative Vorkehrungen getroffen werden mussten, um die Stasi zu täuschen, war zu DDR-Zeiten Realität bei Kontakten zwischen Herder und dem Leipziger Verlag St. Benno und gehört daher in diesen Zusammenhang. Der Alltag in der Beziehung zwischen Verleger und Autor ist weniger spektakulär und vom Blick auf das Publikum bestimmt, für das der eine schreibt und der andere verlegt.

Die Beziehung zwischen Verlag und Autor beschreibt Hermann Herder einmal als eine Art Gewebe. Zu seiner Pflege sind Sorgfalt und Einfühlungsvermögen nötig. Auch wenn es um programmatische Aspekte, um die »Idee des Verlags« geht, ist die Beziehung zum Autor zentral: Die »Gebärde des freien Menschen« sieht er nicht nur beim Friedenspreisträger Léopold Senghor. Er erkennt sie auch in mutigen Lebenszeugnissen von Christen wie dem polnischen Widerständler und späteren Außenminister Wladyslaw Bartoszewski (Friedenspreisträger des Deutschen Buchhandels auch er) oder der Ordensfrau und Lepraärztin Ruth Pfau, die im muslimischen Pakistan Hilfe für die Ärmsten der Armen organisiert (und auf die Marianne Dirks aufmerksam machte): Hermann Herder persönlich interessieren vor allem Menschen, die die Welt zum Besseren verändern wollen, die eine authentische Sprache sprechen oder neue Weisen des Denkens zeigen, die tiefer sehen wollen und die geistige und spirituelle Weite ausstrahlen.

Natürlich kommen in diesem Kapitel große Namen vor wie Karl Rahner, der ein häufiger Gast in der Familie Herder war, und Joseph Kardinal Ratzinger, den der Verleger regelmäßig besuchte. Die meisten Beziehungen zu den Autoren spielten sich in persönlichen Begegnungen des Verlegers mit ihnen und im brieflichen Austausch ab, jenseits der Öffentlichkeit. Hermann Herder war etwa der einzige deutsche Verleger, der bei der Verleihung des Friedensnobelpreises an Elie Wiesel in Oslo unter den Festgästen war. Der Judaist Kurt Schubert gehörte zu seinen engen Freunden in Wien. Vermittelt durch ihn fand auf einer gemeinsamen Israelreise im Jahr 1955 auch eine Begegnung mit Martin Buber statt. Mit vielen Autoren, die er zu seinen persönlichen

Freunden zählte und die in seinem Haus verkehrten, bestand ein intensiver Austausch: Karl Kerényi, einem der Großen unter den humanistischen Altertumswissenschaftlern, stand er nahe. Beide verband das gemeinsame Geburtsdatum am 19. Januar, und mit ihm zusammen hat er seinen 40. Geburtstag in Rom gefeiert. Zu den Feiernden in der römischen Trattoria stieß am späten Abend auch Anthony Quinn, der begnadete Darsteller des Alexis Sorbas in dem gleichnamigen Film. Mit dem späteren Kardinal Lehmann diskutierte er während einer der Konzilssessionen in einer römischen Pizzeria, als dieser noch Germanicum-Student war. Maler wie Richard Seewald und der Archäologe Engelbert Kirschbaum, der das Petrusgrab unter St. Peter nachgewiesen hat, gehörten zum Kreis der geschätzten Freunde. Mit der Friedenspreisträgerin des Deutschen Buchhandels, der Orientalistin Annemarie Schimmel, deren Forschungen zu islamischer Mystik und Poesie ihn faszinierten, verband ihn sein spirituelles Interesse an der großen Ökumene der Religionen. Da war auch der jüdisch-christliche Gottsucher und Symbolforscher Alfons Rosenberg, der die esoterischen Überlieferungen der Menschheit und vor allem des Christentums erforschte und mit dem Hermann Herder die Liebe zur Kunst und zur Musik teilte. Eng befreundet war er mit Henri Nouwen, der psychologische Einsichten mit mystischer Tiefe verband und seine Karriere an einer amerikanischen Eliteuniversität zugunsten des Zusammenlebens mit Behinderten aufgegeben hatte. Italienische Autoren wie Carlo Carretto, der in seiner Spiritualität der Wüste die Transformation religiöser Sprache am deutlichsten formulierte, oder der Grandseigneur unter den Kardinälen, Carlo Maria Martini, sind für ihn wichtig. Aber auch der in Wien hoch geschätzte Prälat Otto Mauer, der die künstlerische Avantgarde in seiner »Galerie nächst St. Stephan« förderte. Bei seinem Requiem in Wien bezeichnete ihn Christoph Kardinal Schönborn wegen seiner geistigen Offenheit als Brückenbauer. Mit Walter Kardinal Kasper verband ihn der gemeinsame mutige Entschluss zu einer Neuauflage des »Lexikons für Theologie und Kirche«.

Sie alle gehören in dieses reich facettierte Kaleidoskop intensiver Beziehungen zu Menschen, das im Folgenden nur fragmentarisch und andeutungsweise dokumentiert werden kann.

Damit Glauben überleben kann:
Christen in der DDR

1976 konnte der St. Benno-Verlag auf sein 25-jähriges Bestehen zurückblicken. Dazu waren Feierlichkeiten geplant, ein Akt der Selbstvergewisserung, vor allem aber der Selbstbestätigung. Die Leipziger Verlagsleitung lud zu diesem »Geburtstag« den Freiburger Verleger ein; sie besorgte mir das nötige Einreisevisum, das mit Rücksicht auf dieses Datum anstandslos gewährt wurde. Dem DDR-Regime war die enge Zusammenarbeit zwischen den beiden Verlagshäusern nicht entgangen und im Blick auf manche der hier geschilderten wirtschaftlichen Vorteile für die DDR nicht unerwünscht.

Die Anreise führte mich über Erfurt, um Professor Heinz Schürmann einen Besuch abzustatten und den Dank für jahrelange treue Autorenschaft auszusprechen. Ausländische Besucher durften sich normalerweise nur an denjenigen Orten aufhalten, deren Namen im Visum ausdrücklich aufgeführt waren. Professor Schürmann, der den westdeutschen Gast am Bahnhof abholte und mit den Usancen im Umgang mit den kommunistischen Behörden vertraut war, riet diesem, für den unvorhergesehenen und insofern eigentlich nicht gestatteten Zwischenhalt in Erfurt als Grund den Wunsch anzugeben, das Konzentrationslager von Buchenwald zu besichtigen. Die lokale Polizeibehörde, bei der die Anmeldung zu erfolgen hatte, widersprach diesem Ansinnen nicht.

Es war ein regnerischer, trüber Tag. Vom Hoteldach tropfte das Wasser. Die grauen Wolken boten eine durchaus zutreffende Kulisse zu dem tristen Alltag einer kleinen Stadt in der DDR. In der Hotelhalle und im Restaurant herrschte unter den Hotelgästen eisiges Schweigen; wie überall in diesem Staat vermied man Gespräche mit Unbekannten und ließ sich ungern auf Fragen anderer ein. Nur eine Handvoll Offiziere der Volksarmee (nicht nur an ihren Uniformen, sondern auch an ihren gebieterischen Mienen und dem penetranten Tonfall leicht auszumachen) sprachen ungestört miteinander.

Das Haus, in dem Professor Schürmann wohnte, lag etwas abseits im Grünen, am Rande der Stadt. Das intime Gespräch bei Kaffee und Kuchen bot Gelegenheit, sich über die religiöse und geistige Lage in jenen Tagen kundig zu machen. Professor Schürmann wusste um die delikate Situation vieler Katholiken. Er schilderte die Schwierigkeiten vor allem in Erziehung und Schule, die das atheistische Regime Eltern und Kindern machte; von der »Jugendweihe« als einem Hauptproblem sollte in Gesprächen in den folgenden Tagen noch wiederholt die Rede sein.

Der nächste Vormittag bot Gelegenheit zu einem Besuch bei dem Erfurter Bischof Aufderbeck. Beim Eintritt in dessen Arbeitszimmer verhüllte dieser als Erstes den auf dem Schreibtisch stehenden Telefonapparat mit einer bereitliegenden Wolldecke. »Ich werde abgehört«, flüsterte er dem Gast aus Westdeutschland zu, »und versuche, mich durch diese wenn auch vielleicht unzulängliche Maßnahme einigermaßen abzusichern.« Auch in diesem Gespräch kam die äußerst schwierige Lage der Katholiken zur Sprache, deren Folge freilich bei vielen Menschen ein waches und glaubensbewusstes Leben war. In einigen größeren Städten bildeten sich »Inseln«, bestehend aus Pfarrhäusern, Krankenhaus und kleinen, von Ordensschwestern geleiteten Kindergärten. Unter den Laien erwiesen sich dabei die in der DDR verbliebenen Ärzte und Ärztinnen dank ihrer besonderen und respektierten Stellung als feste und verlässliche Stützen. Die bis zum Mauerbau anhaltende Abwanderung von Akademikern und Fachkräften hatte ein »dünnes Netz« von katholischen Führungskräften zurückgelassen.

In Leipzig war für den Gast aus Freiburg für Unterkunft im Oratorium im Zimmer eines derzeit abwesenden Mitbruders gesorgt. Höhepunkt des Aufenthaltes war der Dankgottesdienst und der anschließende Empfang im Gemeindehaus, zu dem sich zahlreiche Autoren, Freunde und auswärtige Gäste aus der DDR eingefunden hatten. Unter ihnen seien in erster Linie Rat Gülden, die »Seele« des Verlages, und Direktor Hannig genannt. Bischof Schaffran war aus Dresden herübergekommen und erinnerte im Gespräch an Bischof Conrad Gröber, der 1931/32 in Dresden gewirkt hatte, bevor er das Amt des Erzbischofs seiner Heimatdiözese antrat.

Unter den Festgästen waren auch einige Personen, die mit dem St. Benno-Verlag zu tun hatten, ohne selben Sinnes zu sein. Unter ihnen waren die Geschäftsführer von Druckereien, so auch derjenigen der ostdeutschen CDU, der man einen schmalen geschäftlichen Freiraum belassen hatte. Anwesend war auch Frau Dr. Marquard vom Ministerium in Ost-Berlin, von der in diesem Bericht an anderer Stelle die Rede ist, eine Frau, deren ebenso wache wie forschende Augen die Intellektuelle verrieten, die sich mit dem politischen System identifizierte, ohne doch ihr eigenständiges Denken aufzugeben. Das Gespräch mit ihr wurde vorsichtig geführt, hatte abtastenden Charakter. Auf diesem Leipziger Boden war ohnedies jedes Wort auf die Waage zu legen, bevor es ausgesprochen wurde.

Am letzten Tag des befristeten Aufenthaltes stellten sich dem Freiburger Besucher Franz-Josef Cordier und seine Frau gerne für einen Rundgang durch die Innenstadt von Leipzig zur Verfügung, für den Besuch der Thomaskirche und von Auerbachs Keller ganz in der Nähe. Eine Fahrt an den Stadtrand zum Gedenkstein an die Schlacht von 1813 gegen Napoleon rundete diese touristischen Erkundungen ab. Die Frage, wo etwa hier der berühmte Weihnachtsschmuck aus dem Erzgebirge zu erhalten sei, die kleinen, handgeschnitzten Bergleute und die Räuchermänner in der traditionellen Bergmannstracht, wurde mit dem schelmischen Hinweis beantwortet, dergleichen Dinge seien aus Gründen der Devisenbewirtschaftung eher in westdeutschen Läden anzutreffen als hier.

Beim Abschied von den Gastgebern des St. Benno-Verlages wurde dem Besucher aus Westdeutschland deutlich, wie sehr ihm diese Menschen, ungeachtet der kurzen Dauer des Aufenthaltes, ans Herz gewachsen waren. Ein Satz wurde wiederholt ausgesprochen: »Sie werden sehen – wer einmal hier war, der wird wiederkommen!« In diesem konkreten Fall war das nicht der Fall, wie sehr doch eine Wiederholung der Reise gelockt hätte. Ein goldenes Jubiläum zu feiern war dem St. Benno-Verlag versagt; zu diesem Zeitpunkt war der Staat der DDR nicht mehr existent und der mutige kleine Verlag hatte die ihm 1951 übertragene Aufgabe erfüllt.

»Il famoso Padre Rahner!«:
KARL RAHNER

Das Freiburger Verlagsgebäude ist auf vielfältige Art und Weise mit Karl Rahner verbunden. Die Früchte dieser langen Zusammenarbeit spiegelt eine Buchausstellung, die wir zusammengestellt haben. Es ist eine ungewöhnliche und reiche Ernte eines Lebens, die da sichtbar wird.

Das Verlagshaus Herder kann stolz auf und dankbar für diesen Autor sein. In der langen Reihe wichtiger theologischer Autoren, die Herder in seiner 200-jährigen Geschichte verlegt hat, ist Karl Rahner gewiss einer der bedeutendsten.

In den Redaktionsräumen dieses Hauses hat Karl Rahner über viele Jahre hinweg mit Regelmäßigkeit längere Zeit am »Lexikon für Theologie und Kirche« gearbeitet.

In diesem Ausstellungsraum fanden zahlreiche Feiern aus Anlass seiner »runden« Geburtstage statt: erstmals 1964 zu seinem 60. Geburtstag, dann 1969, 1974, 1979 und schließlich 1984 zu seinem 80. Geburtstag.

In diesem Raum wurden ihm wichtige Neuerscheinungen aus der eigenen Feder überreicht, hier die Festschriften zu den Geburtstagen übergeben, so 1964 die zweibändige Festschrift »Gott in Welt«. In deren »Tabula gratulatoria« hatten sich 900 Namen aus aller Welt eingetragen.

Unvergesslich sind mir die hellen Stimmen des Freiburger Kinderchores, der bei einer dieser Gelegenheiten für Karl Rahner sang. Kindern galt seine ganze Liebe. Hat er doch einmal, wie wir wissen, Kindern im Religionsunterricht zugestanden, mit den Perlen seines Rosenkranzes Eisenbahn zu spielen.

Ich will mich hier auf einige persönliche Erinnerungen beschränken. Ich bin Karl Rahner erstmals im Frühjahr 1955 in Innsbruck begegnet. Er saß hinter einer alten Schreibmaschine – der »museumsreifen«, wie sie Roman Siebenrock in den »Stimmen der Zeit« beschreibt – an seinem Arbeitstisch und tippte mit zwei Fingern. Es war der Entwurf eines Nomenklators zum geplanten zehnbändigen »Lexikons für Theologie und Kirche«.

Rahner hat alle wichtigen und größeren Artikel selbst begutachtet, nicht selten verbessert. Die Korrekturfahnen hat er Zeile für Zeile selbst gelesen – eine ungeheure Arbeitsleistung.

Inhalt und Ausrichtung wurden von vielen Augen sehr kritisch verfolgt. 1962 geriet dieses Lexikon in eine bedrohliche Situation: Rahners schriftstellerische Tätigkeit wurde von Rom unter Vorzensur gestellt. Gründe dafür wurden nicht genannt.

Der Freiburger Erzbischof Hermann Schäufele intervenierte. Er erreichte, dass für Rahners eigene Artikel im Band VII das Imprimatur in Freiburg eingeholt werden durfte. So konnte wenigstens die Arbeit am Lexikon weitergehen.

Rahner ertrug diese diffamierenden Maßnahmen mit bewundernswertem Gleichmut – denn er hatte nie das Gefühl, das höchste kirchliche Lehramt habe tiefere Einsichten als er selber.

1964, am Ende des Konzils, erfuhr Rahner seine offizielle Rehabilitierung. Papst Paul VI. empfing ihn in Privataudienz. Zusammen mit Erzbischof Hermann Schäufele (er war nicht nur Ortsbischof für den Verlag, sondern auch Protektor des Lexikons) und Professor Remigius Bäumer (dem Chefredakteur des Werkes) durften meine Frau und ich ihn begleiten.

Unvergessen bleibt mir der Eintritt des Papstes in das Audienzzimmer. Neugierde und zugleich Anerkennung sprachen aus seinem aufmerksamen Blick. Dann sagte er auf Italienisch zu dem Jesuiten, der bescheiden vor ihm stand: »Eccolo qua – il famoso Padre Rahner!« – Auf Deutsch: »Das ist er also – der berühmte Pater Rahner.«

*

Dessen sympathische menschliche Seiten lernte ich 1961 kennen. Ich verbrachte damals längere Zeit beruflich in Paris. Ein Telefonanruf aus Freiburg im April 1961 kündigte die Ankunft von Karl Rahner an. Der Verlag plante – mit Rahner als Herausgeber – ein mehrbändiges Handbuch der Pastoraltheologie. Man bat mich, Besuche vorzubereiten und ihn bei seinen Gesprächen zu begleiten.

Vor allem wollte Rahner den Abbé Michonneau sprechen, Verfasser zahlreicher pastoraler Schriften. Michonneau war ein bekannter Pfarrer im Arbeitermilieu der Pariser Banlieue. Dieser schlichte Priester konnte die Tatsache dieses Besuches gar nicht fassen: »Der berühmte Karl Rahner kommt ausgerechnet zu mir«, wiederholte er immer wieder. »Zu mir, dem einfachen Vorstadtpfarrer!« Karl Rahner sah das genau umgekehrt: Er wollte einen erfahrenen Praktiker hören.

Das Hauptziel dieser Reise nach Frankreich wurde indes nicht erreicht: nämlich die französischen Dominikaner für eine Mitarbeit zu gewinnen. Zum Trost aßen Rahner und ich auf dem Boulevard St.-Germain große Portionen Speiseeis, das Rahner so sehr liebte. Zum Abschluss trug er seinen größten Wunsch vor: den Eiffelturm zu besteigen – Paris von oben zu sehen!

Es waren liebenswerte Züge, die da zum Vorschein kamen. Bei aller Begabung zum Denken und Wissen hat er sich ein Leben lang so etwas wie eine kindliche Natur bewahrt.

*

Vieles wäre noch zu erzählen aus jenen Jahrzehnten, da Karl Rahner hier im »Roten Haus« ein- und ausging.

Die Lektoren haben über seine so schwere Sprache geseufzt und an den überlangen Sätzen gelitten. Die Mitarbeiter in der Redaktion haben seinen gelegentlichen Zorn erlebt – einen »heiligen Zorn« dürfte man ihn nennen. Wir alle haben seine unerhörte Schaffenskraft bewundert.

Mario von Galli hat das Wort vom »brummigen Charme« geprägt: Es trifft den Charakter dieses großen Mannes und seine bisweilen herbe, alemannische Art, auf Menschen zuzugehen.

Ironisch konnte er sich auch zur eigenen Person und zu seinen Werken äußern. So schrieb er am 3. Februar 1953 an Otto Schulmeister zu dem Plan »Häresien der Zeit«: »Hier erhalten Sie meinen ›Senf‹ zu Ihrem Buchplan …« Und als Rat merkt er an, der Ton des geplanten Sammelbandes »solle nur ja nicht der einer jammernden Tante sein«.

Wer das Glück hatte, ihm wirklich näherzukommen, hat seine tiefe Spiritualität gespürt, eine Spiritualität, die ganz ignatianisch geprägt war.

*

Ich möchte hier den Namen eines Weggenossen nennen: Robert Scherer, gleichaltrig mit Rahner und sein Kursgenosse während gemeinsamer Studienjahre bei den Jesuiten, war ihm ein Leben lang verbunden. Sein Weg führte ihn später in den Verlag Herder, wo er als Cheflektor unsere theologische Buchproduktion prägte. Seiner lebenslangen Freundschaft mit Karl Rahner verdanken wir, dass so viele und maßgebliche Werke aus seiner Feder in Freiburg erschienen sind.

*

Das ging freilich nie ganz ohne Mühen. So heißt es in einem Brief unterm 2. Februar 1954 von Robert Scherer an seinen Freund Karl vor dem Hintergrund einer »verzweiflungsvollen Lage« (wie sich Scherer ausdrückt): »Es ist fast unmöglich, ein anständiges Betrachtungs-Manuskript zu bekommen; Du kannst mir glauben, es sind im Laufe der Jahre unzählige solcher Manuskripte durch meine Hände gegangen; ich glaubte, es nicht verantworten zu können, eines davon zu drucken ...« Scherer schließt seinen Brief mit der Ermunterung: »Ich weiß, dass Du so etwas kannst, denn ich kenne Deine religiösen Aufsätze. Sieh doch bitte zu, ob daraus nicht auch einmal ein gutes Buch zu machen wäre ...«

*

Umgekehrt hatte aber auch Karl Rahner Erwartungen an seinen Lektor. So setzte er sich 1969 für ein fremdes Manuskript ein: »Prüfe wohlwollend. Das wollte ich nur sagen. Und mutig. Mit dem Mut, der auch für das Nichtkonventionelle und das, was nicht leicht verdaulich ist, etwas wagt ...«

*

Wagnisse waren viele der Unternehmungen, die der Verlag Herder gemeinsam mit Karl Rahner verwirklichte.

Herbert Vorgrimler hat in einem umfänglichen Text über Rahners »Enzyklopädische Theologie« berichtet. Er ist fast 100 Seiten lang und zeigt, »wie wenig langweilig Lexikon-Arbeit in dieser Zeit unter den kritischen Augen des ›Lehramtes‹ gewesen ist ...« (wie Albert Raffelt so schön formuliert hat!).

Ein Wagnis besonderer Art und ein verlegerisches Meisterstück war ohne Zweifel »Sacramentum Mundi« – in vier Bänden erschienen 1967–1969.

Es war auf seine Weise ein Höhepunkt »lexikographischer« Arbeit: Im Zeitraum von zehn Jahren erschienen teils gleichzeitig, teils hintereinander sechs Ausgaben in deutscher, englischer, spanischer, französischer, italienischer und holländischer Sprache. Von den sechs Ausgaben wurden drei von Herder-Firmen selbst verlegt: neben der deutschen die englische bei Herder London und Herder New York und die spanische bei Herder Barcelona. So etwas gab es weder vorher noch nachher im Herder'schen Verlagskatalog.

Rahner steuerte 76 Artikel bei – sie atmeten das neue Freiheitsbewusstsein der katholischen Christenheit, wie es vom Zweiten Vatikanischen Konzil geweckt worden war.

*

Meine letzte Erinnerung an Karl Rahner knüpft sich an dessen letzten Besuch in Freiburg 1984: Der Vortrag, den er in der Aula magna der hiesigen Universität hielt, wurde zum Abschied von seiner Heimatstadt.

Rahner – wohl in Vorahnung seines baldigen Todes – sprach an jenem Abend auch über den Tod. Bei diesem so ernsten Thema ließ er es nicht an einem gewissen Humor fehlen, einem Humor, der für ihn so kennzeichnend war.

»Neugierig sei er, was ihn drüben erwarte« – so formulierte er; was immer er im Verlauf seines langen Lebens über die Eschata, die letzten Dinge, gedacht, gesagt und geschrieben habe – er müsse doch eingestehen, dass er im Tiefsten darüber eigentlich nichts wisse. Er bezog sich dabei auf seine »Theologie des Todes«, geschrieben 1951 im Blick auf das Mariendogma Pius' XII. im Jahr zuvor.

Der Vortrag war lang gewesen, überlang. Die Anwesenden lauschten mit größter Aufmerksamkeit, den Atem angehalten. Rahner endete mit dem paulinischen Zitat von dem, was bleibt: Glaube, Hoffnung und Liebe; die Liebe, von der Paulus sagt, sie sei die größte. Genau in diesem Augenblick klang durch die spätabendliche Stille des Gebäudes das Schlagen einer Uhr, aus irgendeiner Ferne, silberhell.

Karl Rahner brach ab und schwieg. Wir Zuhörer hörten die Schläge in der Gewissheit, dass sie mehr anzeigten als die bloße Uhrzeit.

Wenige Wochen später erreichte uns die Nachricht vom Tode Rahners. Viele Freiburger machten sich auf den Weg nach Innsbruck, an ihrer Spitze der Oberbürgermeister dieser seiner Geburtsstadt.

Die Stadt am Inn, deren theologische Fakultät ihren weltweiten Ruhm zu einem guten Teil den Brüdern Rahner zu danken hat, nahm den Toten auf. In der Krypta der Jesuitenkirche wurde er beigesetzt.

Die Stadt Freiburg ehrte ihn, als sie einen Platz nach ihm benannte.

In der Fülle des Glaubens:
HANS URS VON BALTHASAR

In der Stuttgarter Staatsgalerie hat ein zeitgenössischer Künstler jüngst 24 Zeichnungen und ein großes Tafelbild in den Maßen drei mal sechs Meter ausgestellt.

Während dreier Lebensjahre hat er sich nahezu ausschließlich mit dem Abendmahl von Leonardo da Vinci beschäftigt. Er hat versucht, es auf seine Weise und für unsere Zeit neu zu interpretieren.

Das Bild stellt den Saal dar und den Tisch, alles minutiös ausgeführt in Nüchternheit und Leere: keine Apostelgestalten, kein Ausblick auf den Hintergrund, kein gedeckter Tisch.

Der Tisch des Brotes und der Tisch des Wortes, von der Kirche zu bestellen, scheinen vielen Menschen heute ebenso leer wie der leere Saal des Abendmahles.

Vor diesem Hintergrund verstehe ich das Buch, das ich heute Ihnen, sehr verehrter Herr von Balthasar, überreichen darf. Ich möchte über es jene Sätze schreiben, mit denen Bernhard von Clairvaux seinen Kommentar zum Hohen Lied beginnt:

Den ganzen Wert des Brotes kann nur derjenige ermessen, der seiner entbehren muss. Die Generation, der ich noch angehöre, hat in schweren Kriegs- und Nachkriegsjahren diese Erfahrung machen müssen. So weiß ich, was eine Scheibe Brot bedeuten kann. So weiß ich aber auch, was ein Wort, aus der Fülle gesprochen, in die Leere hinein bewirken kann.

Meine erste Begegnung mit Ihrem Werk war bei einer Aufführung des »Seidenen Schuhs« – auf provisorischen Theaterbrettern in Freiburg gespielt – in Ihrer kongenialen Übersetzung.

Dieser ersten Begegnung sind viele weitere geistige Begegnungen gefolgt, schließlich das persönliche Gespräch mit Ihnen selbst.

Sie haben für einen Teil Ihres Wirkens sich den Namen *Johannes* gewählt. Dieser Name steht für viele Menschen gleichbedeutend mit dem Begriff der Weisheit. Sie sind ein bedeutender Vertreter dieser Weisheit: einmal durch das schier unbegrenzte Wissen, mit dem Sie aus dem großen Strom dieser weisheitlichen Überlieferung zu schöpfen vermögen, zum anderen durch die Tiefe Ihrer eigenen spirituellen Substanz, aus der Sie diesen Strom selbst bereichern.

Ich überreiche Ihnen das erste Exemplar des Buches, das den bezeichnenden Titel trägt: »In der Fülle des Glaubens«.

Neben dem Dank an die Herausgeber, die sich der schweren Aufgabe unterzogen haben, aus eben dieser Fülle auszuwählen, gilt Ihnen, sehr verehrter Herr von Balthasar, mein Dank: Durch Ihre Zustimmung zu dieser Auswahl haben Sie den Band ja ermöglicht.

Ich schließe aber auch meinen persönlichen Dank an; denn von diesem Band kann ich sagen, was der Verleger am liebsten sagt, nämlich: dass dieses Buch zu des Verlegers liebsten Kindern gehört.

Neue Weisen des Denkens:
BERNHARD WELTE

1954 wählte der akademische Senat der Freiburger Universität Bernhard Welte zum Rektor. Das Gratulationsschreiben von Theophil Herder-Dorneich (damals Vorsitzender des Verbandes der Freunde der Universität und seit 1951 deren Ehrensenator) beantwortete der neue Rektor wie folgt:»Es tröstet mich nicht wenig zu wissen, dass Sie als guter und treuer Freund mir in meinem Amte stets nahe sein werden. Ich bin überzeugt, dass die Universität nicht gedeihen kann, ohne von wirklichen Freunden umgeben zu sein ...«

Im Sinne so verstandener Freundschaft findet sich der Verleger zu dieser heutigen Gedenkfeier hier ein zum 100. Geburtstag.

Ich glaube beim Betreten dieser Halle seine Stimme – diese so charakteristische Stimme – zu hören und erinnere mich, dass Bernhard Welte in einem Brief einmal geschrieben hat:»Möge Ihnen alle Tage ein guter, fröhlicher und fördernder Geist geschenkt sein.«

*

Das Verzeichnis der Werke von Bernhard Welte bei Herder wuchs im Laufe der Jahre zu beachtenswertem Umfang an. Sein Name findet sich auf 31 Titeln; dazu darf man elf theologische und philosophische Sammelbände rechnen mit gewichtigen Beiträgen aus seiner Feder.

So entstand ein Vertrauensverhältnis zwischen Autor und Verlag. In einem späteren Brief an den Verleger Theophil Herder-Dorneich brachte Welte dies zum Ausdruck:»... Ich weiß mich dem Haus Herder durch mehr als nur geschäftliche Bande verbunden – und ich denke, so soll es bleiben.«

Ganz im Sinne dieser Worte ist es mir eine große Freude, aus Anlass dieses Gedenktages die Präsentation der »Gesammelten Schriften« einleiten zu können. Eine Freude, die Bernhard Welte gewiss geteilt hätte: dass nämlich die Veröffentlichung dieser seiner Werke nun beginnt – bei Herder, seinem Verlag, hier in Freiburg, am Platz seiner Universität, und im alemannischen Raum, in dem er verwurzelt war.

Ich möchte mit einem Satz von Bernhard Welte schließen, den er einmal ausgesprochen hat – einem Satz von visionärer Aussagekraft, dessen Inhalt angesichts der Ereignisse unserer Tage seine Aktualität behalten hat:»... es sinken alte Denkweisen, die das Ganze des geistigen Lebens bestimmten, und es steigen neue und anfängliche Grundmodelle alles Denkens herauf. Ein Geschehen, in dem der epochale geschichtliche Zuspruch des Seins selber seine Weise wandelt und damit eine neue Epoche hervorbringt.«

Arbeit am LThK:
WALTER KARDINAL KASPER

Vor zwei Wochen haben wir in eindrucksvoller Weise das 200-jährige Verlagsjubiläum feiern können. Als ich in Vorbereitung dieses Verlagsjubiläums in alten Briefen blätterte, fielen unerwartet lose Blätter heraus, von kindlicher Hand beschrieben.

Da war die Rede von einem Theaterstück, an dem der kindliche Schreiber selbst mitgewirkt hatte. Es muss ein höchst romantisches Stück gewesen sein, das von Entführung und glücklichem Wiederfinden handelte. Der Bischof von Freiburg (es war der damalige Bistumsverweser und Weihbischof Lothar von Kübel) – so wird stolz vermerkt – sei als Zuschauer anwesend gewesen. Datum: der 24. Februar 1872.

Diese Zeilen, im vertrauten »Du« formuliert, waren an Franz Philipp Kaulen gerichtet; die Unterschrift stammte von dem damals achtjährigen Knaben Hermann Herder, dem späteren dritten Verleger, meinem Großvater.

Kaulen, Professor in Bonn, war häufiger Gast in Freiburg und (wie man sich erinnert) Herausgeber der 2. Auflage des »Kirchenlexikons«, erschienen zwischen 1882 und 1901.

Dessen Artikel – so schrieb später der Dominikaner Albert Maria Weiß – werden (ich zitiere) »noch heute wegen ihrer Ausführlichkeit und der Wärme ihrer Darstellung geschätzt«.

Menschliche Wärme war auch das Kennzeichen der jahrzehntelangen Freundschaft Kaulens mit seinem Verleger.

Ein Kirchenlexikon zu schaffen, war die ureigenste Idee von Benjamin Herder, dem Sohn des Gründers, gewesen. Schon als 22-Jähriger trug er sich mit diesem für seine Zeit kühnen Plan; 1846 erschien die erste Lieferung. Auf die Schwierigkeiten, unter denen gerade dieses Werk zustande kam, hat Gwendolin Herder in ihrer Dissertation anhand von erhaltener Korrespondenz hingewiesen. Der Verleger übernahm schließlich selbst die redaktionelle Koordination. Als ein besonders verlässlicher Autor unterstützte ihn dabei der Kirchenhistoriker Karl Joseph Hefele; dieser gestand am 9. Januar 1851 in einem Brief: »Die Tübinger sind doch die Fleißigsten, weil sie auch noch die Lasten für andere Autoren, die ausfallen, tragen müssen ...«

Die Geschichte des späteren »Lexikons für Theologie und Kirche« ist aufs Engste mit dem Namen Michael Buchberger verbunden. Über dessen Beziehung zu seinem Verleger, meinem Großvater, hat er selbst im Geleitwort zur 2. Auflage des LThK berichtet. Darin erwähnt er jenes Verlegerwort, das ihn tief beeindruckt hat: »Wir brauchen dieses Werk – also schaffen wir es!« Man wird dieser Formulierung nur gerecht, wenn man sie vor dem düsteren Hintergrund der Jahre zwischen den beiden Weltkriegen versteht.

Nach dem Zweiten Weltkrieg war Regensburg wieder das Ziel mehrfacher Verlegerreisen; diesmal war es Theophil Herder-Dorneich.

Schon während der Kriegszeit hatte mein Vater gemeinsam mit Josef Höfer – dem lebenslangen Freund – das Konzept eines Nachkriegslexikons entwickelt.

In seiner Ansprache zum 30. Oktober 1965 zum Abschluss der 2. Auflage beschrieb er dieses Konzept: »... schon damals kreisten die Überlegungen immer wieder um die Aufgabe, den dogmatischen Gehalt der Artikel so zu vertiefen, wie es die geistigen Erschütterungen verlangten ...«

Bei seinen Besuchen in Regensburg fand der Verleger gastliche Aufnahme im bischöflichen Palais. Er skizzierte später in einer Notiz: »Der Raum, in dem ich jeweils nächtigte, war voller Bücher – ich hatte also genügend Lektüre vor dem Einschlafen; das brachte mir das Vergnügen, die Gedankengänge

Buchbergers verfolgen zu können, denn fast alle seine Bücher waren mit kräftigen Strichen und Anmerkungen von seiner Hand versehen.«

Es war indes nicht leicht – ich zitiere noch einmal aus der erwähnten Ansprache –»den verdienstvollen Schöpfer des Werkes in seinen früheren Auflagen von der Notwendigkeit einer inneren Neugestaltung der Auflage nach dem Krieg zu überzeugen und ihm schließlich – sehr gegen seinen ursprünglichen Willen – die neue Herausgeberschaft zu präsentieren ...«

In der Pressekonferenz hat Kardinal Kasper die von der Theologie Karl Rahners geprägte 2. Auflage des Lexikons gewürdigt. Wir alle wissen, wie dieses Werk in die geistige und geistliche Vorbereitung des Zweiten Vatikanums eingewoben war – es gab eine Beziehung zwischen der Konzeption des damaligen LThK und den Fragestellungen des Konzils.

Rahners Herkunft aus Freiburg, seine häufigen Aufenthalte in unserer Stadt, sein oft wochenlanges Arbeiten in unserem Verlagshaus gaben mir Gelegenheit zu vielen Gesprächen mit ihm. Diese Gespräche fanden ihre Fortsetzung bei »Sacramentum Mundi« und dem »Handbuch der Pastoraltheologie«. Oft war Karl Rahner bei uns zu Hause Gast.

So war es für meine Frau und mich eine ganz besondere Freude, dass wir ihn und Josef Höfer 1964 bei der Papstaudienz begleiten durften; unvergesslich wird uns beiden der musternde und zugleich respektvolle Blick bleiben, den Papst Paul VI. beim Eintreten auf Rahner warf.

Erinnern wir uns für einen Augenblick der kirchenpolitischen Situation vor dem Konzil und erinnern wir uns auch der Tatsache, dass dieses Lexikon, das wir an jenem Tage dem Papst überreichen konnten, die Handschrift eines Theologen trug, der bis dahin jahrelang Schreibverbot gehabt hatte.

Der Papst erinnerte sich an einen Besuch im Hause Herder, den er 1922 als junger Student gemacht habe.

Die erste Auflage des »Lexikons für Theologie und Kirche« habe er während des Pontifikates von Pius XII. schätzen gelernt; dieser habe das Werk häufig konsultiert.

*

Am 29. Oktober 1986 machte ich mich, begleitet von Dr. Gerbert Brunner, auf den Weg nach Tübingen. Unser Besuch galt dem damaligen Professor Walter Kasper; ich hatte mir vorgenommen, ihn als den Hauptherausgeber einer 3. Auflage des LThK zu gewinnen. War jene Bemerkung von Hefele noch in meinem Ohr: die Tübinger seien doch die Fleißigsten?

Jener Besuch stand am Anfang einer langen, vertrauensvollen Zusammenarbeit, die 15 Jahre lang währte und sich bewährte. Der Herausgeberkreis wurde nach Ihren Vorstellungen, Herr Kardinal, gebildet; auch ihn sollte gegenseitiges Vertrauen 15 Jahre lang erfolgreich zusammenbinden, so wie Sie es sich bei jenem Gespräch in Tübingen vorgestellt hatten.

Die Herausgeber:
Kardinal Dr. Walter Kasper, Rom
Prof. Dr. Konrad Baumgartner, Regensburg
Prof. Dr. Horst Bürkle, München
Prof. Dr. Klaus Ganzer, Würzburg
Prof. Dr. Karl Kertelge, Münster
Prof. Dr. Wilhelm Korff, München
Prof. Dr. Peter Walter, Freiburg.

Die federführende Herausgeberschaft, die Sie, lieber Kardinal Kasper, über ein Jahrzehnt lang erfolgreich wahrgenommen haben, spiegelt den Ihnen eigenen Stil wider.

Die Zusammenarbeit war durch Kollegialität und Ihren Respekt vor dem Anderen geprägt. Das hat eine verlässliche Grundlage gebildet.

Konzeption und Ausrichtung dieser 3. Auflage sowie die Umsetzung Ihrer Vorstellungen haben Sie mit Souveränität vorgenommen; Sie haben bei allen Gesprächen stets ausgleichend gewirkt und sich dabei wohlbegründeten abweichenden Argumenten nie verschlossen.

Die Übernahme verantwortungsvoller Ämter in Rottenburg und später in Rom hat Ihre persönliche Nähe zum Fortgang der Arbeiten nicht geschmälert. Sie haben dessen ungeachtet die Entstehung aller wichtigen Manuskripte intensiv weiter mitbegleitet. Der zentrale Artikel »Kirche« stammt aus Ihrer Feder.

*

Im Kreis der Herausgeber, der Fachberater, der Autoren und Autorinnen finden sich die Namen herausragender Gelehrter und profilierter Vertreter ihrer Disziplinen. Sie alle sind die Garanten dafür, dass man auch diese 3. Auflage des LThK ein großes Dokument der Theologie an der Schwelle zum 21. Jahrhundert nennen wird.

Mitte des großen Werkes und ruhender Pol bei seiner Entwicklung aber waren Sie, Eminenz!

Ihre ehrenvolle Berufung zum Bischof von Rottenburg hat die verantwortliche Arbeit am LThK ebenso wenig unterbrochen wie der persönliche Wunsch des Papstes, Sie in Rom zu haben.

Dort waren Sie – was das »Lexikon für Theologie und Kirche« anbelangt – kein Unbekannter: Dankbar erinnere ich mich der Audienz im Vatikan und der Übergabe des ersten Bandes an Papst Johannes Paul II., bei der wir anwesend sein durften.

Die Würdigung Ihrer Person und Ihres Wirkens durch den kardinalizischen Purpur war eine große Freude für uns alle.

Wir alle danken Ihnen sehr, dass Sie, des ungeachtet, dem Werk, »Ihrem« Werk, treu geblieben sind. Es hätte auch anders kommen können: Joseph Hergenröther, dem wir den Nomenklator des zweiten Kirchenlexikons verdanken, sah sich nach seiner Berufung durch Leo XIII. in das Kardinalskollegium nach Rom außerstande zu weiterer Mitarbeit; Grund dafür waren freilich in erster Linie die Verkehrsverhältnisse jener Zeit. Hergenröthers Nachfolge trat ab 1879 dann Franz Kaulen an.

Damit ist der Bogen geschlagen zu den frühesten Zeiten des Kirchenlexikons. Ich habe versucht, die gute Zusammenarbeit aufgrund der persönlichen Beziehungen zwischen Herausgebern und Verlegern dieser bedeutenden lexikographischen Werke aufzuzeigen. Ich gedenke am heutigen Tag in großer Dankbarkeit aller Männer, die vor uns die früheren Ausgaben erfolgreich und weitsichtig gestaltet haben.

*

Alle diese Ausgaben tragen im Impressum den Namen der Stadt und damit auch der Kirche von Freiburg.

Die von mir zitierte »Ausführlichkeit der Artikel und die Wärme der Darstellung« mag seinerzeit für das zweite Kirchenlexikon der Grund gewesen sein zu Übersetzungen in die französische und in die polnische Sprache.

Die 3. Auflage des LThK liegt abgeschlossen vor. Ihr Reichtum und ihr Wert können nun Grundlage bilden für neu zu erarbeitende Ausgaben in anderen Sprachen.

Mag die Musik von Antonín Dvořák, die wir heute hören, der als einziger bedeutender Komponist des 19. Jahrhunderts den Weg in die »Neue Welt« genommen hat, dazu eine Ermunterung sein.

Verantwortung in der Republik:
ERWIN TEUFEL

Um das Jahr 830 vollendete der Franke Einhard seine »Vita Caroli Magni«.

Zur Beschreibung der herausragenden Eigenschaften des großen Karolingers verwandte er das lateinische Wort »utilitas«. Nach Einschätzung von Zeitgenossen und späteren Sprachwissenschaftlern entsprach dieses Wort exakt dem, was in der damaligen Volkssprache mit dem Wort »tugund« gemeint war.

Wort und Begriff »utilitas«, in diesem Zusammenhang gebraucht, sind uns verloren gegangen. An dessen Stelle trat das lateinische Wort »virtus«.

Für einen Augenblick tauchen bei dem Wort »virtus« vor unserem Auge altrömische Bürger auf – vom Pfluge weg zur Verantwortung in der Republik berufen.

*

Was aber ist aus dem von Einhard gemeinten Wort »tugund« geworden? Dem Verb »taugen« verwandt, verwies es auf die Vorstellung von »Tüchtigkeit«; »Brauchbarkeit« meinte es aus der Sicht des Gemeinwesens; angesiedelt war es in der Nähe des angelsächsischen »duty«.

»Tugund« meinte: handeln aus der Mitte der Persönlichkeit heraus – Entscheidungen treffen jenseits von »Zuviel« und »Zuwenig«, um dadurch das erkannte Gute zu verwirklichen, im Individuellen ebenso wie im Kollektiven.

Ein Jahrtausend später sind wir keineswegs mehr so sicher, wie es Einhard einmal sein mochte mit der Beschreibung herrscherlicher Tugend.

Totalitäre Systeme haben uns den Zerfall des menschlichen Ethos in unvorstellbarem Ausmaß vor die erschrockenen Augen geführt. Die Erosionskraft der Moderne spült täglich um uns herum bislang vertraute Wertvorstellungen unaufhaltsam hinweg. Auf sorgsam abgesteckten Lebensfeldern werden Zäune wie über Nacht abgeräumt. Bislang als verlässlich empfundener Weg und Steg erweist sich als schwankend. Der Nordstern ist hinter dunklen Wolken verschwunden – wo ist eine Magnetnadel, die noch Richtung weist?

*

Vor diesem düsteren Hintergrund sehen wir Sie, sehr verehrter Herr Teufel, unbeirrbar auf Ihrem Wege; Sie haben der politischen Wirklichkeit nüchtern Rechnung getragen, Sie haben Ihre Entschlüsse gefasst, nach reiflichem Bedenken – überzeugt und darum andere überzeugend.

So verlassen Sie auch selbstbewusst die Bühne des Politischen, eine Bühne mit höchst unsicheren Bühnenbrettern – so sehr geprägt vom Eigen-Sinn so mancher Politiker und deren kurzatmigem Agieren.

Sie machen sich auf den Weg, um dem tieferen Sinn von Politik nachzuspüren.

Wer Sie kennt, der weiß: Das ist kein Auswandern, um sich selbst abzustreifen. Es ist vielmehr ein beachtenswerter Neubeginn, der Wunsch, sich neu zu vergewissern, für sich zu klären, was der Begriff von »Politeia« letztlich meint.

So führt Sie dieser Lebensabschnitt zwar ins ungewisse Neue, aber zugleich an bewährtes Altes heran.

*

Im Jahre 347 v. Chr. gab es an der Athener Akademie einen Wechsel. Speusippos wurde zu ihrem neuen Leiter gewählt und nicht, wie viele gehofft hatten, Aristoteles. Dieser orientierte sich daraufhin anders und nahm einen Neubeginn in den Blick. In Makedonien verfasste er seine »Nikomachische Ethik«. Sie beschreibt das Wesen der Tugend.

*

Unser Gedankenkreis scheint sich zu schließen. Und doch fehlt ein wichtiges Glied in der Kette: Über Tugend zu sprechen, ist ehrenwert, aber nicht ausreichend. Denn Tugend will vor allem getan werden!

Sie, sehr verehrter Herr Alt-Ministerpräsident, haben in Ihrem politischen Wirken beides zu verbinden gesucht: das Bedenken – und das Lenken, das Konzipieren und das Realisieren.

Sie haben sich in den Dienst der kleinsten politischen Einheit gestellt – als Bürgermeister einer Gemeinde; Sie haben den Schritt in ein weiteres Umfeld getan – als Staatssekretär für Umweltfragen; Sie haben sich der parlamentarischen Aufgabe gestellt – als Führer einer großen Fraktion; Sie haben die höchste Verantwortung in einem Bundesland übernommen – als Landesvater, getragen vom Vertrauen der Bürgerschaft. Sie haben schließlich Ihr Herzblut in den europäischen Konvent eingebracht – konsequenter Föderalist ebenso wie überzeugter Europäer.

*

Bei allem Ihrem politischen Tun haben Sie sich stets verlässlich gezeigt. Ihrem Wort konnte Vertrauen geschenkt werden, Werte, von denen Sie sprachen, haben Sie selbst verkörpert. Unanfechtbar war Ihr Umgang mit der Macht, die Stimme des Gewissens stand Ihnen stets höher, ein fest gegründeter Glaube gab und gibt Ihnen Sicherheit und Festigkeit.

Am 31. Januar 2004 haben Sie – anlässlich des 100. Geburtstages von Karl Rahner – hier in Freiburg gesprochen. Ihre damaligen Worte mochten manchen in den Ohren mehr als kritisch geklungen haben. Ich habe das anders verstanden:

Sind Sie doch zutiefst davon überzeugt, zweifach gefordert zu sein – einmal als Christ im öffentlichen Leben, in dem Sie Ihr Christ-Sein und Ihren Glauben in allem Freimut bekennen; zum anderen als Mann der »res publica«, der seine Stimme in das Gespräch mit der Kirche und in die Kirche einbringt.

Schlägt da nicht beide Male dasselbe Herz mit warmem Schlag, Systole und Diastole vergleichbar?

Sprechen Sie dabei nicht zugleich im Namen vieler Mitmenschen, denen Sie sich zutiefst verbunden und verpflichtet fühlen?

Wer mit Aufmerksamkeit damals zugehört hat, konnte an der Ernsthaftigkeit Ihrer Worte nicht zweifeln.

*

Für all das möchten wir Ihnen heute unseren Dank abstatten, und ich darf mich zum Sprecher dieses Dankes machen.

Sie stehen dem Verlagshaus Herder nahe, und viele unserer Verlagswerke finden sich in Ihrer Bibliothek. Sie fühlen sich mit dem Geist des Verlages und den Intentionen seiner Autoren aufs Engste verbunden. Das Staatslexikon haben sie wiederholt erwähnt, die »Herder-Korrespondenz« begleitet Sie seit Jahrzehnten.

So gilt unser Dank Ihnen als Leser und in Ihrer Person gewissermaßen allen unseren Lesern.

Schließlich – die gemeinsame Wurzel: Rottweil, die einst freie Reichsstadt, Ihre Heimat, die Geburtsstadt des Verlagsgründers Bartholomä Herder.

*

Verehrter Herr Teufel! Sie treten in einen neuen Abschnitt Ihres Lebens ein.

Was wünschen wir Ihnen – was wünschen wir uns von Ihnen?

Wir wünschen *Ihnen* wachen Sinn, geöffnete Augen und Ohren, die Unterscheidung der Geister. Wir wünschen Ihnen die Liebe zur Weisheit.

Was wünschen wir uns *von* Ihnen?

Zusammen mit Eugen Biser waren meine Frau und ich im März dieses Jahres Ihre Gäste in der »Villa Reitzenstein«. Im Mittelpunkt jenes Gespräches stand die »Rede vom politischen Denken«.

Was wir heute und dringend benötigen, ist so etwas wie ein »politisches Propädeutikum«, dem früheren Fürstenspiegel vergleichbar, wie ihn als Letzter in einer langen Reihe von Autoren Fénelon 1693 niedergeschrieben hat: Welches ist die beste Weise politischen Handelns?»Eine solche »beste Weise«aufzuzeigen und weiterzureichen, wäre des Schweißes des Edlen wert …

*

Goethe hat in seinen Gedichten und Maximen Wege zur wahren Weisheit gewiesen, zur »Philomathia« der Alten. In der Tiefe, so sagt er, hänge alles Wahre und Schöne miteinander zusammen:

»Der Mensch gewöhne sich, täglich in der Bibel oder im Homer zu lesen, schöne Bilder zu schauen oder gute Musik zu hören …«

Dieses Letztere wollen wir nun tun!

Offen für Gott und die Welt:
FRANZ KARDINAL KÖNIG

In den beiden ersten Jahrzehnten nach dem Ende des Zweiten Weltkrieges war es zunächst mein Vater, Dr. Theophil Herder-Dorneich, der die ihm so wichtige Beziehung zu Franz König persönlich pflegte; mein Vater gehörte ja auch als Verleger der Monatszeitschrift »Wort und Wahrheit« zusammen mit deren Herausgebern zu jenem Kreis, von dem erste Anregungen zur Begründung der Stiftung »Pro Oriente« ausgingen. Im Verlauf der sechziger Jahre übernahm dann ich die Pflege dieser für den Verlag in Freiburg so wichtigen und bedeutungsvollen Wiener Beziehungen.

Die früheste bei Herder Wien ausgewiesene Publikation von Franz König ist 1947 erschienen: eine kleine Schrift, nur 24 Seiten umfassend, innerhalb der Reihe »Der religiöse Wert des Alten Testamentes«. Das Thema dieses von Franz König beigesteuerten Heftes zeigt schon den Gegenstand seines wissenschaftlichen Interesses: Dieses war von Anfang an dem Alten Testament in seinem Verhältnis zu den altorientalischen Religionen gewidmet; dieses Thema hat ihn sein Leben lang begleitet.

In dem großen, dreibändigen Werk »Christus und die Religionen der Erde«, das 1951 erstmals bei Herder Wien veröffentlicht wurde (sechs weitere Auflagen sollten folgen!), hat Franz König selbst den wichtigen eröffnenden Artikel »Der Mensch und die Religion« geschrieben sowie den Artikel »Die Religion des Zarathustra« beigesteuert. Der große persische Religionsstifter war später noch einmal – 1964 – Gegenstand einer eigenen Veröffentlichung, in der sich der Verfasser ausführlich mit Zarathustras Jenseitsvorstellungen und dem Alten Testament befasste. Die für die damalige Zeit und in theologischen Fachkreisen noch nicht selbstverständliche offene Art, mit der er das Thema behandelte, kommt in der folgenden Äußerung zum Ausdruck: »Es sind keine apologetischen Gründe, … die mich dazu führten, Fragen nach dem weitreichenden Einfluss Zarathustras und seiner Religion zu untersuchen …«

Wenn König auch zu keinem positiven Ergebnis bezüglich eines Einwirkens von persischen Jenseitsvorstellungen auf das Alte Testament kommen zu können glaubte, so würde dadurch (so äußerte er sich) »die einsame Größe des Zarathustra nicht geschmälert«. Dessen Bedeutung und Weltwirkung hat König in einem Artikel in »Wort und Wahrheit« (1963) ausführlich gewürdigt.

Franz Königs ursprüngliches Lebensziel, Gelehrter zu sein und als Universitätslehrer zu wirken, ist – wie wir alle ja verfolgen konnten – so nicht in Erfüllung gegangen. Die erste Berufung in das bischöfliche Amt in St. Pölten und später die Ernennung zum Erzbischof von Wien führten ihn in neue Lebensräume, Aufgabenstellungen und Möglichkeiten zu wirken.

»… es sei in den letzten Jahren eine Art Tradition geworden, dass der Wiener Erzbischof sich in Fernsehen und Rundfunk an (die Öffentlichkeit) richtet …«, so formulierte Kardinal König in einer Ansprache zum Jahreswechsel am 30. Dezember 1966. Seine Stimme sollte fortan unüberhörbar bleiben.

Reden und Aufsätze, Analysen, Reflexionen und Stellungnahmen zu den verschiedensten Lebensthemen erschienen – gesammelt und sorgfältig belegt – 1968 bei Herder Wien unter dem Titel »Worte zur Zeit« und 1975 »Der Mensch ist für die Zukunft angelegt«. Diese beiden Bände stellen eine wertvolle Dokumentation seiner offiziellen Stellungnahmen 15 Jahre hindurch dar. Der Wiener Erzbischof Franz Kardinal König war längst kein Unbekannter mehr. Sein Wirken reichte über die Grenzen Österreichs hinaus, seine Worte wurden über den Kreis der Kirche hinaus von anderen mit Aufmerksamkeit vernommen, Vertreter von Randschichten, Kirchenfernen, ja Kirchenfremden horchten auf, wenn er sprach. Aus diesen beiden erwähnten Sammelbänden wird die Breite der Themen, die ihn beschäftigten, eindrucksvoll sichtbar.

So tauchte das Thema »Islam und Christentum heute« schon früh in Form eines Vortrages vor der Al-Azhar-Universität in Kairo (1965) auf. Im selben Jahr äußerte sich Franz König in Bombay über die »Zusammenarbeit der Weltreligionen«. Dass seine Einschätzung zur Frage der Religionsfreiheit in der Sowjetunion gerade in einer britischen Zeitung erschien (»The Times« 1965), belegt seine meisterliche Beherrschung der englischen Sprache und seine anhaltende Nähe zur angelsächsischen Welt, eine Sympathie, die ihn ja bis zu den Interviews begleitet hat, die Gegenstand des Buches »Offen für Gott – offen für die Welt« waren.

Seit seiner Ernennung zum Präsidenten des nach Konzilsende geschaffenen Sekretariats für die Ungläubigen durch Papst Paul VI. ließ er sich zunehmend von der »Herausforderung durch den Atheismus« (um seine eigene Formulierung zu gebrauchen) leiten und stellte sich dem Wagnis eines solchen Gespräches. Das Gespräch mit den Atheisten war für Kardinal König, der auf dem Zweiten Vatikanischen Konzil so regen Anteil an den Diskussionen genommen hatte, ein ganz besonderes Anliegen; er verstand dieses Gespräch mit den Atheisten als Teil des vom Konzil geforderten »Gesprächs mit der Welt«. Bei der Frage, ob es überhaupt eine Gemeinsamkeit mit den Nichtgläubigen geben kann, kam er zu dem Schluss: »Das Einzige, was uns mit ihnen verbindet, ist zugleich das Tiefste: das gemeinsame Menschsein« (»Echo der Zeit«, Recklinghausen, 1965).

Als ich jüngst diese beiden Bände durchblätterte, glaubte ich immer wieder die Stimme von Kardinal König zu hören, und ich bewunderte aufs Neue die Fülle der von ihm behandelten Themen, die Weite seines Blickes, die Klarheit seines Denkens; ich spürte aber auch immer wieder bei allem umfassenden Wissen stets auch die Beschiedenheit, die ihn ausgezeichnet hat. Zur Kraft des formenden Wortes gesellte sich bei ihm immer wieder und mühelos die Farbe der bildlichen Ausdruckskraft, so etwa, wenn er im Zusammenhang mit dem »Risiko des theologischen Sprechens« formulierte:

»Die Theologie ist keine Wärmestube für müde Geister, die Theologie ist eine gefährliche Wissenschaft, sich ihr zu verschreiben bedarf des Mutes freier Männer, eines Mutes, der sein Korrelat nicht im Übermut, sondern in der Demut hat.«
(Aus Anlass der Verleihung des Ehrendoktorates der Theologischen Fakultät Salzburg, 9. November 1972)

Das wissenschaftliche Ansehen, das sich schon der Professor in Salzburg erworben hatte, war 1953 Grund für eine Einladung, die mein Vater aussprach, nämlich die Einladung an den damaligen Koadjutor-Bischof in St. Pölten, nach Beuron im oberen Donautal in die Erzabtei der dortigen Benediktiner zu kommen; er sollte den Festvortrag halten bei der ersten Festakademie der neu gegründeten Stiftung »Vetus Latina«. Ich selbst befand mich zu jenem Zeitpunkt zur beruflichen Ausbildung in Spanien, war also nicht in Beuron anwesend; ich erinnere mich aber noch deutlich an die später gehörten Eindrücke von Teilnehmern: Sie waren vom Referenten ebenso beeindruckt wie von seiner Gelehrsamkeit – galt es doch, die Frage der Rekonstruktion dieser frühesten lateinischen Bibelübersetzung »Vetus Latina« darzustellen. So gewannen viele den Eindruck, auf wie vielen geisteswissenschaftlichen Gebieten Franz König zu Hause war.

In der ersten Session des Zweiten Vatikanischen Konzils gaben der Verleger und die Herausgeber aller im Verlag Herder erscheinenden Monatszeitschriften (darunter auch »Wort und Wahrheit«) einen Presseempfang in Rom, in dessen Mittelpunkt eine Ansprache des Wiener Erzbischofs stand. Sie fand statt in den Räumen des Palazzo des Columbus-Hotels in der Via della Conciliazione. Kardinal König legte in seiner Ansprache das Stichwort »aggiornamento« im Hinblick auf die Pressearbeit und Berichterstattung während des Konzils zugrunde. Er ermunterte die anwesenden Publizisten, sich in den Dienst der »kühnen und zeitaufgeschlossenen Intentionen des (inzwischen verstorbenen) Papstes Johannes' XXIII.« zu stellen. Die Bedeutung, die dem Festredner zugemessen wurde, kam durch die Anwesenheit vieler Bischöfe zum Ausdruck, an ihrer Spitze der damalige Dekan des Kardinalskollegiums, Kardinal Tisserant. Bei seiner Ansprache erwähnte Kardinal König ausdrücklich die Zeitschrift »Wort und Wahrheit«, deren Herausgeber, Monsignore Mauer und Dr. Otto Schulmeister, sich unter den Anwesenden befanden. So war das alles ein lebendiger Appell. Während ich diese Zeilen schreibe, glaube ich die hohe Gestalt des Wiener Kardinals in seinem Purpurmantel im großen Renaissancesaal dieses römischen Palazzo wieder vor mir zu sehen: Jeder Zoll ein Kirchenfürst.

Der große Erfolg des dreibändigen Sammelwerkes »Christus und die Religionen der Erde« war mir zwei Jahrzehnte später Anlass, Kardinal König zu besuchen. Ich erbat seine Zustimmung, aber auch seine Mitwirkung bei dem Vorhaben, das reichhaltige Material dieser drei Bände in neuer und zeitgemäßer Form zugänglich zu machen. Kardinal König ließ sich zur Herausgeberschaft gewinnen; er formulierte neu die Einleitung, die, bei Wahrung aller Wissenschaftlichkeit, doch einer breiten Leserschaft verständlich zu sein hatte. Darüber hinaus bot er mir an, die Lektüre der Korrekturfahnen persönlich zu übernehmen. Auf meine erstaunte Frage, wann er angesichts seiner starken Inanspruchnahme diese Arbeit durchzuführen gedenke, gab er lächelnd eine einfache Antwort: Er reise ja viel und häufig und die Zeit der Flüge biete so hinreichend Gelegenheit, diese Aufgabe zu lösen. Die Neuausgabe seines alten Werkes war ihm ein Herzensanliegen: das Wesentliche von Christentum und Weltreligionen darzustellen. Er zitierte dabei Worte aus dem Abschiedsbrief des 1940 in Münster i. W. verstorbenen Philosophen Peter Wust: Gefragt nach einem »Zauberschlüssel«, der Menschen das »letzte Tor der Weisheit des Lebens« aufschließen könne, habe Peter Wust auf seinem Sterbebett nicht die Reflexion des Denkens genannt, sondern auf das Gebet verwiesen.

Das pastorale Selbstverständnis von Kardinal König war schon früh zum Ausdruck gekommen durch seinen Wunsch, eine Sammlung von Briefen gefallener und hingerichteter Katholiken aus Österreich herauszubringen. Das schmale Bändchen erschien im Verlag Herder in Wien 1957. Die Auswahl hat Franz König damals selbst vorgenommen. Er beschränkte sich freilich darauf, diesen Briefen nur erklärende Worte über das Zustandekommen und die Auswahl hinzuzufügen. Die eigentliche Deutung überließ er einem Dichter: »Worte an einen Gefallenen«, ein kurzer Beitrag, den Reinhold Schneider 1943, also auf dem Höhepunkt des Weltkrieges, niedergeschrieben hatte. Auch dies eine bezeichnende Geste eigener Bescheidenheit.

Nach seiner Emeritierung haben meine Frau und ich Kardinal König wiederholt in seinem Alterssitz aufgesucht und manches schöne Gespräch mit ihm geführt. Sein Interesse für Publikationen aus dem Verlagshaus Herder blieb bis zum Lebensende lebendig. Auch konnte ich verlegerische Fragen mit ihm besprechen und manchen Rat in theologischen und kirchlichen Fragen von ihm erhalten. Seine Geistespräsenz, seine Bereitschaft zum Gespräch, seine offene Art des Zuhörens waren im Blick auf sein hohes Alter bewunderungswürdig.

Zum letzten Mal erlebten wir den greisen Kardinal beim Schubert-Fest im Stephansdom. Nach Sturz und Oberschenkelhalsbruch war er erst kurz zuvor aus der Klinik entlassen worden, wollte sich aber dem Wunsch der vielen Sänger, die Festmesse zu zelebrieren, nicht entziehen. Eigentlich noch auf Krücken angewiesen, stützte er sich stattdessen – deutlich sichtbar – auf seinen Bischofsstab, der ihm hier ganz sichtbar zu einem Halt wurde. So kam sein Gottvertrauen, das ihm ein Leben lang Grund für seine Lebensgestaltung gewesen war, ganz bildlich zum Ausdruck, und viele Teilnehmer dieser Festmesse mochten an den Psalmvers gedacht haben: »Du bist mein Stock und mein Stab ...«

»Eine neue Sprache …«:
JOSEPH KARDINAL RATZINGER

Nach mehrjähriger, sorgfältiger Vorbereitung und vielen Gesprächen mit dem Herausgeberkreis unter der Federführung des damaligen Professors Walter Kasper, des nachmaligen Kurienkardinals, wurde 1989 der Beschluss für eine dritte, völlig neu bearbeitete Auflage des »Lexikons für Theologie und Kirche« getroffen – ein umfangreiches Projekt von 10 + 1 großen Bänden, wie es in jeder Verlegergeneration nur einmal vorkommt. Ich war mir des Gewichts dieser Entscheidung und der Schwierigkeiten der Verwirklichung durchaus bewusst: Die Bände des allerersten »Kirchenlexikons« von Herder waren 1847 erschienen, am Vorabend der Märzrevolution und des »Kommunistischen Manifests«; das Erscheinen dieses Werkes fiel nun zusammen mit der großen politischen Wende in Europa.

Nach dem Zweiten Vatikanischen Konzil waren die strengen Bestimmungen hinsichtlich des Imprimatur, die den Spielraum weiterführender theologischer Reflexion bei der vorangegangenen Auflage aus den fünfziger und sechziger Jahren oft eingeschränkt hatten, entfallen. Gerade darum schien es mir wichtig, dem Präfekten der Kongregation für die Glaubenslehre den jeweils fertiggestellten Band der neuen Auflage persönlich an seinem Amtssitz in Rom zu überreichen, als ein Zeichen des Respekts für Amt und Person.

Als ich mit dem ersten Band in der Hand den Palazzo del Sant'Uffizio betrat, vom damaligen Sekretär Monsignore Josef Clemens mit Wärme und Freundlichkeit empfangen, erinnerte ich mich früherer Begegnungen mit Joseph Ratzinger. So hatte er im Sommer 1967 meiner Einladung entsprochen und mit anderen profilierten Theologen aus dem In- und Ausland – unter ihnen Karl Rahner, Karl Lehmann, Henri Bouillard – an einem Kolloquium im Freiburger Verlagshaus teilgenommen. Er war damals Ordinarius an der Theologischen Fakultät der Universität Tübingen. Dabei war es – 22 Jahre vor dem Fall der Mauer – um die Entfaltung einer europäischen Theologie gegangen, für die Joseph Ratzinger Denkanstöße in luziden Diskussionsbeiträgen und mit klaren Argumenten beisteuerte. Aber auch seine Anmerkungen zu praktischen verlegerischen Fragen beeindruckten mich von Anfang an.

Auch nach seiner Ernennung zum Erzbischof von München hatten wir uns eines Abends »nach Dienstschluss« in seiner Wohnung zu einem Gespräch getroffen, freundlich begrüßt von seiner Schwester Maria.

Hier im Palazzo del Sant'Uffizio empfing mich Kardinal Ratzinger im großen Salon des ersten Stocks, in die schlichte schwarze Soutane gekleidet ohne jegliches Zeichen seiner Würde. Ich überreichte ihm den ersten Band des Lexikons mit Grüßen aus Freiburg. Der Kardinal freute sich und blätterte ihn interessiert durch; er stieß auf ihm vertraute Autorennamen und hielt dann und wann inne: Bonn, Münster, Tübingen, Regensburg – die Stationen seines früheren akademischen Weges schienen lebendig zu werden. Mit Anteilnahme und Detailkenntnissen stellte er Fragen nach dem Gesamtkonzept der Neubearbeitung und nach Autoren grundlegender Artikel. »Ein Gelehrter unter Gelehrten«, dachte ich und erinnerte mich daran, dass er als junger Dozent fast ein halbes Jahrhundert zuvor selbst zwei Dutzend zentrale Artikel in den zehn Bänden der vorangegangenen Auflage verfasst hatte. Es war das zugleich der Beginn einer langen und vertrauensvollen Verbundenheit mit dem Verlag Herder.

Mit der Fertigstellung der weiteren Bände des Lexikons ergaben sich nun in regelmäßigen Abständen Audienzen bei

Kardinal Ratzinger, an denen des Öfteren meine Frau teilnahm. Sie boten Gelegenheit zu einem vertieften Gedankenaustausch – galt es doch angesichts einschneidender Orientierungssuche in einer aufgewühlten Zeit und angesichts der zunehmenden Veränderungen in der Kirche bei der damit verbundenen Polarisierung,»die große katholische Tradition des Verlagshauses umsichtig und mutig weiterzuführen und in den Verwandlungen die Kontinuität zu wahren«, wie Kardinal Ratzinger in einem seiner Briefe an mich die Aufgabenstellung des Verlegers beschrieb.

Im Gespräch mit meiner Frau stellte sich heraus, wie gut er unsere nächste Heimat, den südlichen Schwarzwald, kannte. Dabei erwähnte er seine regelmäßigen Aufenthalte zu theologischen Kolloquien mit früheren Kollegen und Studenten in dem Wallfahrtsort »Maria Lindenberg«, in dessen Nachbarschaft wir wohnten.

Im Frühsommer 1993 gab Herder aus besonderem Anlass einen Empfang in einem der Palazzi an der Via della Conciliazione. Auch Kardinal Ratzinger hatte meine Einladung angenommen. Ich beschloss, ihm bei dieser seltenen Gelegenheit in meinem Grußwort öffentlich ein Anliegen vorzutragen, von dessen Dringlichkeit ich überzeugt war. In welcher Sprache soll heute die Rede von Gott sein? Ist die kirchliche Sprechweise zumindest in Teilen nicht immer noch stark vom Tonfall vergangener Jahrhunderte geprägt? Wiederholt sie nicht allzu häufig altbekannte Formeln anstelle verständlicher und überzeugender Darstellung der uralten Geheimnisse unseres Glaubens?

So trug ich in Hörweite des Vatikans meine Gedanken über die Sprache vor, für mich schon immer die Schwester der Vernunft, die den Menschen in die Freiheit führt und ihm das Wesen der Dinge dieser Welt auf je und je neue Weise eröffnet. Ich schloss diese Überlegungen mit der Forderung nach einem neuen Sprechen von Gott, das von den Ohren der Welt verstanden werden kann.

Als Kardinal Ratzinger aufbrach, begleitete ich ihn hinunter zum Eingang des Palazzo. Dort hatten sich mittlerweile auf Marmorboden und Treppenstufen, mit Coca-Cola-Flaschen und Kofferradios zahlreiche Jugendliche in Jeans und T-Shirt niedergelassen, die offensichtlich darauf warteten, mitsamt ihrem Gepäck von einem Reisebus abgeholt zu werden. Sie saßen so dichtgedrängt auf dem Boden, dass wir nur mit einer Art von Storchenschritt, der Kardinal dabei seine Soutane lüpfend, zwischen ihnen hindurch zum Eingang gelangen konnten. Als wir uns voneinander verabschiedeten, sah er mich nachdenklich an und sagte dann, im Blick auf die Menge der uns umlagernden Jugendlichen: »Ja, vielleicht brauchen wir eine neue Sprache ...«

An diese Begebenheit erinnerte ich mich, als ich anlässlich des Weltjugendtags in Köln im Fernsehen verfolgen konnte, wie Tausende von jungen Menschen den Worten des Papstes mit Aufmerksamkeit und Begeisterung folgten.

Beim letzten Besuch, den meine Frau und ich Kardinal Ratzinger in Rom abstatteten, ergab sich im Zusammenhang mit eigenen zukünftigen Buchplänen die Frage an den Kardinal, welches für ihn selbst das wichtigste Thema unserer Zeit sei. Er besann sich keinen Augenblick – die wichtigste Fragestellung für ihn sei, nicht zuletzt im Blick auf den Dialog mit den Weltreligionen, vor allem in Indien, »die Frage nach der Christologie«. Damals konnten wir nicht ahnen, dass er schon an dem Manuskript über Jesus von Nazareth arbeitete. Dabei äußerte der Kardinal die Hoffnung auf eine baldige Rückkehr nach Regensburg. Dann würde ein lange gehegter Traum in Erfüllung gehen, sagte er, endlich wieder in Ruhe lesen und vor allem: schreiben zu können. »Ich habe so viele Buchpläne, die auf Verwirklichung warten«, fügte er hinzu. Es ist natürlich der Wunsch und die Hoffnung des Verlegers, Papst Benedikt XVI. möge die Verwirklichung des einen oder anderen Buchplans noch möglich werden.

Den Glauben zum Leuchten bringen:
BENEDIKT XVI.

Weißer Rauch steigt auf, eine Stimme hallt über den Petersplatz; sie beendet das Gewisper der selbsternannten Auguren durch die feierliche Verkündigung des Namens. Dann erscheint die schmale, weiße Gestalt des neuen Pontifex auf dem Balkon: Mit dem Segen »urbi et orbi« stellt er sich in den Dienst des ganzen Erdkreises.

Kann es ein eindrucksvolleres Schauspiel geben in dieser Zeit verblassender Formen, verloren gehenden Stiles?

Noch weht unter der Balustrade die Wappenfahne des polnischen Vorgängers, aber alle spüren es: Eine neue Ära beginnt. In die profane Sprache übersetzt: Le roi est mort – vive le roi!

Hegel wähnte beim Einzug Napoleons in Jena den »Weltgeist« in persona zu erblicken; vielleicht glaubte mancher in der Menge auf dem Petersplatz in diesen Stunden, einen Blick in die Ewigkeit zu tun, sekundenlang, wie durch einen Türspalt.

*

Die Purpurträger waren zur Wahl geschritten und hatten gewählt; vielleicht waren sie danach selbst erstaunt, wen sie gewählt hatten.

»Es verwundert mich nicht, dass die Wahl auf Ratzinger fiel, wohl aber, dass ein Deutscher nun Papst geworden ist ...« So sagte Erzbischof Zollitsch am Freitagabend im Münster: Fast auf den Monat genau 60 Jahre nach Kriegsende wird das schwärzeste Kapitel deutscher Geschichte durch diese Wahl abgeschlossen.

Die Wähler im Konklave wussten, wen sie wählten – zu bekannt war der Mann, dem sie ihr Vertrauen schenkten, zu oft waren sie ihm begegnet, in Rom, aber auch in ihren Ländern. Die klare Stimme war ihnen vertraut, mit der er die Glaubenssätze der Kirche vortrug; vielleicht waren sie manchmal betroffen von der Strenge, mit der er Gehorsam dafür einforderte. Wie immer man über ihn dachte und denken mag – beeindruckt waren sie alle von dieser Persönlichkeit: glasklar in seiner Argumentation, brillant in seinen Formulierungen, immer überlegen in der Diskussion.

*

Und doch blieb er immer bis zu einem gewissen Grade zurückhaltend. So habe ich es bei meinen regelmäßigen Besuchen empfunden im Palazzo der einstigen Inquisition. Leisen Schrittes betrat er den Salotto, in den schlichten schwarzen Talar gekleidet, ohne ein Zeichen seiner Würde: Ungeachtet seiner bedeutenden Position blieb er immer von liebenswürdiger Bescheidenheit. Mein letztes Gespräch vor zwei Jahren galt dem Thema »Christus und die Weltreligionen«. Seine Bewertung der geistigen Lage war geprägt von scharfsinniger Analyse, seine Schlussfolgerung eindrucksvoll. Er verabschiedete sich mit feinem Lächeln.

*

Wer ist dieser Mann?, so wird jetzt gefragt, und in vielen Fragen schwingt die Sorge mit: Wie wird er wohl die Akzente setzen in diesem neuen Pontifikat?

Der selbstgewählte sakrale Name »Benedikt« klingt vertraut, er legt seinen Träger doch keineswegs fest, lässt Spielraum für Überraschungen.

Wer seine Lebensjahre zählt, der mag ihn für einen »papa di transito« halten, einen Papst des Übergangs, gewählt aus Angst vor Entscheidungen, die vielen als unaufschiebbar gelten.

Wer seine lange Wegstrecke an der Seite seines polnischen Vorgängers ins Auge fasst, wird ihn für den idealen Nachfolger erachten, Garant der Kontinuität. Wer sich seiner theologischen Frühzeit erinnert, wird auf die Fähigkeit zur Wandlung hoffen: Ein solcher Mensch bleibt nicht stehen, wo er zuletzt stand.

*

Der einst schmale, blasse Knabe aus dem Marktflecken am Inn sieht sich heute vor dem unabsehbar großen Markt der Welt, diesem Markt emanzipatorischer Eitelkeiten, erfüllt von den Stimmen der Marktschreier ideologischer Heilslehren, Ausrufern unbegrenzter Libertinage und Beliebigkeit, Herolden eines mechanistischen Menschenbildes.

Der Schock, den Ratzinger 1968 in Tübingen erlebte, hat ihn hellhörig gemacht. Dadurch verändert, gestand er später einmal, »das grausame Antlitz atheistischer Frömmigkeit unverhüllt gesehen zu haben«.

Diese Einsicht hat ihn geprägt: Christlicher Glaube darf solcher Verführung nicht ausgeliefert werden. Diese Sorge ist Ratzinger seither nicht mehr losgeworden, sie hat sein »dogmatisches Rückgrat« hart gemacht – wie es der Protestant Eberhard Jüngel einmal formuliert hat.

*

Der Theologe Ratzinger hat ein Leben hindurch geschrieben; nahezu 20 Titel sind allein im Verlag Herder erschienen: umfängliche wissenschaftliche Veröffentlichungen über Augustinus, über Bonaventura, über die Kirchenväter. Aber auch spirituelle Schriften sind dabei, schmale Meditationsbändchen, dann wieder die wohlbegründeten Gedanken zum wahren Geist der Liturgie.

Das jüngste Buch, letzte Woche kaum erschienen und schon vergriffen, trägt den Titel: »Werte in Zeiten des Umbruchs«.

Der Autor weicht darin keinen Fragen aus: Politik und Moral – Visionen und Praxis der Politiker – vorpolitische Grundlagen des Gemeinwesens. Immer wieder stellt er die Frage: »Verändern oder erhalten?«

Schon die frühen Christen der römischen Zeit – so schreibt Ratzinger – standen vor solchen Fragen: Die Cäsaren garantierten Recht und Frieden, die Völkerwanderung kündigte das Chaos an. »Die Christen konnten nicht wollen, dass alles so bleibe, wie es war – zeigte doch die Apokalypse für alle deutlich auf, dass es auch das gab, was nicht erhalten werden durfte, was sich ändern musste.« Wie sollten sie den heidnischen Zeitgenossen Christus und seine Botschaft deutlich machen? War er »Conservator mundi« oder war er dessen »Salvator«?

Wir blättern weiter in dem Bändchen und stoßen auf brisante Stichworte: »Moralische Prinzipien in demokratischen Gesellschaften« und weiter: »Die Bedeutung religiöser und sittlicher Werte in der pluralistischen Gesellschaft«.

Die Suche nach dem Frieden beschäftigt den Autor: Was müssen wir Christen dafür tun? Schließlich die These, dass »aus der Kraft der Erinnerung die Gnade der Versöhnung« wachsen kann.

Das Bändchen klingt aus mit den Gedanken, die der Kardinal am 6. Juni 2004 in der Kathedrale zu Bayeux ausgesprochen hat. Er tat es anlässlich der Gedenkfeiern in Frankreich zum 60. Jahrestag der Landung der Alliierten in der Normandie. Überall ist die hohe Sensibilität zu spüren für die ungeheuren Spannungen unserer Zeit: die Spannung zwischen Nord und Süd, zwischen Ost und West, zwischen dem Glauben und dem Unglauben, zwischen der Ratio und dem Herzen.

*

Wird Benedikt XVI. nun verwirklichen, was der »frühe« Ratzinger einst mutig und offen schrieb? Wie hält es der Verfasser von »Dominus Jesus« mit den Christen anderer Konfessionen? »Die Zeit ist reif geworden für die systematische Bereinigung der theologischen Differenzen zwischen den christlichen Kirchen.« Mit diesen Sätzen beginnt das Geleitwort zur Reihe »Ökumenische Forschungen«, ab 1967 bei Herder verlegt. Die Reihe hatte ursprünglich zwei Herausgeber: Joseph Ratzinger und (es mag manche überraschen) Hans Küng.

Die beiden Weggenossen drifteten auseinander, als die Ansichten des »frühen« Ratzinger den Überzeugungen des »späteren« wichen. Die Verurteilung Küngs trug indes die Unterschrift des Kroaten Šeper, nicht die Ratzingers.

Zwischen diesen beiden Polen eine neue Synthese zu finden, wird unabdingbar sein für den Beginn des neuen Pontifikates.

Die erste Äußerung Benedikts XVI. gegenüber Kardinal Kasper, in Rom für die Ökumene zuständig, lässt hoffen: »Wir wollen den Weg der Einheit weitergehen – so gut wir können.«

*

Das Votum der Kardinäle im Konklave war einheitlicher, als die Wirklichkeit der katholischen Kirche ist; ihr Spektrum ist bunter und spannungsreicher, als es in jenem Augenblick schien, da alle bei dieser schwierigen Wahl zusammenrückten. Brennende Fragen harren einer baldigen Antwort: Vielfalt und Einheit, Petrusamt und Kollegialität der Bischöfe, Ortsbestimmung für die Laien, Stellung der Frau in der Kirche, deren Verhältnis zu den großen Weltreligionen – um nur einige zu nennen. Die Erwartungen der Gläubigen an eine sich wandelnde Kirche sind schier grenzenlos: Ecclesia semper reformanda ... Noch sind nicht alle Visionen des Zweiten Vatikanums eingelöst.

*

Bei den Großaufnahmen des Fernsehens nach der Papstwahl glaubte ich in den Zügen des Neugewählten eine unerwartete Entspannung zu erkennen, ein Lächeln, das die Akzeptanz der schweren Bürde in Freude auszudrücken schien.

Ausgestattet mit Frömmigkeit, Klugheit und Mut wird der neue Papst – des bin ich gewiss – seinen Stil finden, seine Akzente setzen, seinen Weg antreten und gehen. Einer seiner kardinalizischen Wähler brachte es so zum Ausdruck: »Er wird den Glauben zum Leuchten bringen!«

Johannes Paul II. brachte die Menschen auf die Straßen und Plätze. Sein Nachfolger muss sie zurückbringen in die Kirchen. Verbilligte Eintrittskarten wird dieser Papst dafür nicht ausstellen.

»Benedictus« heißt »der Gesegnete«. Möge der vom Schicksal so Ausgezeichnete für Kirche und Menschheit zum Segen werden.

IV.
EINHEIT DER CHRISTEN, FRIEDE ZWISCHEN DEN MENSCHEN

»… *dass sich jeden Tag ein Gerechter
auf den Weg machen muss,
damit die Erde sich weiter drehen kann.*«

JÜDISCHES SPRICHWORT

Der Gedanke der Einheit und des Dialogs ist für Hermann Herder nicht in erster Linie ein sozialethisches oder politisch motiviertes Programm. Er ist vielmehr verbunden mit der Idee einer Ganzheit der Wirklichkeit, mit dem Glauben an die menschliche Fähigkeit, das Selbst zu übersteigen, und mit der Suche nach größeren Zusammenhängen, nach einer Verbindung von Natürlichem und Übernatürlichem, die er bei Dichtern ausgedrückt findet, die – wie William Butler Yeats – die Fähigkeit haben,»das Universum durch ein System von Metaphern und Symbolen zu erfassen«.

Die»Ökumene unter Christen« war ein durch das Konzil verstärkter Impuls, um Einheit und Dialog auch als konkrete Aufgaben zu sehen. Hermann Herder brachte die evangelischen und die katholischen Buchhändler in den sechziger Jahren zusammen – mit dem Ergebnis, dass die Eingeladenen das Miteinander als eine»ungeheure Befreiung« erlebten. Er setzte sich in den neun Jahren als Mitglied im Kuratorium des Friedenspreises des Deutschen Buchhandels nicht nur für die Doppel-Auszeichnung eines römisch-katholischen Kardinals und des höchsten Vertreters der Weltrats der Kirchen ein, sondern auch für die Auszeichung des Marxisten Ernst Bloch. Er suchte den Kontakt mit den sozialistischen Buchhändlern, brachte eine Zeitschrift für den Dialog mit Marxisten auf den Weg, suchte nach Konvergenzen zwischen atheistischen und christlichen Positionen. Seine Position ist, dass die Zukunft des Menschen nicht gegen die Nichtgläubigen und auch nicht ohne sie aufgebaut werden könne und dass daraus die Fähigkeit zum Dialog und auch dessen Notwendigkeit abgeleitet werden müsse.

Ein weiteres Stichwort beschreibt den Horizont einer »großen Ökumene«, die das Augenmerk auf das friedensstiftende gemeinsame spirituelle Potenzial der Religionen lenkt. Jüdische Autoren, muslimische Theologen, buddhistische Gelehrte holt Hermann Herder vermehrt in den Verlagskatalog. Wer Religion als etwas Urmenschliches, zur Conditio humana Gehörendes sieht, der hat auch einen anderen Zugang zum Dialog der Religionen als derjenige, der mit dem Postulat der Toleranz nur einem Zusammenprall der Kulturen vorbeugen will. Pluralität und Wahrheitsanspruch sind die beiden Merkmale einer Bewährungsprobe – der Dialog damit verlegerische Kernaufgabe.

Brückenschlag Ökumene

»*Zweihäusig, Ewiger, bist Du* ...«,
so beginnt Paul Celan eines seiner Gedichte, eines jener Gedichte, von denen er selbst sagt: »Das Gedicht will zu einem Anderen, es braucht dieses Andere, es braucht ein Gegenüber.«
Es ist ein ungewohntes Wort, dieses Wort vom »zweihäusigen Gott«, aber zugleich ein tröstliches. Tröstlich deshalb, weil hier die Urbeziehung von »du« und »ich«, von »dir« und »mir«, von »dein« und »mein« einbeschlossen wird in das Göttliche selbst.

»Zweihäusig« ist von heute an auch der christliche Buchhandel: Du und ich, ihr und wir sind von heute an, sich so auch bekennend der Öffentlichkeit gegenüber und unwiderruflich, in ein Verhältnis zueinander gerückt, aus dem beide Partner nicht mehr entlassen werden können.

Seit Ernst Bloch das Wort vom »Erfüllungsort Zukunft« geprägt hat, ist der Blick in das »noch nicht Gewordene« berechtigt und angebracht.

Der Aufbruch, den wir heute erleben, hat etwas Elementares an sich. Er kann von Christen nicht anders als aus dem Wirken des Geistes verstanden werden. Mehr denn in anderen Zeiten ist der Mensch vom wirkenden Geist zum Mitwirken aufgerufen, die Pflugschar in die Hand zu nehmen und erstarrtes und brachliegendes Erdreich aufzubrechen.

Über Ausmaß und Möglichkeiten verlegerischen und buchhändlerischen Wirkens in unserer Zeit ist heute ausführlich gesprochen worden.

Die vom Institut für Demoskopie in Allensbach vorgelegte Untersuchung hat Ansatzpunkte für diese Arbeit aufgewiesen. Nun gilt es, in neuer Weise den Brückenschlag zwischen Glauben und Welt vorzunehmen. Seit die Welt nicht mehr unter der Kanzel sitzt, ist die Aufgabe des Brückenschlagens in besonderer Weise dem christlichen Buchhandel anvertraut.

In diesem Zusammenhang gewinnt das Gründungswort von Bartholomä Herder wieder an neuer Aktualität: Den Beruf des Buchhändlers verstand er als Aufgabe, »vermittels des guten Buches ins Leben einzugreifen«.

In dem Maße, wie der Beruf des Buchhändlers als Berufung aufgefasst wird, gewinnt er die Funktion von Mittlertätigkeit am Wort selbst. Was könnte der christliche Buchhandel anderes tun, als in die berufliche Arbeit immer wieder die Perspektive des Göttlichen einzubringen? Halbes soll so ganz werden!

Wenn wir auch von heute an unseren beruflichen Weg gemeinsam gehen wollen, so wird ihn doch jeder von uns in der ihm gemäßen Weise gehen.

Ein jeder möge auf diesem gemeinsamen Weg in die Zukunft dem anderen gewähren, der Andere zu sein und zu bleiben.

Von dem elementaren Aufbruch und Umbruch, den wir heute erleben, ist der konfessionelle Buchhandel in besonderer Weise betroffen.

Die Wandlungen, vor denen das Christentum steht, werden auf unseren Beruf nicht ohne Auswirkung bleiben. Es muss gelingen, diese für viele unheimlichen Kräfte der Zeit aufzufangen und zu bejahen. So gilt für uns alle die Aufforderung »zum großen Nachdenken«.

Der Blick in die Zukunft und auf die berufliche Aufgabe, die vor uns liegt, ist begleitet von Hoffnung.

In die Hoffnung schließen wir ganz besonders unser gegenseitiges Verhältnis ein. So unselig die Zerrissenheit der

Christen in der Vergangenheit gewesen ist – so fruchtbar kann sie in der Zukunft werden.

Vielleicht lässt sich auf diese große Schuld der Christen der tröstliche Gedanke der »felix culpa« anwenden. Selbst vertane Möglichkeiten des Menschenlebens können für den Christen noch nachträglich als Quelle der Gnade erschlossen werden. Mag der vom heutigen Tag an »zweihäusige« christliche Buchhandel für uns alle eine solche Gnade bedeuten.

Die Spaltung aufheben:
AUGUSTIN BEA UND
WILLEM ADOLF VISSER'T HOOFT

Wenn ich zwei Männer vorzustellen habe, dann tue ich das unter einem gemeinsamen Aspekt. Verschiedener Herkunft, verschiedener Sprache, verschiedener Konfession, verbindet sie doch eines: ein unbändiger Wille, zur Einheit der Christenheit und damit zum Frieden zwischen den Menschen beizutragen.

Augustin Bea, um mit dem Älteren zu beginnen, 1881 in Riedböhringen geboren, heute also 85 Jahre alt, ist zur »Symbolfigur der Wiedervereinigung im Glauben« geworden (Äußerung auf dem Katholikentag in Hannover).

Das war nur möglich durch ein Leben, das sowohl in wissenschaftlicher Tätigkeit wie im persönlichen Bereich von der Begegnung mit der Schrift geprägt worden ist. Seit seinen Studien in Deutschland, den Niederlanden und Österreich hat sich Bea durch viele wegweisende Publikationen über biblische Fragen einen Namen gemacht. Immer blieb er dabei im Einklang mit den modernen Erkenntnissen der Geschichte, Archäologie, Philosophie und Religionswissenschaft.

Fast 20 Jahre hindurch war ihm die Leitung des Päpstlichen Bibelinstituts in Rom anvertraut. Von dort aus hat er maßgeblich, insbesondere auch durch eigene Übersetzungen aus dem Hebräischen, für die Förderung einer modernen Exegese gewirkt.

Seit seiner ersten Begegnung in München mit dem damaligen Nuntius Pacelli hat er das Vertrauen des Papstes Pius XII. genossen, dessen vertrauter Berater er durch dessen ganzes Pontifikat hindurch war. Mitglied und Konsultor mehrerer

Kongregationen und Akademien, war er bei dessen Tode ein angesehener, aber alter Mann.

Da kreierte ihn Johannes XXIII. 1959 zum Kardinal und übertrug ihm 1960 die Leitung des »Sekretariats für die Einheit der Christen«. Etwas von dem Charisma dieses großen Papstes sprang auf Bea über: Er entwickelte eine neue und ungeahnte Dynamik. Durch ungezählte Reisen und Vorträge, persönliche Kontakte und kirchenpolitische Besuche gewann der 80-Jährige schnell das Vertrauen der Christen aller Konfessionen und setzte so den Beginn des großen Gesprächs zwischen den Kirchen. Den nichtkatholischen Beobachtern auf dem Konzil wurde er ein unersetzlicher Freund. Sie fanden rasch zu brüderlicher Arbeit zusammen. So wurden viele ökumenische Äußerungen und Gesten während des Konzils erst möglich. So kam es zu wichtigen theologischen Äußerungen im ökumenischen Bereich. Bea wurde zu einer der großen Gestalten des Zweiten Vatikanischen Konzils.

Er selbst hat sich immer als einen Realisten verstanden. »Es ist wichtig«, so sagte er einmal, »dass bei solchen gewaltigen Bewegungen, die zum Teil die Massen ergreifen, vor allem führende Kreise einen klaren und nüchternen Blick bewahren für das, was möglich ist und was nicht.«

In vielen wissenschaftlichen Vorträgen in Europa und den USA und in über 120 grundlegenden Aufsätzen hat er die theoretischen und theologischen Voraussetzungen des ökumenischen Klimas mitgeschaffen. An die Stelle der religiösen Toleranz hat er das Bewusstsein der religiösen Freiheit gesetzt. »Einheit in Freiheit« ist der Titel eines seiner Bücher.

»Dienst an der Einheit«: Dieser Ausdruck kommt immer wieder in seinen Formulierungen vor. Diesen Dienst an der Einheit im Glauben hat er gleichzeitig als einen Dienst am Frieden in der Welt verstanden. Im Hinblick darauf hat ihm die internationale Grotius-Gesellschaft die Grotius-Medaille überreicht. In der Begründung dieser Auszeichnung heißt es, dass er die Einheit der Christen als eine Vorstufe für den

Frieden unter den Völkern betrachtet und diese Einheit immer unter diesem weiteren Aspekt verstanden habe.

Willem Adolf Visser't Hooft, 1900 in Haarlem geboren, also heute 66 Jahre alt, ist das Symbol des Ökumenismus. »Geist, Richtung, Fülle und letztes Ziel des ökumenischen Rates sind in seiner Person verkörpert«, wurde in einer Ehrung von ihm gesagt (Pastor Marc Boegner). Selbst ein bedeutender Theologe, ist Visser't Hooft zum genialen Organisator des Weltrates geworden. Seine kirchenpolitische Dynamik hat sich jung erhalten, weil er den Weltrat »nicht als das Ziel, sondern als den Ausgangspunkt« verstanden hat.

Wie ein roter Faden zieht sich durch das Leben von Visser't Hooft die Sorge um den Nächsten und das Mühen um Versöhnung. 1921 ist die Not unter den Studenten Wiens besonders groß. Auf mehrere telegraphische Hilferufe an Studentenorganisationen trifft unerwartet ein Waggon voller Lebensmittel ein: Ein bis dahin unbekannter Student aus Holland hat diese Sendung von Liebesgaben in Bewegung gebracht.

1925 nimmt Visser't Hooft als jüngstes Mitglied an der 1. Weltkirchenkonferenz orthodoxer, protestantischer und anglikanischer Kirchen in Stockholm teil. Angesichts der Not in der Welt schließen sich die teilnehmenden Kirchen zu »sozialem Handeln in Einheit« zusammen.

1928 schreibt er aufgrund praktischer Studien in den USA seine Dissertation »Hintergrund des sozialen Evangeliums in Amerika«. Die Kirchenmänner werden rasch auf ihn aufmerksam: 1938 wird er Generalsekretär des Ökumenischen Weltrates der Kirchen in Genf.

Während des Zweiten Weltkrieges müht sich Visser't Hooft, über die Fronten hinweg wenigstens die Geistlichen in Verbindung zu halten. Aufforderungen, sich nach den USA in Sicherheit zu bringen, lehnt er ab: Er bleibt in Europa, um die »brüderliche Verbindung aufrechtzuerhalten«.

Durch die Kriegsentwicklung zur Passivität verurteilt, konzipiert er die Wiederversöhnung nach dem Kriegsende. »Die Bitte um Vergebung«, so schreibt er im Kriegswinter 1942/43, »hat eine unabsehbare politische Bedeutung. Die Leute sind der Ansicht, dass die Gerechtigkeit eine Bestrafung der am meisten schuldig gewordenen Völker verlange ... Andere, zu denen auch ich mich rechne, glauben dagegen, dass eine Gesamtbestrafung eine Ungerechtigkeit darstellt. Die Schuldigen sollen bestraft werden. Aber die Massen werden bereits durch die Leiden des Krieges härteste Warnung empfangen haben. Man muss wachen, dass dieses schreckliche Drama sich nicht wiederholen kann. Das kann man neben Sicherheitsvorkehrungen aber nur erreichen durch das Bemühen, alle Nationen wieder in die internationale Gemeinschaft einzugliedern« (Aus »Not und Größe der Kirchen«).

1945 fährt Visser't Hooft als einer der ersten Ausländer nach Deutschland. Vertreter der Kirchen reichen sich in Stuttgart zum ersten Mal wieder die Hand.

Visser't Hooft nimmt das Steuer des Ökumenischen Rates in die Hand. In zwei Jahrzehnten hat er eine erstaunliche Aufbauarbeit geleistet. Auf vielen Reisen verschafft er sich persönliche Kenntnis der Kirchen in der Welt. Seine Sprachkenntnisse (neben seiner Muttersprache beherrscht er Englisch, Französisch, Italienisch und Deutsch!) erleichtern den Dialog. Durch die Aufnahme aller griechisch-orthodoxen Kirchen gelingt ihm die Öffnung des Weltrates über die angelsächsische Welt hinaus. Seine besondere Sorge gilt den Kirchen jenseits des Eisernen Vorhangs.

Seine Publikationen spiegeln breites Wissen und reiche Erfahrung. Theologische, historische und soziale Fragen beschäftigen ihn. Aber auch einem so delikaten Problem wie »ökumenische Bewegung und Rassenproblem« weicht er nicht aus.

Neben vielen Ehrendoktoren ist Visser't Hooft 1961 der Wateler-Friedenspreis der Carnegie-Stiftung verliehen worden.* Vor wenigen Wochen hat er das Amt des Generalsekretärs des Weltrates der Kirchen niedergelegt. Als der »große Mann der Ökumene« wird er weiterwirken. »Gelebte Einheit«, Titel der Festschrift zum 65. Geburtstag, könnte man über sein Leben und Wirken schreiben.

*

Der Vorschlag, den Friedenspreis zwei Männern gleichzeitig zu verleihen, ist ein ungewöhnlicher Vorschlag. Der Vorschlag ist reiflich überlegt worden. Ich klammere dabei satzungsjuristische Überlegungen ausdrücklich aus. Denn ich bin, selbst Jurist, der Auffassung, dass der Wille des Stifters über der Satzung der Stiftung steht und jede Interpretation dieser Satzung aus der Autorität des Stifters heraus zu sehen ist und verstanden wird.

Ich will diesen Vorschlag aus drei Perspektiven heraus begründen:
1. die Besonderheit des religiösen Friedens
2. der Dialog als Voraussetzung des religiösen Friedens
3. der besondere Zeitpunkt für gerade diesen Vorschlag.

1. Der Friedenspreis möchte Männer auszeichnen, die zum Frieden in der Welt beigetragen haben. Dieser Vorschlag meint den religiösen Frieden. Die religiöse Spaltung ist die tragische Spaltung unseres Volkes. Es ist die Spaltung, die unser Volk mit keinem anderen Volk in Europa teilt. Was diese Spaltung bedeutet, brauche ich nicht zu sagen. Es hat Jahrhunderte gedauert, bis ihre Wunden wenigstens einigermaßen verwachsen sind. Der Prozess der Heilung ist noch immer nicht abgeschlossen.

---

* Es geschah in Anerkennung der Dienste für den Frieden durch die Förderung der zwischenkirchlichen Beziehungen.

Wenn wir von Frieden sprechen, dann müsste dem religiösen Frieden und seiner Wiederherstellung ein besonderer Platz zuerkannt werden.
2. Der religiöse Friede setzt den Dialog zwischen Christen aller Konfessionen voraus. Er kann nur über den Weg des Dialogs dargestellt und erreicht werden. Der Friedenspreis muss, wenn er den religiösen Frieden im Auge hat, darum den Dialog meinen. Er sollte Männer auszeichnen, die ihn führen. Augustin Bea und Willem Visser't Hooft verkörpern, ein jeder auf seine Weise, diesen großen Dialog unserer Tage.
3. Der Vorschlag, zwei Männer gleichzeitig auszuzeichnen, kann dem Friedenspreis selbst einen neuen Aspekt geben. Es wäre eine Geste, die unwiederholbar und ohne Konsequenzen ist. Es wäre eine Geste, die aus dem Augenblick heraus verstanden wird.

Das Konzil ist noch in Erinnerung aller. Visser't Hooft ist in diesen Wochen nach 30-jähriger Wirksamkeit vom Amt des Generalsekretärs zurückgetreten. Beides sind Vorgänge, die sich nicht wiederholen. Ich glaube darum, dass für diesen Vorschlag so etwas wie ein »Kairos« vorliegt. Der Vorschlag, den ich mache, ist ein Vorschlag für gerade dieses Jahr 1966 – nicht für 1965 und nicht für 1967. Ich meine, dass die Verleihung des Friedenspreises an diese beiden Männer darum selbst so etwas wie ein Symbol werden könnte.

Die große Versöhnung:
LÉOPOLD SENGHOR

Ich versuche, ein paar Gedanken vorzutragen, die mir an Person und Werk Senghors wichtig zu sein scheinen. Es geschieht unter drei Aspekten:
1. Ist Senghor ein »echter« Afrikaner oder durch Assimilierung zu einem Franzosen geworden?
2. Was ist der Beitrag von Senghor zum Gedanken des Friedens?
3. Welches könnten die Gründe sein für eine Preisverleihung an Senghor als einen Afrikaner?

Ist Senghor ein echter Repräsentant Afrikas?

Diese Frage ist neu zu stellen, vor allem im Hinblick auf die Benützung der französischen Sprache. »Das Gold der Worte gilt (in Afrika) mehr als das Gold der Erde«, sagt Janheinz Jahn in der Ausgabe von Senghors Gedichten.[1] Kann ein »Gold« umgemünzt werden in eine andere Sprache?

Senghor hat zu dieser Frage ausführlich in mehreren Aufsätzen und Vorträgen Stellung genommen, so z. B. in seinem Nachwort zur Ausgabe des Gedichtzyklus »Éthiopiques« 1956, dem wohl bedeutendsten Gedichtwerk. Er schreibt dort: »›Aber‹, so wird man mir dann die Frage stellen, ›warum schreiben Sie denn dann überhaupt Französisch?‹ Weil wir

---

[1] Vgl. Léopold Sédar Senghor, »Botschaft und Anruf«. Sämtliche Gedichte französisch und deutsch. Herausgegeben und übertragen von Janheinz Jahn, Hanser Verlag München 1963, S. 212.

kulturelle Mischlinge sind, weil wir zwar als Neger fühlen, uns aber französisch ausdrücken, weil das Französische eine Universalsprache ist, und weil sich unsere Botschaft *auch* an Frankreich und die Franzosen und andere Menschen richtet […] Und außerdem hat das Französische uns seine – in unserer Muttersprache so raren – abstrakten Worte geschenkt […] Bei uns sind die Worte gleichsam von Natur aus mit einem Heiligenschein aus Saft und Blut umgeben, die französischen Worte hingegen erstrahlen in tausend Feuern wie Diamanten […], die unsere Nacht erleuchten.«[2]

Eine ähnliche Begründung findet sich in seiner Rede zur Eröffnung des Kolloquiums über die französische Literatur in spanischer Sprache am 26. März 1963 in Dakar: »Das Französische hat uns erlaubt, an die Welt, an die anderen Menschen – unsere Brüder – die unerhörte Botschaft zu richten, die wir allein an sie richten konnten. Es hat uns erlaubt, der Zivilisation des Universalen einen Beitrag zu leisten, ohne den die Zivilisation des 20. Jahrhunderts nicht universal wäre.«[3]

Die Benützung einer europäischen Sprache ist also die Voraussetzung, um sich überhaupt Gehör zu verschaffen. Zugleich aber wird diese Sprache durch den Afrikaner verwandelt. Senghor hat das überzeugend in seinem Referat auf der 1. Biennale der Dichtung in Knokke 1952 vorgetragen, als er zum Thema »Negerdichtung in der Jahrhundertmitte« sprach: Es erscheint zunächst als ein Paradox, dass sich die Négritude in einer fremden, nämlich der französischen Sprache ausdrücken muss. Die Begründung aber ist von großem Gewicht: »[…] die Geburt einer authentischen Negerdichtung französischer Sprache war die Antwort auf eine Lebensnotwendigkeit, war eine Frage auf Leben und Tod.«[4] Es bedarf also dieser Sprache, um »sich zu seinem Schwarz-Sein zu

---
[2] Léopold Sédar Senghor, »Négritude und Humanismus«. Herausgeben und übertragen von Janheinz Jahn, Eugen Diederichs Verlag Düsseldorf – Köln 1964, S. 139.
[3] Ebd., S. 283/84.
[4] Ebd., S. 102.

bekennen«[5], um überhaupt erst in das Land der Geburt zurückzufinden und in die Abgründe der schwarzen Seele hinabzusteigen.[6] Die Négritude bedient sich aber nicht nur dieser französischen Sprache, sie macht ihr zugleich Geschenke, die Senghor im Einzelnen darstellt. Das ist zunächst das »Geschenk der Bilder«[7]. Denn die Afrikaner durchdringen diese Sprache mit ihren »vorirdischen Augen«[8]. Sie entschlacken die Wörter, klopfen deren Rost ab und entblößen sie von allen Hüllen. Sie bereichern sie mit dem Bild, »dieser eigentlichen Begabung des Afrikaners«[9].

Die Négritude macht der französischen Sprache darüber hinaus das »Geschenk der Sangbarkeit«[10]. Die großen Dichter sind Hörer, sagt André Breton einmal; nach Senghor sind auch die afrikanischen Dichter Hörer, denn ihre Dichtung ist nie aufgeschrieben worden, sie wird vorgetragen, vorgesungen. Diese Sangbarkeit ist ihr eigen geblieben auch dort, wo sich der afrikanische Dichter der französischen Sprache bedient. Alle Gedichte Senghors sind zum Singen bestimmt, und nach der Überschrift gibt der Dichter an, an welche Instrumente er dabei gedacht hat.

Schließlich erwähnt Senghor den Reichtum der Wortschöpfungen, besonders im Bereich der Onomatopoetik. »Unter jedem Stein gibt es ein Nest von Worten.«[11] So verwandelt sich die französische Sprache, in der sich die afrikanischen Dichter ausdrücken, in das Französische der Afrikaner. Trotz der Berührung Mitteleuropas und seiner Kultur, ja gerade deswegen findet der Afrikaner erst durch diese Sprache eigentlich

---

[5] Ebd., S. 104.
[6] Vgl. ebd.
[7] Vgl. ebd., S. 112.
[8] Ebd.
[9] Vgl. ebd., S. 118.
[10] Vgl. ebd., S. 113.
[11] Ebd., S. 126.

zu sich, dem »Neuen Neger«[12]. Dieser ist keinesfalls ein Objekt der Assimilierung. Zwar glauben die Europäer, den Afrikaner assimiliert zu haben, aber nach Meinung von Senghor ist der Afrikaner es, der sie assimiliert.[13] Durch die Begegnung mit den europäischen Kulturen festigt sich sein afrikanisches Selbstverständnis. Darum ist für den Afrikaner der Umgang mit einer europäischen Sprache lebensnotwendig.

Der Beitrag Senghors zum Gedanken des Friedens

Senghor versteht sich selbst als ein Dichter des Friedens und bezeichnet sich in seiner Einleitung zu seinem Buch »Négritude und Humanismus« ausdrücklich als »eine Stimme ohne Hass«.[14]

Was das bedeutet, kann man erst im Hinblick auf den Vorgang der Kolonisation ganz ermessen. Dieses Bekenntnis Senghors ist im Bewusstsein der Wunden gesprochen, die dem afrikanischen Menschen durch die europäische Kolonisation geschlagen wurden. Dessen Lebensgefühl beschreibt Senghor in seinem Aufsatz »Die Negerdichtung in der Jahrhundertmitte«: »Versetzen Sie sich einmal in [unsere] Haut. Erwachen Sie einmal eines Morgens schwarz und kolonialisiert, schwarz und nackt, ›in dem Bewusstsein, gesehen zu werden‹ vom zersetzenden Blick eines Weißen.«[15]

Senghor überwindet aber diese »Revolte des Kolonisierten«[16] immer wieder und kommt zum Appell des Menschen an den Menschen: »Wir haben alles vergessen, wie wir schon immer zu vergessen verstanden: die zweihundert Millionen Toten des Handels mit Negersklaven, die Gewalttaten der

---

[12] Ebd., S. 81.
[13] Ebd., S. 29ff.
[14] Ebd., S. 8.
[15] Ebd., S. 102.
[16] Ebd., S. 286.

Eroberung Afrikas, die Demütigungen des Eingeborenenstatuts. Wir haben davon nichts bewahrt als die positiven Errungenschaften.«[17] Von ganz besonderer Bedeutung ist in diesem Zusammenhang Senghors Verhältnis zu Frankreich. Auch dieses Verhältnis sieht er unter dem Aspekt des Friedens. Frankreich nimmt in seinem großen Gedichtzyklus »Friedensgebet« (den er Georges Pompidou 1945 gewidmet hat) einen besonderen und bevorzugten Platz ein.

»O, ich weiß wohl, auch Frankreich ist Europa, auch Frankreich hat mir Kinder geraubt wie ein Räuber des Nordens Ochsen um seine Zucker- und Baumwollfelder zu düngen, denn Negerschweiß ist wie Dünger.

Auch Frankreich hat Tod und Kanonen in meine blauen Dörfer gebracht und die Meinen gegeneinander gehetzt wie Hunde die sich um einen Knochen streiten.

Auch Frankreich hat die Widerständler wie Banditen behandelt und auf die weiterschauenden Köpfe gespien.«[18]

Und weiter heißt es:

Ach Herr, entferne aus meinem Gedächtnis das Frankreich das ja nicht Frankreich ist, diese Maske von Kleinheit und Haß auf Frankreichs Gesicht.

Diese Maske von Kleinlichkeit und von Haß die ich so hasse, denn das Böse darf ich doch hassen.«[19]

Und im letzten Gedichtsteil des Zyklus schließt Senghor:

»O segne dies Volk, Herr, welches sein wahres Gesicht sucht unter der Maske und Mühe hat es zu erkennen ...

---

[17] Ebd., S. 8.
[18] Botschaft und Anruf, S. 133.
[19] Ebd., S. 134.

O segne dies Volk das die Ketten bricht, segne dies Volk
das todwund sich erhebt gegen die hungrige Meute der
Mächtigen und der Folterknechte.
Und mit ihm alle Völker Europas, alle Völker Asiens,
alle Völker Afrikas und alle Völker Amerikas,
Die Blut und Leiden schwitzen. Und mitten in diesen Millionen Wogen sieh die wogenden Köpfe meines Volkes
Vergönne ihren heißen Händen daß sie die Erde umschlingen mit einem Gürtel von Bruderhänden
Unter dem Regenbogen deines Friedens.«[20]

Mit aller Entschlossenheit stellt sich Senghor gegen Rassen- und Religionsunterschiede. 1960 veröffentlichte er zahlreiche Artikel in verschiedenen Zeitungen über eine mögliche Zusammenarbeit zwischen Islam und Christentum in Afrika.[21] Ein friedliches Einverständnis zwischen diesen beiden großen Weltreligionen ist für einen afrikanischen Staatsmann gewiss ein Gebot der Klugheit, sachliche Überlegungen sprechen innerhalb einer jungen Nation für ein solches Einverständnis. Aber Senghor geht darüber hinaus und sieht es unter dem Leitbild »Frieden für Afrika«.

In dieser Haltung weiß sich Senghor als ein Wortführer für alle Afrikaner. Er weist auf einen weitverbreiteten afrikanischen Gruß hin, den sich Begegnende nach feststehenden Grußformeln austauschen:

»Hast du den Frieden?«
»Den ganzen Frieden.«
»Hat dein Vater den Frieden?«
»Den ganzen Frieden.«
»Hat deine Mutter den Frieden?«
»Den ganzen Frieden.«

---

[20] Ebd., S. 135.
[21] Vgl. Négritude und Humanismus, S. 234.

»Haben deine Hausgenossen den Frieden?«
»Den ganzen Frieden.«[22]

Daraus folgt, dass der Beitrag Afrikas der Beitrag zum Frieden ist.

Gründe für eine Preisverleihung an Senghor als einen Afrikaner

Den grundlegenden Gedanken der Négritude als einer Erscheinungsform des Humanismus durchzieht wie ein roter Faden die Vorstellung, dass der Afrikaner einen Beitrag an die ganze Menschheit zu leisten hat. Dieser Beitrag besteht nicht so sehr in Werken und Leistungen, denn: Der Afrikaner ist »reicher an Gaben als an Werken«.[23] Der Beitrag liegt also in erster Linie in menschlichen Gaben. Diese Gaben sollten unter drei Aspekten betrachtet werden.

Der Aspekt des Anthropomorphen

Der Afrikaner hat die Gabe, die Natur und die ihn umgebende Welt zu vermenschlichen: »So ist die ganze Natur beseelt von der menschlichen Gegenwärtigkeit. Sie wird vermenschlicht im etymologischen wie im tatsächlichen Sinn des Wortes. Nicht nur die Tiere und die Phänomene der Natur – Regen, Wind, Donner, Berg, Fluss –, sondern auch der Baum und der Stein werden zu Menschen. Menschen, die ihre ursprünglichen körperlichen Eigenschaften als Mittel und Zeichen ihrer persönlichen Seele beibehalten. Hierin liegt der tiefste, der ewige Charakterzug der Negerseele.«[24]

---

[22] Ebd., S. 200.
[23] Ebd., S. 11.
[24] Ebd., S. 12.

Ein Beweis dafür sind die afrikanischen Skulpturen. Diese afrikanischen Skulpturen stellen fast immer Menschen dar; einen besonderen Platz nimmt dabei die Maske ein. Der Einfluss der Plastik auf die europäische Kunst seit der Jahrhundertwende ist dabei unübersehbar. Dasselbe lässt sich auch vom afrikanischen Tanz sagen. Im Tanz entdeckt der Afrikaner sich selbst. Eine besondere Bedeutung schließlich hat der religiöse Anthropomorphismus. Die Vorstellung, dass das Göttliche anthropomorphe Züge habe, entspricht ganz der Auffassung des schwarzen Menschen. Der Afrikaner gibt Gott schwarze Züge und lässt den Menschen, den er nicht vergottet, an der übernatürlichen Welt teilhaben. Senghor zitiert in diesem Zusammenhang das Gedicht eines afro-amerikanischen Dichters:

»Auch ich form' schwarze Götter, Herr, und wage
Selbst Dir zu geben schwarze Leidenszüge.«[25]

Der Aspekt einer dialogischen Existenz

In seiner Darstellung der »schwarzen Gesellschaft« stellt Senghor diese als »eine pluralistische Einheit« dar.[26] Der Afrikaner wächst auf und lebt immer im Zusammenhang natürlicher Gemeinschaften: die Familie, der Klan, der Stamm, das Königreich. In diesen Institutionen geschieht täglich die Begegnung des Menschen mit dem Menschen.

»Was die moderne Welt vergessen hat und was daher eine der Ursachen der augenblicklichen Zivilisationskrise ausmacht: sie hat vergessen, dass die Entfaltung der Persönlichkeit ihr Ziel außerhalb des Individuums finden muss. Dieses findet der Neger auf der Erde der Toten, in der Atmosphäre der Familie, der Gruppe. Dieses Bedürfnis nach brüderlicher Bindung ist

---

[25] Ebd., S. 15.
[26] Vgl. ebd., S. 21.

unendlich viel menschlicher als die Zurückwendung auf das Ich oder die Hinwendung zum Übernatürlichen.«[27]

Senghor weist in diesem Zusammenhang auf zwei Grundzüge des afrikanischen Menschen hin, die Barmherzigkeit und die Gastfreundschaft, und zitiert einen afro-amerikanischen Dichter:

»Ich geb' Freundlichkeit zurück,
statt Hass Zug um Zug,
denn die Bitterkeit davon
lang ich in mir trug.«[28]

Die dialogische Existenz kommt am deutlichsten zum Ausdruck im Palaver, dessen Bedeutung nach Senghor gar nicht genug hervorgehoben werden kann.[29]

Es ist nur möglich, wo das Gefühl der Gleichberechtigung und der Menschenwürde vorhanden ist, eben in Afrika, wo der Mensch »noch die Gebärden des freien Menschen besitzt«.

Der Aspekt der großen Versöhnung

Der Mensch ist immer in der Gefahr, mit sich uneins zu werden und mit sich zu zerfallen. Senghor verliert die Aufgabe, die Einheit in sich zu erhalten, nie aus dem Auge. Der Gedanke der Versöhnung kommt in zahlreichen seiner Gedichte vor. Er sieht sie als die Versöhnung des Irdischen mit dem Überirdischen, des Menschen mit dem Menschen, des Menschen mit seiner Umwelt. »Die wiedergefundene Einheit: Versöhnung von Löwe, Stier und Baum«[30]. Dieser wiedergefundenen Einheit dient das Gebet zu den Masken, die die

---

[27] Ebd., S. 21f.
[28] Ebd., S. 22.
[29] Vgl. ebd., S. 21.
[30] Botschaft und Anruf, S. 213.

Beziehung dieser Welt mit jener Welt, die hinter dem Sichtbaren besteht, herstellen; dient ebenso der Ahnenkult, der die Trennung zwischen Zeit und Ewigkeit wieder herstellt und die Verbindung zum »Reich der Kindheit« und dem »gelobten Land der Zukunft« wieder knüpft.[31]

Senghor sieht den Dienst des schwarzen Afrikaners darum im Sinne dieser Versöhnung, um mit anderen Völkern »die Einheit von Mensch und Welt wiederherzustellen; den Geist mit dem Fleisch zu versöhnen, den Menschen mit seinesgleichen, den Kiesel mit Gott«.[32]

Diese Versöhnung gelingt schließlich erst am Ende dieses Äons. Aber der Dichter kündet schon heute von ihr. Senghor versteht seinen poetischen Auftrag als den »Freudenschrei«, »der Tote und Waise bei neuer Dämmerung weckt«.[33]

*

Zum Schluss möchte ich noch auf einen wichtigen Zug im Werk Senghors hinweisen, den der Rückkehr zu den Quellen. Dem Nachwort zu den »Éthiopiques«, einem wichtigen Zyklus von Gedichten innerhalb des dichterischen Werkes von Senghor, hat er die Überschrift gegeben: »Wie die Seekühe zum Trinken an die Quelle kommen«.[34] Er greift dabei auf einen alten afrikanischen Mythos zurück, nach dem die Seekühe, eine Robbenart, die an der afrikanischen Küste lebt, des Nachts aus dem Meer auftauchen und die Flüsse hinaufschwimmen, um »an den Quellen zu trinken«.

Das Abendland steht seit Martin Heideggers wichtiger Feststellung für sich selbst an einer »Kehre«. Es muss aus der Sackgasse, in die das Denken der letzten Jahrtausende die europäische Menschheit hineingebracht hat, wieder heraus-

---

[31] Négritude und Humanismus, S. 132.
[32] Ebd., S. 28.
[33] Botschaft und Anruf, S. 214.
[34] Négritude und Humanismus, S. 131.

kommen, den Weg noch einmal in der entgegengesetzten Richtung gehen. So führt diese Kehre zu den Quellen der Menschheit zurück. »Es ist Zeit«, so sagt Senghor, »den Verfall der modernen Welt, vor allem der Dichtung, aufzuhalten. Die Dichtung muss wieder zu ihren Ursprüngen zurückkehren, zu den Zeiten, in denen sie gesungen und – getanzt wurde. Wie in Griechenland, in Israel, vor allem im Ägypten der Pharaonen. Und wie noch heute im schwarzen Afrika.«[35]

Im Augenblick einer solchen Rückbesinnung des Abendlandes kommt der »Botschaft, die noch nicht verkündet worden ist«, den »Völkern, die noch nicht gesprochen haben«, besondere Bedeutung zu.

In solchem Sinne hat Senghor in seiner Ansprache auf dem Kapitol anlässlich seines römischen Staatsbesuches Ansätze einer Begegnung zwischen Latinität und Afrikanertum gewiesen.[36] Die Afrikaner sind dabei »das in den Staub getretene Korn, das Korn, das stirbt, damit die ›Neue Zivilisation‹ erstehe. Im Maßstab des Menschen – des ganzen Menschen.«[37]

---

[35] Ebd., S. 140.
[36] Ruprecht Paqué, »Afrika antwortet Europa«, Ullstein Frankfurt – Berlin 1967, S. 30ff.
[37] Négritude und Humanismus, S. 8.

Trotzdem Hoffnung:
ERNST BLOCH

Der Widerspruch gegenüber dem Christentum ist sicherlich ein Grundzug sowohl des Atheismus wie auch des Marxismus, mit dem Ernst Bloch sich identifiziert. Ist also Blochs Werk wirklich im Sinne eines Widerspruchs zu verstehen und ist Bloch ein Marxist im Sinne des marxistisch-leninistischen Dogmas?

*

Bloch hat seine Antriebskräfte aus dem Judentum empfangen und hat das auch nie geleugnet; in ihm verkörpert sich ein großes prophetisches Erbe, aus dem ihm die Antriebsenergie zu seinem Werk zufließt – die Antriebsenergie vor allen Dingen zur Verkündigung der großen Kraft, ohne die unsere Welt nicht sein kann: die Hoffnung. Es ist für einen Christen sicherlich beschämend, dass die Christenheit so sehr die Hoffnung vergessen hat, wo diese doch vor allem eine christliche Tugend ist. Man wird sich darum fragen müssen, wie ein Mann dazu kommt, sich zum prophetischen Sprecher gerade dieser Tugend zu machen. Denn ohne Zweifel ist für Bloch das Ziel der christlichen Hoffnung eine Hypostase. Gott ist für Bloch ein Erschüttern, von dem es gilt Abschied zu nehmen; er ist überzeugt davon, dass die Religion, so wie sie sich heute darstellt, den Menschen hindert, zu sich selbst zu kommen.

Trotzdem Hoffnung, und zwar Hoffnung im Hinblick auf die Welt, auf ihre Geschichte und auf das menschliche Schöpfertum. Das soll an dem Kapitel über die Musik in Blochs Hauptwerk, dem »Prinzip Hoffnung«, deutlich gemacht werden: Hier wird an einem nichtphilosophischen Gegenstand gezeigt, dass es einer transzendierenden Welt nicht mehr bedarf. Die Texte des Requiems von Brahms, so zeigt Bloch, werden heute nicht mehr geglaubt, aber die Musik ist geblieben. Sie ist selbst ein Agens geworden. Sie enthält selbst Apokalyptisches, und vor allem: Sie besitzt in sich die hoffnungsträchtigen Kräfte, deren die Menschheit heute so sehr bedarf.

So entwickelt Bloch das Prinzip Hoffnung aus der ganzen menschlichen Überlieferung. Er greift zurück über die Antike hinaus, greift zum Judentum, zur Welt des Buddhismus und Hinduismus, deutet das Werk Shakespeares und Goethes, und alles wird zusammengesehen, indem dieser eine große Gedanke herausgearbeitet wird, der sich durch die Menschheitsgeschichte hindurchzieht. Der Gedanke der Hoffnung wird dabei begründet aus der These, dass die Geschichte noch nicht abgeschlossen ist und dass in dieser Zeit und hier in dieser Welt die letzten Dinge selbst noch geschehen werden. Das ist jüdisches Erbe, dass für Bloch die Erlösung des Menschen »hier und jetzt« vor sich geht. So wird für Bloch der Mensch zum »hoffenden Wesen«.

Das Werk Blochs eröffnet Dimensionen, die der Menschheit von heute weithin verloren gegangen sind. So wird verständlich, dass Bloch zum Marxismus stoßen musste: Die bisherige Philosophie hat die Welt bedacht, nun aber gilt es, die Welt zu ändern – sagt Marx. Dieser Glaube an die Schöpferkraft des Menschen ist ohne Zweifel für viele Menschen faszinierend. Hier wird der Mensch selbst zum Schöpfer inmitten einer extrem hominisierten Welt. In dem Maße aber, wie Bloch dabei nach dem ausstehenden Humanum weiterfragt, wächst er über den Marxismus hinaus. Denn hier wird das Religiöse, das als letzte auslösende Kraft hinter dem Humanum steht, nicht mehr eine bloße Vorstufe, wie Marx und Lenin behaupten. Wenn die religiösen Kräfte in der Geschichte der Menschheit so starke Wirkungen gezeigt haben, entsteht doch die Frage, ob sie auch in der Zukunft etwas für den Menschen bedeuten können. Und Bloch spürt diese letzten Kräfte überall auf: in der Philosophie, in der Kunst, in der Technik; er macht die großen Überlieferungsströme der Menschheit gegenwärtig für den heutigen Menschen, der nur noch ein so geringes Geschichtsbewusstsein besitzt.

Durch all das musste sein Werk »Prinzip Hoffnung« Anstoß erregen. Es hat zum Bruch mit dem politischen Marxismus geführt. Bloch hat seither eine Wendung vollzogen. Die Schrift, die der Verleger Neske bei Bloch angeregt hat und über der Bloch sitzt, trägt den bezeichnenden Namen »Nach Auschwitz«. Hier schließt sich der Ring: Das Ende führt zum Anfang zurück. Das jüdische Erbe wird wieder lebendig. Es könnte wohl sein, dass dieses letzte Buch in manchem eine Korrektur des Lebenswerkes enthalten wird, wenn auch sicher nicht seine Aufhebung. »Widerspruch und Hoffnung des Daseins« bleiben für Bloch Nachbarn.

Was hat das mit unseren Überlegungen für den Friedenspreis zu tun und was rückt die Person und das Werk Blochs, in dem sich das Wort »Frieden« explizit nicht findet, dennoch unter den Aspekt des Friedens?

Garaudy hat beim ersten Gespräch zwischen Christen und Marxisten den denkwürdigen Satz ausgesprochen: »Die Zukunft des Menschen kann nicht gegen die Gläubigen aufgebaut werden, nicht einmal ohne sie; die Zukunft des Menschen kann nicht gegen die Kommunisten aufgebaut werden, nicht einmal ohne sie.« Wenn das richtig ist, dann ist das Gespräch eine Voraussetzung des Fortbestandes der Menschheit. Es ist also zwingend, auch den Marxisten unter dem Aspekt mitmenschlicher Solidarität zu sehen. Ich habe schon in der Diskussion um den letzten Friedenspreisträger auf dieses Faktum hingewiesen und möchte es heute wiederholen: Der Dialog zwischen Christen und Marxisten ist Voraussetzung für den Fortbestand der Menschheit.

*

Ist aber ein Dialog mit Marxisten überhaupt möglich? Die Erfahrungen der ersten Gesprächsversuche zeigen die ganze Schwierigkeit dieses Unterfangens. Wir dürfen aber nicht verkennen, dass sich der überwiegende Teil der Marxisten noch in einer dogmatischen Erstarrung befindet. Für viele von ihnen gilt in der Tat noch, dass Ideologien sich behaupten durch Intoleranz und Selbstversteifung, damit sie sich gegenüber einer sie umgebenden größeren Realität in ihrer Begrenztheit behaupten können. Diese Erstarrung ist aber dabei, sich aufzulösen.

Auch der Marxismus macht die Entwicklung zum Pluralismus durch, und an die Stelle geschlossener Systeme wird unausweichlich auch dort mehr und mehr die offene Struktur treten. Wir sollten das uns Andersartige nicht von vornherein verneinen. Wir sollten diese Entwicklung durch unsere Gesprächsbereitschaft fördern. Wir können jedenfalls mit jenen Marxisten ins Gespräch treten, die für dieses Gespräch Voraussetzungen und Willen mitbringen. Dazu gehört Bloch. Sein Werk hat den Dialog geradezu herausgefordert. Auf christlicher Seite haben der Katholik Johann Baptist Metz und der Protestant Jürgen Moltmann diese Herausforderung angenommen. Sie haben bei Moltmann zu einer »Theologie der Hoffnung« geführt und Metz in ein freundschaftliches Verhältnis zu Bloch gebracht. In welchem Ausmaße dieser Dialog sich angebahnt hat, zeigt die Festschrift »Ernst Bloch zu Ehren«. Das Gespräch wird fortgesetzt: Ich weiß, dass Bloch einer Einladung folgend sich bereiterklärt hat, im Mai dieses Jahres Gabriel Marcel zu einem Gespräch über die Hoffnung zu begegnen. Dieses Offensein für das Gespräch mit dem Andersgesinnten rechtfertigt meines Erachtens allein schon die Verleihung des Friedenspreises an Bloch, da sie in ihrer inneren Ausrichtung auf den Frieden der Menschen untereinander hin bezogen ist.

*

Es kommt ein weiterer Gesichtspunkt hinzu. Wenn Bloch auch nicht explizit vom Frieden spricht, so tut er es doch implizit. Bloch hat in seinem Werk die großen Überlieferungsströme der Menschheit aufgedeckt. Er hat das nicht im Sinne eines akademischen, fleißigen Katalogisierens getan. Bloch hat diese verschiedenen Ströme menschlichen Glaubens und menschlicher Erfahrung in einer großen Gesamtschau gesehen und dargestellt. Für ihn sind Antike und Christentum ebenso wie die großen Weltreligionen, aber auch alle anderen Kräfte der Menschheit Gegenstand des Respektierens und der Achtung. Der solcherlei Verschiedenartiges zusammenschaut, stiftet dadurch Frieden.

Schließlich will ich einen dritten Gesichtspunkt erwähnen. Blochs große Botschaft ist die Hoffnung. Er spricht sie aus in einer Zeit, die wie keine andere hoffnungslos ist. Kann es denn angesichts der Atombombe überhaupt noch Hoffnung geben? Bloch spricht in prophetischer Schau diese Hoffnung aus. Er ist der große Prophet der humanen Selbstbehauptung. Heimat ist für ihn »noch nicht da«; Heimat wird für ihn erst. Die Genesis ist also erst am Anfang. So entdeckt er den Menschen als den »Menschen unterwegs«. Zwar sieht Bloch den Menschen gegenüber dem Tod, aber er ist für ihn doch hoffnungsvoll. Er findet den Menschen in seiner Kreatürlichkeit zugleich als den schöpferischen Menschen. Es ist bezeichnend für Bloch, dass er für das vorletzte Kapitel seiner »Tübinger Einleitung in die Philosophie« nicht ein Wort von Marx oder Lenin als Motto gewählt hat, sondern ein Paulus-Wort – er, der Marxist, der in Kapitel 32 über die Formel »Incipit vita nova« nachsinnt.

So ist Bloch ein bedeutender, auf den Humanismus ausgerichteter Atheist. Als solcher ruft er der Menschheit das große Wort der Hoffnung in einer völlig neuen Weise zu. Wir sollten es hören und aufgreifen.

Herbst der Hoffnungen:
WŁADYSŁAW BARTOSZEWSKI

»Die Freiheit hat auf unserer Erde gar sonderbare Abenteuer gehabt; nirgends weilte sie lange, und es scheint, erst in jener Welt sei ihr Tempel offen ...«
Diese Worte schrieb 1789 ein Mann, der später um der Freiheit willen Jahre eigener Unfreiheit auf sich nehmen sollte: Christian Friedrich Schubart, mit dessen Namen die Festung auf dem Hohenasperg untrennbar verbunden bleibt.

Sie, sehr verehrter, lieber Herr Bartoszewski, kommen aus einem Land, von dem man sagen kann – um jenes eben zitierte Wort zu wiederholen –, dass in ihm die Freiheit nie »lange weilte«. Sie entstammen einer Nation, die sich aber auch in ihren dunkelsten Stunden die Kraft erhielt, sich der Freiheit zu erinnern. Trotz jahrhundertelanger Unterdrückung und Teilung hat sich die polnische Nation ihre Hoffnung erhalten. Der Titel Ihres ersten Buches, das Sie dem Verlagshaus Herder anvertraut haben, lautet darum nicht von ungefähr: »Herbst der Hoffnung«. Er entspricht der Haltung Ihres Volkes ebenso wie Ihrer persönlichen Haltung. Das Hoffen ist im Herbst schwieriger als im Frühjahr – es fällt im Erwachen der Natur leichter als in ihrem Sterben. Sie sprechen das Wort der Hoffnung aus in einer Zeit, in der es viele Menschen fröstelt.

Ihr Leben ist außergewöhnlich – und noch außergewöhnlicher ist Ihr Wirken: Ein Gebot, das die Kräfte des Menschen im Allgemeinen überfordert – Sie haben es gelebt! Sie haben Ihr Leben für andere eingesetzt, haben sich den jüdischen Spruch zu eigen gemacht, dass »sich jeden Tag ein Gerechter auf den Weg machen muss, damit diese Erde sich weiter drehen kann ...«

Sie haben durch Ihr Handeln aufs Neue bewusst gemacht – und machen es bewusst bis auf den heutigen Tag –, dass die sittliche Haltung des Einzelnen mit dem Fortbestand des Kosmos aufs Engste verknüpft ist: »Wer ein Leben rettet, rettet die ganze Welt«, so heißt Ihr anderes, Ihr jüngstes Buch, in dem Sie Ihre Leser leidenschaftlich auffordern, nicht Schuld mit neuer Schuld aufzurechnen.

Das mag sich in der warmen Stube des Wohlstandes gut anhören; für Sie hat sich eine solche Entscheidung an Orten des Schreckens gestellt.

Der Dichter Nikolaus Lenau hat solchen »Ort der Schmach« (wie er es nannte) in einem bewegenden Gedicht beschworen, das er am Jahrestag der unglücklichen Polenrevolution von 1833 geschrieben hat – einem Gedicht, wohl in den Ausdrucksformen der Romantik geschrieben, aber dennoch heute fast visionär anmutend: Was Lenau damals schaute, sollte sich 110 Jahre später wiederum und viel schrecklicher wiederholen. In polnischen Gräbern, so sagt der Dichter, sei zugleich die »Schmach der Welt begraben«:

»Wo verscharrt in Eis und Frost,
Liegt der Freiheit letzter Trost«.

Und der Dichter schließt mit den Worten:

»Aus den Gräbern wird empor
Himmelwärts die Schande rauchen,
Und dem schwarzen Rauch der Schmach
Sprüht der Rache Flamme nach ...«

Sie, sehr verehrter Herr Bartoszewski, haben sich den Ruf nach Rache *nicht* zu eigen gemacht. Sie haben vielmehr leidenschaftlich – wie es Ihrem leidenschaftlichen Charakter entspricht – zur Vergebung aufgerufen. Sie haben aber nicht nur von anderen etwas eingefordert, sondern Sie haben es selbst gelebt.

So sind wir nicht nur um der Schmach willen, die Ihnen und unzähligen Polen angetan wurde, Ihre Schuldner geworden – wir sind vor allem Schuldner geworden im Blick auf Ihr Vorleben der Vergebung. Was an Furchtbarem geschehen ist, darf aus unserem Gedächtnis nicht getilgt werden. Wir wollen aber vor allem – und hier dem Ruf von Władysław Bartoszewski folgend – unseren Blick nach vorne wenden in die Zukunft, die vor uns liegt: im Gedanken an die uns aufgetragene Versöhnung zwischen dem polnischen Volk und dem deutschen Volk.

Die Welt neu gestalten:
RUTH PFAU

Verehrte Frau Ruth Pfau! Wir feiern heute Ihren Geburtstag. Einer Ihrer Buchtitel lautet:»Verrückter kann man gar nicht leben«.

Nach Jahrzehnten eines solchen ungewöhnlichen Wirkens dürfen Sie in Dankbarkeit auf Ihr Leben zurückschauen: ein Leben, bis an den Rand gefüllt!

Sie haben einmal gesagt, Ihre Erinnerungen seien »poetisch«. Poetisch – so fragen wir –, weil diese Erinnerungen in den Orient führen, den wir lange aus den Märchen von »Tausend und einer Nacht« zu kennen glaubten?

Das griechische Verb »poiein«, das dem Wort »Poesie« zugrunde liegt, heißt nichts anderes als »schaffen«. In Ihren Büchern erweisen Sie sich als eine große »Erzählerin«; so »schaffen« Sie es, uns, Ihre Leser, unmittelbar teilhaben zu lassen an dem, was Sie in der rauhen Wirklichkeit des orientalischen Alltages geschaffen haben: Menschen herauszuführen aus dem Schrecken ihrer Krankheit und ihrem Leiden.

Wie kamen Sie in den Verlag Herder – wie kamen wir zu Ihnen?

Marianne Dirks, die Frau des Publizisten Walter Dirks, selbst Schriftstellerin und engagiert in der religiösen Frauenwelt, hat Sie für uns »entdeckt«.

Mit ihr war ein Sammelband geplant unter dem Titel »Glauben Frauen anders?«. Es sollte eine Art Forum werden, eine Versammlung von weiblichen Stimmen, um sie in unse-

rer Kirche zu Gehör zu bringen. Marianne Dirks ließ damals den Verlag wissen:»… Es gibt da eine interessante Frau, die wir in diesen Buchplan einbinden sollten … Sie hat die Kraft, aus christlicher Motivation die Welt neu zu gestalten …«
Bei solchen Sätzen horcht der Verleger auf; der Gründer des Verlages, Bartholomä Herder, mein Ururgroßvater, hatte sich 1801 vorgenommen, durch »gute Bücher ins Leben einzugreifen«.
Wer traut sich so etwas zu: die Welt neu zu gestalten? Eine Aufgabe von wahrlich herkuleischem Ausmaß!
Wer ist diese kleine, scheinbar unscheinbare Frau, die sich ein solches Ziel in den Kopf gesetzt hat? Wer ist diese Frau in den orientalischen Pumphosen, den Schleier über die Haare gezogen?

Der Name der biblischen Ährenleserin, den Sie tragen, Ruth, steht für Treue:

Treue gegenüber der Berufung
Treue gegenüber den Menschen,

die Ihren Weg kreuzen, jenen Ärmsten der Armen, gezeichnet von Leid, Erniedrigung, Krankheit – vor allem aber von der Lepra, dieser biblischsten aller Krankheiten.

Wer Ihren Weg kreuzt, dessen Schicksal verändert sich; denn diese Menschen trifft die stärkste Kraft auf dieser Welt: die Liebe, diese verschwenderische, grenzenlose Hingabe, von der Sie in Ihren Selbstzeugnissen berichten.

In Ihrem ersten Buch beschreiben Sie, wie Sie nach Pakistan kamen: Auf diesem Flug ahnten Sie noch nicht, was Sie erwarten würde – Ihre ärztliche Hilfe begann buchstäblich in der Kloake.

Aber dann erkannten Sie, dass sich die Sterne auch in den schmutzigsten Pfützen spiegeln.

Was *Sie*, verehrte Frau Ruth Pfau, geleistet haben, vermag nur zu leisten, wer auf verlässlichem Grund steht und sich seiner Freiheit sicher weiß.

Von Ihnen stammt das Wort: »Ich habe so oft in die Mündungen von Gewehren geschaut, dass ich keine Todesfurcht mehr kenne.«
Selbst vor Gewehrläufen behielten Sie das letzte Wort.

So haben Sie im Verlauf der Jahrzehnte im grenzenlosen Meer von Krankheit, Leid und Hoffnungslosigkeit sichere Eilande der Hoffnung geschaffen.

Durch Sie hat das Paradies auf Erden einen Namen bekommen: *Manghopir*, eine Oase menschlicher Zuwendung an Todkranke und Entrechtete, ein Garten Eden inmitten von Armut und Verzweiflung.

Wir danken Ihnen dafür, dass Sie uns Ihre Bücher anvertraut haben.

Wir werden auch in Zukunft alles, was in unseren Kräften steht, tun, um Ihre Bücher und damit Ihre Botschaft zu verbreiten: die Botschaft von den Wegen, auf die uns die Liebe führt.

Selig die Friedfertigen:
ROGER SCHUTZ

Als am 13. Oktober 1974 die schmächtige, weiße Gestalt des Priors von Taizé in die überfüllte Paulskirche einzog, um inmitten schwarz gekleideter Honoratioren von Staat, Stadt und Buchhandel Platz zu nehmen – schon farblich ein bemerkenswerter Kontrast –, da mochte sich mancher der Anwesenden erstaunt gefragt haben: Wer ist dieser unscheinbare Mann, der fernab vom großen Weltgeschehen, ohne jeglichen kirchlichen Auftrag, ohne Unterstützung vermögender Institutionen seine Vision auf einmalige und wirkmächtige Weise verwirklicht hat? Lange hatte Roger Schutz gezögert, den Preis und die Einladung nach Frankfurt anzunehmen, hatte sich gefragt, ob ein solcher Auftritt zu seinem Auftrag gehöre, wie die Spannung zwischen Schweigen und Sprechen auszuhalten sei. Als er schließlich sein Einverständnis gab, dann unter der Bedingung: keine Laudatio!

Der Prior von Taizé war mir, lange bevor ich im Kuratorium für den Friedenspreis mein Votum abzugeben hatte, kein Unbekannter. Der Verlag Herder hatte seine Schriften veröffentlicht, Schallplatten mit den so beliebten Gesängen der Communauté herausgebracht, deren Noten und Texte ediert. So wuchs der Wunsch, ihn in Taizé aufzusuchen. Längst war Taizé zum großen Anziehungspunkt für die Jugend aus aller Welt geworden, ein Ort ohne konfessionelle Schranken, wo »die Flamme ökumenischer Hoffnung« (Roger Schutz), erst einmal entzündet, heller und heller leuchtete.

Ich fuhr nicht alleine; in einem angemieteten Bus begleiteten mich die Lehrlinge des Verlages, und ihre Jugendlichkeit machte meinen eigenen Blick schärfer für das, was sie als wesentlich empfanden: die unwiderstehliche Kraft, die von diesem stillen Mann ausging, die Bescheidenheit der gastgebenden weißen Brüder, die Schlichtheit des Betens und Singens.

Im Jahr der Friedenspreisverleihung hatte das »Konzil der Jugend« stattgefunden, 40.000 junge Menschen hatten sich in Taizé versammelt, in unmittelbarer Nähe der geschichtsträchtigen Ruine von Cluny, einstmals Ausgangsstätte einer großen mittelalterlichen Reformbewegung. Über die Grenzen von Sprachen und Konfession hinweg erlebten sie Kirche auf völlig neue Weise, »gastlich offen und einfach, näher an unsrer menschlichen Gebrechlichkeit«, wie der Prior es ausdrückte.

Schlichtheit prägt diesen Mann von Anfang an, der im Kriegsjahr 1940 auf einem Fahrrad aus dem schweizerischen Waadtland in die Heimat seiner Mutter nach Burgund geradelt war, unmittelbar hinter der Demarkationslinie zwischen besetztem und freiem Frankreich. Mit einer Kuh, die er selbst melken lernte, begann das Einsiedlerleben; bald erschienen Flüchtlinge, die Schutz suchten, Juden, die er versteckte, nach dem Krieg deutsche Kriegsgefangene; schon zeichnete sich ein ebenso stiller wie mutiger Ansatzpunkt für Versöhnung ab. Roger Schutz entstammte christlicher Tradition; seine Vision war, allen Christen »geistliche Heimat« zu bieten; Anglikaner, Katholiken und orthodoxe Männer schlossen sich bald an.

Die Urkunde des Friedenspreises spricht vom »Weg jenseits von verkrusteter Theologie und verengender Ideologie zu sinnerfüllter Existenz«, den Frère Roger gewiesen habe, spricht von der Oase der Ökumene, die er mit seiner Gemeinschaft verwirkliche, von der »Gewalt der Friedfertigen«, die er vorlebe. Umso bestürzter erfuhr die Welt die Nachricht vom gewaltsamen Tod dieses Gewaltlosen, einem Tod, der ihn in die Reihe der großen Friedenszeugen wie Martin Luther King und Dag Hammarskjöld einreiht. Dass dieser Tod mit der Eröffnung des Weltjugendtages in Köln zusammenfiel, wird das Gefühl verstärken, wie sehr wir seinem Vermächtnis gegenüber verpflichtet sind, ebenso wie das Bild des gebrechlichen Pilgers aus Taizé im Rollstuhl beim Gottesdienst für den verstorbenen Papst Johannes Paul II. auf dem Petersplatz im Gedächtnis der Menschheit bleiben wird.

Brücken zwischen Welten:
RAIMON PANIKKAR

Meine Erinnerung geht weit zurück, in die Jahre 1953 und 1954: Damals absolvierte ich eine buchhändlerische Lehre bei der Librería Herder in Barcelona, Calle de Balmes, 26.

Schon nach einiger Zeit vertraute man mir den Import ausländischer wissenschaftlicher Literatur an – ich korrespondierte mit fast allen wichtigen Verlagen der Länder des freien Europas und der südlichen und nördlichen Hemisphäre Amerikas: Für einen jungen Mann, soeben aus dem noch weitgehend eingeschlossenen Deutschland nach Spanien gekommen, eine höchst aufregende Sache.

Eines Tages betrat eine Dame den Laden – eine »señora de la alta sociedad«, wie man damals in Spanien zu sagen pflegte. Sie kündigte an, in Zukunft Bücher aus aller Welt für ihren im Ausland studierenden Neffen bestellen zu wollen; diese Dame wurde bald meine beste Kundin.

Der Neffe und Adressat der bestellten Bücher hieß Ramón Panikkar. Was für ein Name!, dachte ich:

Raimund hatten alle bedeutenden Grafen von Toulouse geheißen, ebenso die Mitglieder der gräflichen Familie der Berenguer von Barcelona.

Raimund hießen aber auch drei bedeutende Heilige, die allesamt südlich der Pyrenäen herstammten: Raimundus von Peñafort, der die Ordensregel der Mercedarier schrieb, Raimundus Nonnatus, wegen der schwierigen Umstände seiner eigenen Geburt später als Patron von bedrängten Müttern angerufen, und schließlich Raimundus Lullus – »doctor illuminatus«, Mystiker und genialer Mathematiker, unermüdlicher Missionsreisender und »Vater« der katalanischen Sprache.

Wenn der Kaiser Maximilian (der letzte Ritter auch darin!) die Könige Theoderich und Artus von England in der Hofkirche in Innsbruck als seine Vorfahren aufstellen ließ – dann dürfen Sie mit nicht minderem Recht alle diese großen und bedeutenden Raimunde als ihre Vorfahren betrachten!

Später haben meine Frau und ich unseren ältesten Sohn nach dem genialen katalanischen Erfinder der »ars generalis« benannt; Raimund Herder leitet heute die Editorial Herder in Barcelona, den spanischen Verlag Herder, und ist Hausherr des imposanten Verlagsgebäudes – wenige Steinwürfe entfernt von der »Sagrada Familia« des Antoni Gaudí; das Gebäude liegt an der Calle Roger de Flor, genannt nach dem legendären katalanischen Eroberer von Byzanz – sein alemannischer Vater hieß »Blume«, romanisiert »Flor«, und war Falkenmeister des Hohenstaufen Friedrichs II.

Zuerst war ich in dieser unserer Beziehung der »Gebende« – wenn man das Besorgen von wissenschaftlicher Literatur für einen angehenden Wissenschaftler überhaupt so benennen darf. Aber dann wurde ich der »Nehmende«: Ich verfolgte von ferne Ihren weiteren Weg nach Indien, väterlicherseits Ihre Heimat; ich las über Sie, las von Ihnen.

1966 erschienen Ihre »Indischen Briefe« unter dem Titel »Offenbarung und Verkündigung« bei Herder; sie behandeln
- den Geist der indischen Kultur,
- die Religiosität des Hinduismus,
- Fragen der Unterscheidung des philosophischen und theologischen Denkens von der Mystik.

Und immer wieder: Ihre Intention, durch einen »existenziellen Inkarnationsversuch« eine angemessene, aber tragfähige Brücke zu schlagen zwischen Christentum und Hinduismus.

Dreißig Jahre nachdem Ihnen der damals junge Buchhändler in Barcelona die ersten Bücher bestellt hatte, begegnete ich Ihnen 1983 persönlich.

Angeregt durch die Botschaft des Zweiten Vatikanums

und dessen Aufforderung zum Dialog hatte mein Vater eine verlegerische Initiative ergriffen und die Kolloquien der Stiftung »Oratio Dominica« begründet. Dessen wissenschaftliche Leitung lag über zwei Jahrzehnte in den bewährten Händen von Walter Strolz, heute Innsbruck. Es wurde daraus das große »Weltgespräch der Religionen«, das viele Menschen in den Bann schlagen sollte: Teilnehmer, Zuhörer, Leser. Ich habe später diese Gespräche fortgeführt.

Zweimal haben Sie an diesen Gesprächen teilgenommen und referiert: Einmal zu Füßen der Ruine Wiesneck, wo sich in der Pfarrgemeinde bis heute ein Totengedenken an Friedrich Barbarossa erhalten hat, der auf seinem Kreuzzug im Orient tödlich verunglückte – sein Fahnenträger stammte aus dem Dreisamtal. Das andere Kolloquium fand 1984 in St. Märgen statt. Bei einem gemeinsamen Spaziergang lenkte ich Ihren Blick hinüber zum ehemaligen Kloster von St. Peter: In dessen herrlicher Klosterbibliothek war Jahrhunderte hindurch eine wertvolle Handschrift von Raimundus Lullus aufbewahrt worden – seit der Säkularisation befindet sie sich in der Landesbibliothek von Karlsruhe.

»Sein und Nichts in der abendländischen Mystik« war das Thema des einen Kolloquiums, »Die Verantwortung des Menschen für die eine bewohnbare Welt im Christentum, Hinduismus und Buddhismus« das des anderen – lange bevor die Rede vom »Weltethos« aufkam. Sie sprachen über die indische Sicht der beiden Themen.

Im Frühjahr besuchte ich Sie in Ihrem Haus in Tavertet, oberhalb des Städtchens Vic, der Heimat des Philosophen Jaime Balmes. Der Blick geht von dort weit übers Land: Von den schneebedeckten Pyrenäen zum blauen Meer, nach Süden hin zum Montserrat, dem geheimnisvollen Berg und spirituellen Mittelpunkt der katalanischen Landschaft.

Ich wollte Sie für einen Beitrag gewinnen zu einem Bändchen über Raimundus Lullus als dem wohl bedeutendsten Wegbereiter des Dialogs zwischen den Religionen.

Sie lächelten damals und sagten:»Sie Schelm! Sie wissen natürlich genau, dass es viel leichter ist, auf 70 Seiten etwas über den »erleuchteten Doktor« zu schreiben als auf bloß sieben Seiten!«

Aber pünktlich langten die sieben Seiten in Freiburg an, und pünktlich erschien das Bändchen mit der Geschichte vom »Heiden und den drei Weisen« – rechtzeitig zu meinem 60. Geburtstag. Es war gewissermaßen ein Geschenk des Verlegers an sich selbst. In der Reihe angesehener Autoren war Ihr Beitrag wie ein kostbarer Edelstein.

Und nun ist – noch einmal 15 Jahre danach – wieder ein Buch aus Ihrer Feder erschienen. Ich beglückwünsche Sie von Herzen zu dieser Publikation. Sie verstehen es meisterhaft, auf schmalem Raum die Fülle Ihrer persönlichen Erfahrungen darzustellen. Das ist eine große Leistung, denn Ihr Leben ist in besonders starkem Maße durch Polaritäten geprägt:
- Ihr Vater war Inder, Ihre Mutter Europäerin.
- Sie sind Naturwissenschaftler und haben daneben ein umfassendes Wissen in Philosophie, Theologie und den Religionswissenschaften erworben.
- Sie waren und sind Einsiedler und zugleich akademischer Lehrer an vielen Hochschulen der Welt.
- Sie schweigen über Ihre Erfahrungen und sprechen doch von ihnen.

Wer von so vielen Polaritäten geprägt ist, der muss Klüfte in sich spüren – immer wieder bemüht, in sich selber Brücken zu schlagen.

Ich habe Ihren Lebensweg durch die Jahrzehnte hindurch verfolgt und Ihre Äußerungen beobachtet. Man sagt in Peru, dass die Hühner zuverlässiger und früher Erdbeben ansagten als die Seismographen der wissenschaftlichen Observatorien. So glaube ich, tektonische Verschiebungen in Ihrem Wesen bemerkt zu haben.

Sie haben im Verlauf Ihres Lebens bei den Publikationen unterschiedliche Vornamen benutzt, besser gesagt: unterschiedliche Schreibweisen Ihres Vornamens. Nun weiß man, dass sich Vornamen unterschiedlicher kultureller Umgebung anzupassen vermögen – nicht dagegen Nachnamen. Vornamen werden von den Eltern gegeben, Nachnamen dagegen vom Schicksal. »Panikkar« ist Urgestein, dem Himalaya vergleichbar.

In Ihrem jüngsten Buch nennen Sie sich mit dem katalanischen Namen »Raimon«. Mit der Demokratisierung Spaniens hat die katalanische Kultur und die katalanische Sprache nach vierzigjähriger Unterdrückung ihre Freiheit wiedergefunden. Aber vielleicht haben auch Sie, nach Tavertet zurückgekehrt, Ihre katalanische Identität gefunden – wer weiß?

*

Ich möchte zum Abschluss kommen. Gerne würde ich Sie mit einigen katalanischen Worten begrüßen, aber so gut kenne ich diese Sprache nicht. Als ich 1953 nach Barcelona kam, gab es aus politischen Gründen schon keine Alternative. Katalanisch ist eine europäische, traditionsreiche Sprache – Spanisch aber ist die zweite europäische Weltsprache: Sie ist unter dem schier unbegrenzten Himmelsbogen über dem kastilischen Hochland geboren und die Sprache der Heiligen und Conquistadoren geworden.

So will ich mit einem Bild abschließen – ich entnehme es dem großen katalanischen Epos des 19. Jahrhunderts, das der Dichter und Priester Jacinto Verdaguer geschaffen hat, den seine Landsleute liebevoll »Mosén Cinto« nennen: »Atlántida«. Eine deutsche Übertragung erschien 1897 bei Herder in Freiburg, fünf Jahre vor dem Tod des Verfassers.

Verdaguer schildert in seinem Epos den Untergang von Atlantis und, in dieses Geschehen hineingewoben, die Fahrt des Halbgottes Herakles von der Provence über die Pyrenäen an Spaniens Ostküste entlang zu den Gärten der Hesperiden.

An der Meerenge zwischen dem Felsen Gibraltar und dem Atlasgebirge – nach dem Heros »Die Säulen des Herakles« genannt – endete die antike Welt.

Aber wo kam Herakles her? Verdaguer erwähnt es nicht, aber wir wissen es. Denn griechische Mythen erzählen, dass der Held den Strom Ister – die heutige Donau – entlanggewandert sei, hinauf bis zu deren Quellen, also bis zu den Bächen Brigach und Breg – oder poetischer: bis zum Schlosspark in Donaueschingen!

Von dort machte er sich auf, über die Baar, dann den Schwarzwald, an der »Kalten Herberge« vorbei, St. Märgen im Blick, durch die Spirzen hinunter in die Wagensteige, an der Wiesneck vorbei – alles Orte, an denen Sie, verehrter Freund, gewesen sind und wo Sie gesprochen haben.

Dann nahm Herakles seinen Weg dem Doubs und der Rhone entlang zum Mittelmeer. Von der Costa Brava aus grüßte er hinauf nach Tavertet ...

Querido amigo: Mögen Sie sich im Wissen um solche jahrtausendealten Zusammenhänge heute Abend bei uns wohl, ja: zu Hause fühlen!

Weltgespräch der Religionen:
RAMON LULL

Im Herbst 1984 nahm ich zusammen mit dem indisch-spanischen Religionsphilosophen Raimundo Panikkar an einem Kolloquium der Stiftung »Oratio Dominica« in St. Märgen im Schwarzwald teil – es war deren zweites christlich-asiatisches Religionsgespräch –, er als Vortragender, ich als Zuhörer.

Bei einem Spaziergang über die herbstlichen Wiesen ging unser Blick hinüber zum Kloster St. Peter, in dessen herrlicher Stiftsbibliothek lange Jahre eine wertvolle Handschrift von Raimundus Lullus aufbewahrt war, die sich seit der Säkularisation in Karlsruhe befindet.

Im Frühjahr 1985 setzten Panikkar und ich unser Gespräch fort, diesmal in Tavertet, oberhalb von Vic, der Heimat des Philosophen Jaume Balmes. Der Blick geht von dort weit übers Land, von den schneebedeckten Pyrenäen zum Meer und zum Montserrat, dem geheimnisvollen Berg und spirituellen Mittelpunkt jener Landschaft.

Und wiederum kreiste das Gespräch um die Gestalt des Ramon Lull, dessen Botschaft »nicht eingeholt« sei, wie Panikkar formulierte.

Immer hat mich die Geschichte dieses katalanischen Ritters und Sängers beeindruckt, der in seiner Jugend hoch zu Ross in die Kathedrale von Palma de Mallorca geritten sein soll. Als mich meine Lehr- und Wanderjahre für einige Zeit nach Barcelona führten, bin ich ihm begegnet: Ramon Lull – Freund von Königen und Prinzenerzieher, Gelehrter, Sänger, Missionar, Heiliger und Narr (wie er sich selbst bezeichnete), der die katalanische Sprache zu erster Hochblüte führte und darum von den Katalanen als ihr Begründer angesehen wird – vergleichbar mit Dante Alighieri, der die »Lingua toscana« zur Nationalsprache Italiens erhob ...

Ich bin davon überzeugt, dass Ramon Lull, bei aller Verschiedenheit des geschichtlichen Umfeldes und des geistigen Horizonts, über den Abstand der Zeiten hinweg gerade uns heute etwas zu sagen hat, was *so* kein anderer ausgesprochen und vorgelebt hat: die große Schau von der möglichen Einheit der Welt und von dem liebevollen Zusammensein der Religionen.

Diese Einheit der Welt, von kühnen Visionären vorausgeschaut, ist vor unseren Augen dabei, Wirklichkeit zu werden; Wissenschaft und Technik machen sie möglich, wenn auch um einen hohen Preis, dessen wir uns mehr und mehr bewusst werden. Und dennoch – es gibt keinen Zweifel: Die Völker sind unaufhaltsam auf dem Weg zur großen Menschheitsfamilie. Was dabei nottut, ist: auf diesem Weg miteinander ins Gespräch zu kommen, in jenes »große Weltgespräch«, das der Dichter Hölderlin prophetisch vorausgesagt hat, als er schrieb:

»Viel hat erfahren der Mensch.
Der Himmlischen viele genannt,
Seit ein Gespräch wir sind
Und hören können voneinander.«

Zu meinen Kindheitserinnerungen gehört die Ankunft eines japanischen Gelehrten, des Professors Kobayashi aus Tokyo, in Freiburg. Einer Anregung des weitblickenden Papstes Pius XI. folgend, hat der Verlag Herder in der Mitte der dreißiger Jahre mit ihm zusammen die redaktionellen Voraussetzungen geschaffen für eine fünfbändige Enzyklopädie in japanischer Sprache; sie ist später in einem japanischen Verlag in Tokyo erschienen.

Im Nachhinein weiß ich von den Grenzen jenes enzyklopädischen Unternehmens, dem – wie könnte es anders gewesen sein zu jener Zeit – ja noch ein eurozentrisches Weltbild zugrunde lag. Es war eher eine christlich-abendländische Selbstdarstellung für asiatische Leser, entstanden in einer »vor-dialogischen« Zeit – und dennoch: auf seine Weise eine imponierende verlegerische Leistung!

Inzwischen haben wir erkannt, dass der Dialog heute anders aussehen muss. Ihm vorauszugehen hat die freimütige Anerkennung der bestehenden und bleibenden *Pluralität der Religionen*. Den Christen fällt in diesem Dialog eine besondere Rolle zu: Kündet doch die biblische Botschaft, die Grundlage unseres Selbstverständnisses ist, Gott als den Schöpfer der Welt und als den Herrn der Geschichte. Darum sind alle Menschen auf dieser Erde Kinder Gottes und alle Völker Glieder einer großen Gemeinschaft.

Das ist mir nie deutlicher geworden als in der Aula der Peterskirche in Rom, da ich im Oktober 1963 an einer der Generalkongregationen des Konzils teilnehmen konnte – ein seltenes und starkes Erlebnis. Da saßen die Konzilsväter, zusammengekommen aus aller Welt, verschiedenster Hautfarbe, Sprache und Nation, einträchtig vereint, eine farbenfrohe Repräsentation der Menschheit, zusammengeführt unter der gewaltigen Kuppel Michelangelos zu einem geistigen Kreisrund, den *Orbis catholicus* auf lebendigste Weise darstellend.

Zu den Dokumenten jener Kirchenversammlung gehört die Erklärung über das Verhältnis der Kirche zu den nichtchristlichen Religionen, deren eröffnende Worte von jenem großen Atem geprägt sind, der denjenigen kennzeichnet, der den ganzen Erdball in den Blick nimmt:

»Nostra aetate« – so beginnt die Deklaration in der alten Weltsprache Latein – »In unserer Zeit, da sich die Menschheit von Tag zu Tag enger zusammenschließt und die Beziehungen unter den verschiedenen Völkern sich mehren, erwägt die Kirche mit umso größerer Aufmerksamkeit, in welchem Verhältnis sie zu den nichtchristlichen Religionen steht. Gemäß ihrer Aufgabe, Einheit und Liebe unter den Menschen und damit auch unter den Völkern zu fördern, fasst sie vor allem das ins Auge, was den Menschen gemeinsam ist und sie zur Gemeinschaft untereinander führt. Alle Völker sind ja eine einzige Gemeinschaft, sie haben denselben Ursprung, da Gott das ganze Menschengeschlecht auf dem gesamten Erdkreis wohnen ließ; auch haben sie Gott als ein und dasselbe letzte Ziel ...«

Es war das erste Mal in der Geschichte, dass »sich ein Konzil in Ehrfurcht vor dem Wahren und Heiligen anderer Religionen beugt«. Die Päpste sind seither nicht müde geworden, darauf hinzuweisen, dass sich Gottes Heilsbeschlüsse auf *alle* Menschen beziehen und dass *alle* Völker »in seinem Lichte wandeln«. Darum mahnt die Kirche ihre Kinder, das Gespräch »mit den Bekennern anderer Religionen in Klugheit und Liebe« zu führen. Gleiches Wissen und gleichartige Gesinnung stehen auch hinter den Initiativen des Weltrates der Kirchen.

Ein so in aller Freiheit anhebender Dialog mit den Weltreligionen, geprägt vom gegenseitigen Respekt für den jeweils anderen, wird – davon bin ich überzeugt – richtungweisende Kraft entfalten und ungeahnte Chancen eröffnen können – nicht zuletzt für das Christentum selbst; denn nun erst recht wird die Universalität der biblischen Heilsbotschaft in aller ihrer Realität neu erkennbar: Wie mächtige Bogenpfeiler dieser Vision von der Einheit der Menschen sind das erste Buch der Bibel und ihr letztes Buch mit der gewaltigen Schau vom Uranfang des Menschengeschlechts und vom Ende des großen Menschheitsweges, der vor den »Thron des Lammes« führt, wo die Menschheit »sein Volk sein wird« (Offb 21,3).

Unter dem Eindruck des Konzils und seiner Erklärung hat Theophil Herder-Dorneich im Rahmen der von ihm begründeten Stiftung »Oratio Dominica« eine weittragende und fruchtbare Initiative ergriffen, das »Weltgespräch der Religionen«. Die Veröffentlichungen dieser von Walter Strolz wissenschaftlich geleiteten Gespräche liegen in deutscher und teilweise in englischer Sprache, verlegt von Herder, vor. Aus ihnen wird die ganze Weite dieses bedeutsamen Bemühens sichtbar, vor allem um den jüdisch-christlichen und den christlich-islamischen Dialog, diese »große Ökumene der monotheistischen Religionen«, wie sie Bischof Klaus Hemmerle benannte, anlässlich seiner Bischofsweihe im Kaiserdom zu Aachen – wo 1100 Jahre zuvor Karl der Große die Delegation Harun al-Raschids empfangen hatte!

Wie von selbst mündet das Unternehmen »Weltgespräch« seit einigen Jahren in die Begegnung des Christentums mit Hinduismus und Buddhismus ein. Es sind Schritte, die Offenheit, Wagemut und sorgfältige Vorbereitung voraussetzen und die »in Klugheit und Liebe« getan werden müssen. Dass diese Schritte über das bedenkende und austauschende Gespräch hinaus in gemeinsames Beten führen können, das zeigen die Stunden der Meditation und die Gottesdienste (im weitesten Sinne des Begriffs), die Abschluss und Höhepunkte einiger Kolloquien waren und in der Vaterunser-Kapelle im Ibental einen würdigen Ort und Rahmen fanden.

Für diejenigen, die ihre Arbeit im Dienste solcher Menschheitsgespräche verstehen, ist das Werk, das Ramon Lull unter dem Titel *Libre del gentil e dels tres savis* (Das Buch vom Heiden und den drei Weisen) verfasst hat, ein ganz besonders bedeutsames und auf seine Weise einmaliges Dokument. Es gibt wohl selten Texte in der Literatur, die so von der Gesinnung des Aufeinanderzugehens geprägt sind wie dieser. Unter dem Gesichtspunkt unserer Überlegungen messe ich ihm besondere Bedeutung bei. Auszüge daraus bilden darum den Mittelpunkt dieser kleinen Schrift.

Kaum eine andere Zeit hat so viele Begegnungen zwischen Menschen verschiedenen Glaubens mit sich gebracht wie die Zeit der Kreuzzüge, an deren Ende Lull lebte. Die meisten dieser Begegnungen verliefen im gegenseitigen Unverständnis und waren überschattet von den blutigen Auseinandersetzungen ihrer Zeit. Wolfram von Eschenbach schildert in seiner Dichtung »Willehalm« ein Streitgespräch, das König Terramer

»aus Arabi« mit seiner zum christlichen Glauben übergetretenen Tochter in einer Kampfpause über die Dreifaltigkeit führt – wohl das berühmteste Religionsgespräch in der deutschen mittelalterlichen Literatur.

Und doch gab es immer auch lichtvolle Begegnungen. Das geniale Buch von Raimundus Lullus geht sehr wahrscheinlich auf ein Religionsgespräch zurück, das für das Jahr 1263 in Barcelona und unter dem Vorsitz von Raimund von Penyafort nachgewiesen ist.

Es mag offenbleiben, inwieweit es sich bei diesen Gesprächen um einen Dialog in unserem heutigen Sinn gehandelt hat. Ramon Lull selbst hat wiederholt in seiner Autobiographie durchaus auch missionarisches Bestreben erkennen lassen und nennt sich selbst einmal Prokurator der Ungläubigen.

Die Beschreibung des schwierigen Verhältnisses von Dialog einerseits und Mission andererseits bleibt uns als wichtige Aufgabe; denn der Auftrag, hinzugehen und allen Menschen die Frohbotschaft zu künden (Mt 28,19), ist ja nicht aufgehoben. Er wird in dieser veränderten geschichtlichen Situation neu zu interpretieren sein.

1299 ließ Ramon Lull sich von seinem König durch besondere Order die Erlaubnis erteilen,»an den Sabbaten und Sonntagen den Juden in den Synagogen und an den Freitagen und Sonntagen den Sarazenen in den Moscheen zu predigen und genannten Juden und Sarazenen die Wahrheit des katholischen Glaubens auseinanderzusetzen …«

Das Dokument fährt fort, dass jene, wenn sie wollen,»bei passender Gelegenheit auf seine Predigt und seine Darlegung Antwort geben können. Sie sollen indes nicht gezwungen werden zu antworten, falls sie es nicht wollen.« Hier soll es offenbar nach der Intention von Ramon Lull und seinem König keine *eigene Überlegenheit* und keine *fremde Unterlegenheit* geben. Im Blick auf unsere moderne plurale Gesellschaft wird heute jeder Gesprächspartner von der Gleichwertigkeit der

Beteiligten ausgehen und auch dem anderen einen Reichtum an Erfahrungen zubilligen.

Darum ist eine falsche Selbstsicherheit von vornherein infrage zu stellen und der Blick zu öffnen für die Weisheit des jeweils anderen. Das gilt auch für die Begegnung des Christentums mit den afrikanischen und asiatischen Kulturen, insbesondere im Hinblick auf die Fragen der Inkulturation des Christentums, die von Grund auf neu zu überdenken sind.

In diesem Zusammenhang erinnere ich mich an das »Engelkonzert« des Isenheimer Altars, in dem Grünewald Engel malte, deren afrikanische, asiatische und indianische Gesichtszüge auffallen. Alfons Rosenberg deutete sie als Vertreter der Weltreligionen, anbetend im Umkreis der göttlichen Weisheit, jener weiblichen Lichtgestalt, deren Aura dieselbe ist wie die des Auferstandenen. Diese Deutung des »Engelkonzerts« wiederum erinnert mich an ein musikalisches Bild, das Jakob J. Petuchowski, weltweit der erste Lehrstuhlinhaber für christlich-jüdische Studien an einem jüdischen Rabbinerseminar, einmal im Blick auf die verschiedenen Glaubenslehren und religiösen Formen gebraucht hat: »Gott ... hat ... uns nicht dazu angehalten, irgendein Instrument des ihm ein ›Halleluja‹ spielenden Symphonie-Orchesters der Weltreligionen auszuschalten oder zwei verschiedene Instrumente identische Töne hervorbringen zu lassen. Dennoch aber wäre es wünschenswert, dass sich die Instrumentalisten bewusst werden, dass sie, trotz aller Verschiedenheit der Töne, immerhin im selben Orchester die gleiche Symphonie spielen.« Hieraus spricht kein Relativismus, auch nicht bloß ein »symphonisches« Wahrheitsverständnis. Aus diesem theologisch gebrauchten Bild spricht *auch* ein nicht rationalistisch verengtes Verständnis von Theo-logie: Reden *von* Gott ist immer auch Reden *vor* Gott, zu seiner Ehre. Es ist immer auch Nähe zum Geheimnis in Kontemplation und Praxis, in Mystik und Anbetung. Diese Bescheidung des eigenen Blicks angesichts des

Geheimnisses Gottes vermag verstärkt den Blick zu öffnen für die Reichtümer der Weisheit der jeweils anderen.

Ramon Lull selbst hat noch auf einen anderen wichtigen Aspekt aufmerksam gemacht: Für das »Weltgespräch der Religionen« kommt der Beherrschung fremder Sprachen eine ganz außerordentliche Bedeutung zu. Sich in den anderen hineinzudenken und dessen Worte wohl abzuwägen kann kein Dolmetscher abnehmen. Dieses Anliegen hat Ramon Lull mit ungeheurem Eifer und mit bewunderungswürdiger Konsequenz vertreten. Nach seiner Konversion zum geistlichen Leben lernte er (so berichtet er in seiner Autobiographie) »selbst ein wenig die lateinische Grammatik; auch kaufte er sich einen Sarazenen, mit dem er die arabische Sprache erlernte«. Um 1275 setzte er beim König von Mallorca die Gründung eines Klosters an der Steilküste im Nordwesten der Insel durch, hoch über dem Meer gelegen, wo 13 Minderbrüder aus dem Orden des heiligen Franziskus in der arabischen Sprache unterwiesen werden sollten. Damit derartige Klöster »zur Erlernung von verschiedenen Sprachen über die Welt hin neu eingerichtet würden«, wandte er sich wiederholt an die römische Kurie, ja an die Päpste selbst. Dass er von fünf Päpsten (Honorius IV., Nikolaus IV., Cölestin V., Bonifaz VIII. und Clemens V.) zum Teil mehrfach empfangen und angehört wurde, ist wohl ein Beweis für seine eindrucksvolle Persönlichkeit und die Überzeugungskraft seiner Worte. 1312, auf dem Konzil von Vienne, an dem er selbst als Beobachter teilnahm, wurde sein heiß ersehnter Wunsch erfüllt: In Rom, Paris, Oxford, Bologna und Salamanca sollten entsprechende Lehrstühle eingerichtet werden; an jedem dieser Orte sollten Männer lehren, »die genügend Kenntnisse in der hebräischen, griechischen, arabischen und chaldäischen Sprache besitzen« – ein Konzilsbeschluss, der im Leben von Ramon Lull einen Höhepunkt darstellt.

Zwei Jahre später trat der Unermüdliche – im 84. Lebensjahr stehend – die letzte seiner unzähligen Reisen an, Reisen, die ihn kreuz und quer durchs Mittelmeer geführt hatten, nach Frankreich, Italien, Sizilien, Nordafrika, Zypern, ja bis ins ferne Armenien. Aus Tunis kam noch einmal eine Mitteilung, dass er »mit den Sarazenen disputiere«, dann verstummten die Nachrichten.

Nach seinem Tode begann eine ungewöhnlich weite Verbreitung seiner Werke. Die größte zusammenhängende Sammlung von Handschriften Lulls befindet sich auf deutschem Boden: in der Bibliothek in Bernkastel-Kues an der Mosel. Ihr Sammler war kein Geringerer als der Kardinal Nikolaus von Kues.

Wie immer man auch Ramon Lull einschätzen mag, durch das Wollen, Verkünden und Handeln dieses Mannes leuchtet unübersehbar eine großartige Vision auf. Er hat zu einem erstaunlich frühen Zeitpunkt der Geschichte den Weg in eine Richtung gewiesen, die endgültig einzuschlagen unsere Aufgabe für die Zukunft sein wird.

Entsprechend unserer Zeit und ihren Anforderungen wird diese Aufgabe freilich neu und weiter zu fassen sein. Ramon Lull hat sich seinerzeit aus naheliegenden Gründen stark auf den Islam konzentriert und konnte die Sonderstellung des Judentums noch nicht erkennen. Es war Papst Johannes XXIII., der am Vorabend des Konzils jüdische Besucher mit dem Ausruf: »Ich bin Josef, euer Bruder«, begrüßte, »tief bewegt, den flüchtigen Augenblick festzuhalten und für die Zukunft fruchtbar zu machen« suchend. Das Zweite Vatikanum hat dann »des Bandes, wodurch das Volk des Neuen Bundes mit dem Stamm Abrahams geistlich verbunden ist«, ausdrücklich gedacht. Seither hat sich die Kirche die paulinische Schau des Mysteriums Israel zu eigen gemacht: Das Paulus-Wort vom Ölbaum und seiner Wurzel (Röm 11,17–24) weist auf diese engste Beziehung zwischen den beiden Religionen hin. Sie wird für das Christentums angesichts des apokalyptischen Welthorizonts unserer Zeit von Bedeutung sein können: *Messianische Hoffnungskraft* ist Christentum und Judentum gemeinsam.

Die Zeit des Katalanen Lull war die Zeit größter politischer Ausdehnung seines Landes. Das kam seinen vielen Reiseunternehmungen entgegen. Noch heute erinnert ein katalanisches Sprichwort daran, dass damals »die Fische im Mittelmeer die katalanischen Farben getragen« hätten: Die Grafen von Barcelona traten durch Heirat das Erbe der Hohenstaufen in Sizilien an; katalanische Söldner zogen unter dem legendären Roger de Flor nach Byzanz, ja bis tief nach Kleinasien hinein; Athen und Teile Griechenlands waren durch Jahrhunderte hindurch der Krone Aragóns gegenüber lehenspflichtig. Noch grenzten indes die Küsten des Mittelmeers den Blick ein. Die großen Seefahrten und Entdeckungen sollten späteren Generationen vorbehalten bleiben. »So schnell wie Engel« sollten 200 Jahre später spanische und portugiesische Karavellen – Kreuz *und* Schwert an Bord mit sich führend – über die Meere fahren und zu unbekannten Kontinenten vorstoßen.

Es ist, als habe sich die Kompassnadel seither gedreht: »Die Karavellen kehren zurück« (Balducci). »Die ›Dritte Welt‹ hat schon damit begonnen, Europa all das zurückzuerstatten, was es von ihm bekommen hat, wie es Pius XII. vorausgesehen hatte.« Fernöstliches, schwarzafrikanisches, indianisches Geistesgut betritt – wenn auch in unterschiedlicher Art und Wirkung – heute unseren Kontinent. Wir stehen vor dem Gespräch mit den fernöstlichen Menschen; da Zen-Buddhismus und Taoismus keine Religionen im überlieferten christlichen Verständnis sind, gilt es, den Mut aufzubringen zu einem erweiterten Religionsbegriff. Seit Jahrtausenden sind Menschen auf ihrem Wege religiöser Grunderfahrung und Weltdeutung dahingeschritten. Diese Wege verlaufen außerhalb der geschichtlichen Offenbarungsreligionen.

Wir stehen am Ende des 2. Jahrtausends, und die Jüngeren von uns werden den Eintritt der Menschheit in das 3. Jahrtausend erleben. Es wird, dessen bin ich sicher, ganz besonders von dem Bemühen um das Werden der Einen Welt geprägt sein.

Auf dem Wege dahin sind vor allem die *Glaubenden* unter den Menschen aufgerufen. Darum hat sich in Zukunft ein jeder von uns nach seiner ureigenen Aufgabe zu befragen. Das gilt auf ganz besondere Weise auch vom Verleger: Von seiner Sendung her stellen sich ihm in dieser geschichtlichen Stunde besondere und unverwechselbare Aufgaben.

Diese Aufgabe könnte einen besonderen Akzent darin haben, solche Initiativen verlegerisch zu fördern, die »das Wahre und Heilige anderer Religionen« als Schatz für die eine Menschheit aufschließen. Solche Publikationen sollten die geistige Voraussetzung dafür sein, dass die »Quellen der Weisheit« lebendig und zugänglich bleiben, die den Weg zu jenem Geheimnis der Wirklichkeit eröffnen, das der rationalen Wissenschaft verborgen und dem Zugriff des »Machbaren« entzogen ist. Die verlegerische Aufgabe könnte ferner darin bestehen, angesichts der ernsten Fragen und der wesentlichen Probleme einer immer mehr säkularisierten Welt mit dem suchenden »Heiden« von heute das Gespräch zu suchen und in diesem Dialog von der Hoffnung der Glaubenden Zeugnis zu geben und Rechenschaft abzulegen (vgl. 1 Petr 3,15). Sie könnte schließlich bedeuten, in Zukunft bewusst religiöse Erfahrungen und Haltungen auch in jenen Traditionen ins Auge zu fassen, die außerhalb des Christentums und der monotheistischen Überlieferungen stehen, ohne Angst, aber auch ohne Bekehrungsabsicht: in einem dialogischen Geist, der allein zum Verständnis führt. Die »zerbrechliche Brücke« zwischen den Völkern, von der Richard von Weizsäcker bei seinem Besuch in Israel im Oktober 1985 im Hinblick auf die Beziehungen zwischen Juden und Deutschen sprach, könnte auf den Pfeilern eines solchermaßen vorurteilsfreien Gesprächs eine größere Tragfähigkeit erhalten.

Angesichts der Fülle dieser Aufgaben kann dem Verleger vielleicht die Gestalt des Ramon Lull ermunternd begegnen. Viele seiner Eigenschaften werden heute benötigt: Um *Mittler ökumenischen Geistes* zu werden, wird Intuition verlangt, Einfühlungsgabe in andere, weiter Horizont, unermüdliches Verfolgen gesetzter Ziele, Tapferkeit des Unbeirrbaren, Beherrschung von »unter den Ungläubigen üblichen Sprachen«, richtungweisende Kraft!

Vielleicht wird der Verleger auch etwas von der gelassenen Unabhängigkeit des »gentil« haben müssen, um in seinem Wirkungsraum das Gespräch »der Weisen« – und das sind seine Autoren – zustande zu bringen. Mag bei der Deutung dieser Aufgabe die Erinnerung an das Wort vom »gentiluomo« anklingen. Ramon Lull hat uns durch das, was er vor 700 Jahren sagte, schrieb und lebte, Wegzeichen gesetzt.

V.
ORTSBESTIMMUNGEN EINES VERLEGERS: FREIBURG UND DIE WELT

»Die Stadt hat mich mit einer Fülle des Menschlichen überrascht,
auf die ich nicht vorbereitet war –
ich kann mich der Tränen nicht erwehren.«

Reinhold Schneider

Orte sind auch Symbole. Sie sind kulturelle Lebensräume, in denen der Geist sich auf besondere Weise entfaltet. Zur »Topographie« Hermann Herders gehört nicht nur sein Geburtsort Rom, Mittelpunkt der römischen Kirche und der antiken Welt, sondern auch Freiburg mit seinem »maßgebenden Turm«; nicht nur die alemannische Provinz im Dreiländereck, sondern auch die »große Welt«.

Im Freiburger Verlagshaus hatte die Verbindung von spanischer und österreichischer »Seele« architektonischen Ausdruck gefunden, die Tradition des Escorial und die Tradition österreichischer Klosterbauten, in historischer Form, aber in moderner Bautechnik. Mit »weiter Welt« sind auch die familiengeschichtlichen Wurzeln im italienischen und spanischen Raum gemeint, die Lehrjahre in Barcelona oder die Reisen nach Nord- und Südamerika, die den Blick in andere Sprachräume weiten. Aber auch Wien wird wichtig. Über die dort verlegte Zeitschrift »Wort und Wahrheit« und die Stiftung »Pro Oriente« war diese Stadt auch in Zeiten des Kalten Krieges eine Brücke in den Osten, mit dem Blick auf die orthodoxe Tradition. Die fast 500-jährige Verbindung des Breisgaus mit Österreich hatte zudem immer schon den Blick geöffnet in den geschichtlichen Raum des Habsburgerreiches. An den Habsburgern beeindruckt den Verleger die Vision einer universalen Herrschaft ohne die einengende Begrenzung nationalen Denkens.

Die Verbindung zur eigenen Profession ist klar: über Grenzen hinausschauen, Sprachzäune überwinden, »Spannungsfelder« produktiv machen. Grenzen fordern zur Kommunikation, zum grenzüberschreitenden Gespräch heraus und können so eine größere Weite zur Folge haben. Am Ende faszinierte ihn auch noch die Cyberwelt als Möglichkeit neuer Entgrenzung.

Zur Topographie, zur Ortsbestimmung gehören nicht nur die Sprachräume – neben dem deutschen insbesondere der englische und der spanisch-iberische –, die er für die Verlagsaufgabe von Herder reklamierte, sondern auch der Blick auf andere Kontinente: In Afrika etwa gab es in den sechziger Jahren eine Herder-Buchhandung in Dar-es-Salam. Afrika bleibt für Hermann Herder der Kontinent, an dem die Universalität der Menschheit sichtbar ist. Und in der Begegnung mit Wissenschaftlern aus China wird deutlich, dass er – von der Idee der Mitte ausgehend – in Räumen dachte, die weit über Freiburg hinausgingen.

Ob im Osten oder Westen oder auf der südlichen Erdhalbkugel: Die globale katholische Welt war mehr als ein bloß symbolischer Kosmos. Herder, der bedeutendste katholische Verlag weltweit, bildete einen sichtbaren Knoten in diesem komplexen weltweiten Netz.

Das Nachdenken über die Welt des Katholischen, aber auch die verschiedenen Dimensionen des Begriffs der »Welt« haben den »Weltkatholiken« Hermann Herder (FAZ) zeitlebens beschäftigt.

»Katholisch« ist für ihn beides, spirituell: »ganzheitlich«, geographisch: »weltumfassend«; nie nur abgegrenzter Binnenraum. Nach dem Konzil orientierte sich das Verhältnis Kirche und »Welt« neu. Die säkulare Wirklichkeit und die Welt anderer Religionen kommen positiv in Blick. Der Begriff »Welt« ist aber auch etwas, was zur Unterscheidung der Geister aufruft. Der Bereich des Heiligen, des Spirituellen, des Mysteriums kann dem Begriff der »Welt« entgegengesetzt sein. Wenn in der globalisierten Welt die Religionen sich begegnen und gegenüber der globalen Entwicklung der technisierten Rationalität eine neue Gemeinsamkeit finden, dann werden auch neue Verhältnisbestimmungen nötig.

Ortsbestimmung umfasst beides: feste Verankerung und Offenheit. Hermann Herder erzählt einmal von einer Begegnung mit der jüdischen Publizistin Pnina Navè Levinson, die ihm sagte: »Die Diaspora ist die einzige würdige Form menschlicher Existenz!« Er kommentierte es so: »Damals ahnte ich nicht, dass wir Christen möglicherweise in naher Zukunft ähnlich denken würden« (Fährmann, S. 133). In einer Zeit, in der sich eine einst (mehr oder weniger) homogen vom Christentum geprägte Welt immer mehr säkularisiert, bedeutet das – spirituell gesehen – eine radikal veränderte Topographie: die Einsicht in die Diasporasituation der Christen. »Christlicher Glaube in moderner Gesellschaft« heißt ein programmatisches Herder-Werk. Es ist der Einzelne, der seinen Standort finden und seinen Standpunkt verantworten muss. Die Welt, die Gesellschaft, so wie sie ist, wird zum spirituell bedeutsamen Ort der Auseinandersetzung, der Begegnung und Bewährung des Menschseins: Hier sind die »Zeichen der Zeit« zu entdecken. Hier findet sich der Stoff für welthaltige Bücher.

Freiburg –
»eine gewisse Leidenschaft« für die Stadt

Von dem früheren Oberbürgermeister dieser Stadt, Eugen Keidel, stammt das Wort: »Jedes Herderbuch, das ausgeliefert wird, trägt nicht nur den Namen Herder, sondern auch den Namen der Stadt Freiburg in alle Welt hinaus.« Wie kam diese enge Beziehung zwischen dem Verlag und der Stadt zustande?

Im Jahre 1808 suchte die hiesige Alma Mater einen Pächter für ihre neue Druckerei. Eigentlich war es eine alte Druckerei, nämlich die des Klosters St. Blasien; nach Aufhebung des Konventes war sie an den badischen Großherzog gegangen – dieser hatte sie der Freiburger Universität überlassen.

Bartholomä Herder erhielt den Zuschlag. So verließ er 1808 das beschauliche Meersburg, wo er seit 1801 in den Diensten des aufklärerischen Konstanzer Bischofs Karl Theodor von Dalberg tätig gewesen war.

Im Winter 1813/14 kam Unruhe in die stillen Gassen Freiburgs: Die alliierten Monarchen nahmen für mehrere Wochen Quartier in unserer Stadt. Herder trat in Beziehung zur österreichischen Hofkanzlei und freundete sich mit Josef Anton von Pilat an, dem Privatsekretär Metternichs. Auf seinen Rat reiste er nach Wien – dort »tanzte der Kongress«.

Am 30. Mai des Jahres 1815 erhielt er von Metternich die Bestallung zum »k. u. k. Feldbuchdrucker«. In der Folge machte er sich auf den Weg mit einer fahrbaren Druckerpresse, ausgerüstet mit deutschen und französischen Lettern; Pferde und Trainknechte stellte die Armee. Nach Westen ging es, immer dem Schlachtenlärm nach.

Der Heeresbericht über die Schlacht bei Waterloo wurde auf der Herder'schen Presse gedruckt. Mit den österreichischen Truppen zog Herder in Paris ein. Später schrieb er: »Damals erwachte in mir die erste Idee zur Etablierung einer Kunsthandlung in Freiburg; so sammelte ich in Paris die nötigen Vorkenntnisse durch die Bekanntschaft mit Künstlern und Acquirierung von Studien.« In Freiburg begann er mit den Illustrationen zu Rottecks »Weltgeschichte«; es folgten Stadtansichten Freiburgs in Kupfer- und Stahlstichen.

1827 verlegte er sein wichtigstes illustriertes Werk, die »Systematische Bildergalerie«, einen »Orbis Pictus« im Sinne von Comenius.

Sein Können sprach sich herum. Die kartographische Qualität der »Rheingränzkarte« war später Anlass für den Genie-Hauptmann von Moltke, seine türkischen Karten in Freiburg stechen zu lassen.

Seit jenen Tagen ist die Kette der Publikationen bei Herder über Freiburg und die Region nie abgerissen.

Aus der Fülle der Titel möchte ich nur drei nennen:

> Das »Urkundenbuch der Stadt Freiburg« von Heinrich Schreiber in zwei Bänden, erschienen 1828/29, und
> Joseph Baders zweibändige »Geschichte der Stadt Freiburg« von 1882 sowie
> in jüngster Zeit das reich bebilderte Lese- und Schaubuch »Freiburg«, erschienen zur Jahrtausendwende.

Der schöne und kenntnisreiche Bildband »Freiburg im Breisgau« von Hans Georg Wehrens bildet einen weiteren Höhepunkt in der langen Reihe dieser beachtlichen Werke, die in den kommenden Jahren mit den »Veröffentlichungen aus dem Archiv der Stadt Freiburg« fortgesetzt werden soll.

Fünf Verlegergenerationen haben im Laufe von 200 Jahren im Verlagskatalog den Akzent »Freiburg« mit Sorgfalt gepflegt, die sechste Generation wird es in Zukunft tun.

Ich darf wohl sagen: Das geschah und geschieht mit einer gewissen Leidenschaft – gibt es für solche Leidenschaft eine Erklärung?

Ist es Dankbarkeit dieser Stadt gegenüber, die sich in ihrem Stadtkern Geborgenheit und behagliche Fülle bewahrt hat? Ist es der Wunsch, Bürger und Leser auf die große geschichtliche Kontinuität in dieser Stadt hinzuweisen? Die Erinnerung wachzuhalten in einer geschichtslosen Gesellschaft an die habsburgerische Zeit, deren universale Idee sich an Figuren und Wappen der Kaufhausfassade erahnen lässt?

Ist es die Verpflichtung zu enzyklopädischem Wissen und Wirken, wie es in der »Margarita Philosophica« zum Ausdruck kommt?

Unter den frühen Büchern des Verlagsgründers findet sich ein Bändchen mit dem vielversprechenden Titel: »Über die mittleren Temperaturen Freyburgs«, 1818 erschienen.

Was es mit diesen »mittleren Temperaturen« auch immer auf sich haben mag – sie sind dem Geiste förderlich: dem Geist, der auf Flaschen gezogen wird, und auch dem Geist, den der Verleger zwischen zwei Buchdeckeln verwahrt.

Solcher Geist gedeiht gut in dieser Stadt, deren Bewohner nach der Weise des inneren Gleichgewichtes zu leben wissen, jener Balance zwischen den Werten des »Gestern« und den Werten des »Morgen« – stets bemüht, ihnen im »Heute« Gestalt zu verleihen, getreu dem Dichterwort:

»Ältestes bewahrt mit Treue –
freundlich aufgefasst das Neue …«

Das Erzbistum Freiburg – geistige Spannweite

1927 – zum 100. Bestehen des Erzbistums Freiburg – erschien im Verlag Herder »ein kirchliches Heimatbuch«, das Entstehung und Gegenwart unseres Erzbistums darstellte.

Im Vorwort wird die Frage nach dem »Eigentümlichen« in Herkunft und Gegenwart unserer Erzdiözese gestellt. Dieser Bildband versucht, eine Antwort darauf zu geben. Er stellt in Wort, Statistik, Karten und Bild die Kirche dieses Landes dar,
- ihre Heiligen und Patrone,
- ihr stilles Wirken und
- ihr öffentliches Bekennen,
- ihr soziales Sorgen und
- ihr erzieherisches Wirken,
- ihre Kunst und
- ihr Brauchtum.

So entsteht vor unseren Augen ein überaus lebendiges und farbiges Bild, vielfältig wie die Landschaft zwischen Rhein, Main und Donau, in der unser Erzbistum eingebettet ist. Hinter der äußeren Gestalt, die sich so unseren Augen auf den über 250 Seiten dieses Bandes darstellt, erschließt sich dem, der tiefer fragt, noch mehr:

Kirche am Oberrhein – sie liegt ja nicht nur an einem geographischen Wegkreuz des Abendlandes.

Im Geist und im Herzen spüren wir etwas von den geistigen Wegen, die sich hier kreuzen. In diesem Zusammenhang sehe ich die Insignien des Heiligen Römischen Reiches, die zu diesem unserem heimatlichen Raum ja in einem ganz besonderen Verhältnis stehen:

- die Kaiserkrone, gefertigt auf der Reichenau, in der künstlerischen Überlieferung irischen Mönchtums;
- der imperiale Mantel (im Stauferjahr kann daran erinnert werden), den Kaisern als Erbe aus dem Süden zugekommen.

In beiden Schätzen sind in unserem Raum Norden und Süden Europas geistig präsent, Irland und Sizilien, Insel des Wassers die eine, Insel des Feuers die andere – gleich den Elementen der Osternacht.

Geistige Spannweite und geistliche Substanz kommt in den Heiligen zum Ausdruck, die diese Kirche am Oberrhein geprägt haben, vor allem ihren Hauptpatronen:
- Konrad von Konstanz, der in den Kirchenbauten seiner Bischofsstadt einen geistigen Prozessionsweg gestaltet hat, der nach Rom weist;
- Bernhard von Baden, der den Kreuzzug nach Jerusalem angetreten und in seinem Tod vollendet hat.

Von der geistigen Spannweite dieses Raums zeugen auch Glocken im Turm unserer Kathedralkirche: Ihre Namen weisen über die Grenzen von Land und Diözese hinaus und schlagen so Brücken, wie es diesem Raum entspricht; sie erinnern uns an
- Odilia, die Blinde, die zum Sehen erweckt wurde, und
- den Einsiedler Nikolaus von Flüe, der – Elias gleich – in der Kraft eucharistischer Speise wirkte.

Neben diesen vertikalen Linien weist der Bildband auf die horizontalen Linien hin: Er schildert
- den Einsatz unserer Kirche in dieser Zeit,
- ihr soziales Wirken unter den Schwachen, Einsamen und Armen,
- ihre Solidarität mit den Menschen, die auf Dauer nur tragfähig sein kann auf der Grundlage christlicher Liebe.

Aber auch von Versuchung, von Ringen und Widerstreben ist in diesem Band die Rede, von den Gefährdungen während Kulturkampf, Weltkriegen und politischer Verfolgung. Wetterwolken und Regenbogen des Friedens lösen einander über die Generationen hinweg ab.

Möge die Kirche am Oberrhein
- ihrer geistigen Herkunft eingedenk bleiben,
- sich den Aufgaben der Gegenwart mutig stellen
- und in Hoffnung der Zukunft entgegengehen.

Wien –
»zweitwichtigster Ort auf Erden«

Im Herbst des Jahres 1814 machte sich der Freiburger Verleger Bartholomä Herder – seit 1798 war er verlegerisch tätig – auf den Weg in die Kaiserstadt Wien. Im Gepäck hatte er einen Empfehlungsbrief an den Wiener Fürst-Erzbischof Sigismund (von) Hohenwart († 1820). Herder ziehe es (so heißt es in jenem Schreiben wörtlich) »an den nächst Rom wichtigsten Ort auf Erden, nämlich Wien, von wo die Menschheit eine Art Wiedergeburt erwartet …«

Gewiss ist dies eine Formulierung im Stil jener Zeit – verständlich indes im Blick auf die Hoffnungen, die man damals auf den Wiener Kongress setzte.

*

Für mich persönlich – so wollte es mir immer scheinen – hat diese Aussage auf eine sehr eigene Weise Wirkungskraft bekommen: Meine liebe Mutter hatte sich nämlich während eines längeren Aufenthaltes in Rom in den Kopf gesetzt, ihr erstes Kind in der »Ewigen Stadt« zur Welt zu bringen.

So wurde ich ein »civis Romanus«, und Rom ist infolgedessen für mich ein Leben lang im besten Sinne des Wortes ein »wichtigster Ort« geblieben.

Es wäre nun sehr reizvoll, nach dem »zweitwichtigsten« Ort auf Erden, nämlich Wien, zu fragen. Und es wäre aufschlussreich, das besondere Verhältnis der fünf Herder-Generationen zu dieser Stadt herauszuarbeiten. Sie alle sind nämlich auf je ihre Weise von der Ausstrahlungskraft dieser Stadt geprägt worden und sind wiederholt und länger in Wien gewesen.

Ich muss mich auf einige wenige Hinweise beschränken: 1886 gründete Benjamin Herder, Sohn des Gründers, die hiesige Firma.

Nach seinem Tod errichtete sein Sohn Hermann Herder, mein Großvater, das Gebäude, in dem wir uns heute befinden.

Im Jahre 1899 heiratete er eine gebürtige Wienerin: Charlotte Herder (meine Großmutter) war die Tochter des Prager Philosophen und Pädagogen Otto Willmann.

An sein Wirken am Wiener Pädagogium 1868 bis 1872 erinnert eine Gedenktafel in der benachbarten Fichtegasse Nr. 3.

*

1937 übernahm mein Vater die Leitung des Verlagshauses in schwieriger Zeit. Nach dem Zweiten Weltkrieg verlegte und förderte er ein Objekt, das ihm ganz besonders am Herzen lag: die Zeitschrift »Wort und Wahrheit«.

Ich selbst bin durch viele Begegnungen mit Herausgebern und Mitarbeitern dieser Zeitschrift nachhaltig geprägt worden.

Dankbar möchte ich die Namen wenigstens einiger von ihnen stellvertretend nennen:

Msgr. Mauer
Otto Schulmeister
Anton Böhm
Friedrich Heer.

Aus dem Freundeskreis um »Wort und Wahrheit« nenne ich Kurt Schubert. Vor 50 Jahren hat er einen ersten Artikel in »Wort und Wahrheit« veröffentlicht. Er behandelte europaweit zum ersten Mal das Thema »Qumran«.

Diese Anregungen führten mich bald weit über Österreichs Grenzen hinaus: Es waren vor allem Reisen des Stiftungsfonds »Pro Oriente« mit Kardinal König und später mit Kardinal Schönborn.

Dankbar möchte ich schließlich der vielen Begegnungen mit Bundespräsident Rudolf Kirchschläger gedenken. Nach seinem Ausscheiden aus dem hohen Amte folgten er und seine Frau unserer Einladung und besuchten das Verlagshaus in Freiburg. Der Alt-Bundespräsident sprach im Rahmen einer Feierstunde zu den Mitarbeitern und Freunden des Verlages.

So darf ich im Rückblick dankbar festhalten, dass meine Begegnung mit dem geistigen Österreich von großer und bleibender persönlicher Wirkung gewesen ist, ganz im Sinne jenes Empfehlungsschreibens, mit dem mein Ur-Urgroßvater Bartholomä Herder 1814 nach Wien gereist war.

Dankbar gedenke ich auch der vielen bedeutenden Autoren und Autorinnen aus Österreich, die in diesen 200 Jahren dem Verlag Herder treu gewesen beziehungsweise bis heute verbunden sind.

*

André Malraux hat einmal das Elsass – lange Zeit ja habsburgisch – mit einem Haus verglichen, das »zwei Balkone besitzt, von denen aus die Bewohner einen doppelten Blick auf zwei Kulturkreise haben«. Dieses Bild hat für mich nach den jüngsten Ereignissen am 11. September und seither eine unerwartete Aktualität erhalten. In diesem anschaulichen Bild glaube ich so etwas wie ein verlegerisches Programm für die Zukunft zu erkennen.

Wie könnte sich dieses Programm gestalten?

*

1951 hat der damalige Professor Franz König (wie er im Vorwort selbst bestätigt), eine Anregung des Verlegers aufgreifend, ein großes, dreibändiges Werk herausgegeben. Unter dem Titel »Christus und die Religionen der Erde« versammelte er maßgebliche Gelehrte aus aller Welt um sich. König formulierte damals als sein Ziel, »Zugänge zu Seele und Kultur anderer Völker aufzuschließen«. Aus religionsvergleichender Sicht wollte er – damals erstmals und neu – das Christentum inmitten der anderen großen Weltreligionen sehen und zur Darstellung bringen. Es waren neue Wege, es war ein mutiges Unterfangen also, dem man eine vorwärtsweisende Komponente nicht absprechen kann.

Das Zweite Vatikanische Konzil (König war inzwischen Erzbischof und Kardinal geworden und Teilnehmer dieser historischen Kirchenversammlung) hat sich zwölf Jahre später diese Sicht zu eigen gemacht. Es rief zum Dialog auf.

Mein Vater, Theophil Herder-Dorneich, ließ sich durch das Konzil zu einer eigenen Initiative anregen. Seit 1973 fanden in Freiburg Religionsgespräche statt, zu einem Zeitpunkt, als das noch keineswegs so selbstverständlich war, wie es heute ist.

Das ist insofern verwunderlich, als Religionsgespräche im Mittelalter durchaus eine Tradition hatten: Ich erinnere nur an den Katalanen Raimundus Lullus, der im 13. Jahrhundert in Synagogen und Moscheen mit Andersgläubigen diskutierte.

*

Diese Freiburger Kolloquien zwischen Vertretern von Christentum, Judentum und Islam, später auch Hinduismus und Buddhismus standen im Zeichen eines »Weltgespräches«. Ihr besonderes Kennzeichen war, dass sie die Wahrheitsfrage einschlossen.

Ich selbst habe Gespräche und daraus entstandene Publikationen später fortgeführt. Ihr Konzept hatte der Vorarlberger Walter Strolz entwickelt, sodass man auch hier einen Zusammenhang mit Österreich erkennen kann.

Dieses Anliegen entfaltete sich in der Folge und somit früh zu einem besonderen Schwerpunkt des Herder'schen Verlagsprogramms.

Dankbar nennen wir hier einige Autorennamen der ersten Stunde:

Karl Kerényi
Jakob Petuchowski
Raimundo Panikkar
Shizuteru Ueda
Smail Balić
Annemarie Schimmel.

*

Die jüngsten Ereignisse haben eine Fülle von Fragen aufgeworfen. Für viele Menschen sind es ungewohnte Fragen. Manchen mögen sie auch unangenehm erscheinen, weil sie naturgemäß eigene Vorstellungen oder alte Gewohnheiten infrage stellen. Wir sollten darum die Schwierigkeiten nicht unterschätzen.

Auf der anderen Seite vermag ich mir ein Zusammenwirken der verschiedenen Völker und ihrer so reichen Kulturen schwerlich vorzustellen ohne das vorausgehende »Weltgespräch der Glaubenden«. Es muss mit Priorität geführt werden.

Den so herausragenden und traditionsreichen »wichtigsten Orten auf dieser Erde« (um abschließend noch einmal das Empfehlungsschreiben aus dem Jahre 1814 von Bartholomä Herder zu zitieren), wie es Rom und Wien sind, kommt damit hohe Bedeutung zu.

Für den Verleger stellen sich somit für die Zukunft anspruchsvolle wie reizvolle Aufgaben – nämlich Autoren zu gewinnen und Bücher zu verlegen mit dem Ziel:
- bestehende Klüfte innerhalb der Menschheit zu überbrücken;
- verschlossene Tore zum Verständnis der Gedankenwelten anderer aufzuschließen;
- und auf solche Weise Fährmann zu sein zwischen den Ufern.

Österreichisch-habsburgisches Erbe

Gegenüber dem Münster *Unserer Lieben Frau* zu Freiburg im Breisgau finden sich an dem gotischen Kaufhaus vier Kaisergestalten aus dem Cinquecento im Schmuck des Ordens vom Goldenen Vlies und um sie verteilt die Wappen der habsburgischen Erblande. Diese Wappen sind auch in den Chorfenstern des Münsters selbst zu sehen, ebenso im Sitzungssaal des Rathauses, der ehemaligen Universität, deren Tradition heute noch in der Amtskette des Rektors zum Ausdruck kommt, die das Bild der Kaiserin Maria Theresia schmückt.

Eine Stadt also, auf vielfältige Weise mit Österreich verbunden, den Blick über die nahe Landesgrenze hinausgewandt in dahinterliegende geographische und geistige Räume. Die oberrheinische Landschaft bildet einen Schnittpunkt, dessen Süd-Nord-Linie, der Rheinstrom, nach Norden, dessen Ost-West-Linie zwischen Jura und Vogesen hindurch zum benachbarten Burgund weist. Es ist die Landschaft, aus der die Habsburger stammen und in der ihre frühesten Besitzungen im Elsass, am Hochrhein und im Breisgau lagen.

Verlegerische Arbeit, die in solchem Raum beheimatet ist, wirft ihren Blick wie selbstverständlich über die Grenzen. Das spiegelt sich schon im Konzept des Gründers, das sich, geographisch wie geistig, zwischen den Metropolen Wien und Paris entwickelt hat. In beiden Hauptstädten hielt sich Bartholomä Herder, der Gründer des Hauses und mein Ur-Urgroßvater, längere Zeit auf. In beiden gründete der »k. u. k. Feldbuchdrucker« während der unruhigen napoleonischen Jahre Niederlassungen, von denen das Wiener Herder-Haus bis heute besteht ...

Mit Niederlassungen in Italien, Spanien, Südamerika und im englischsprachigen Raum selbst von übernationaler Struktur, hat es im Verlauf von 175 Jahren immer wieder verlegerische Initiativen über die Sprachgrenzen hinweg gegeben. Von daher glaube ich eine gewisse Affinität zu spüren zu jenem Nationalbewusstsein, von der Heimito von Doderer in seiner Athener Rede sagt, dass es »wirklich das von allen am wenigsten Materielle« sei; er charakterisiert solches als einen »Zustand, als goldenen Schnitt zwischen Distanzen und Kräften, aus dem man fallen kann, wenn man eine rohe und ungeschickte Bewegung macht; und in den man geraten kann, komme man gleich aus Pernambuco, wenn's einen trifft, wenn einen dieses Spannungsfeld festhält.« (1)

*

Im Winter 1813/14 hielt sich Kaiser Franz I. in Freiburg auf. Bartholomä Herder gelang es, bei dieser Gelegenheit die Bestallung zum kaiserlichen Feldbuchdrucker zu erhalten. Im Zusammenhang damit hielt er sich viele Wochen in der Kaiserstadt auf, in der viele Autoren anzutreffen waren. Herder hatte damals in Wien eine Idee: Er wollte eine Frauenzeitschrift herausbringen; Herausgeberin sollte Karoline Pichler sein, eine geistreiche, charmante Dame, die einen viel besuchten Salon führte. Als Mitherausgeber in Freiburg war Karl von Rotteck vorgesehen. Das war angesichts der geographischen Entfernung und der Briefpost mit Postkutschen wohl kaum realisierbar, und es ist aus dem Plan auch nichts geworden. Trotzdem erwähne ich dieses Detail, weil es zeigt, dass Bartholomä Herder ein durchaus »modern« denkender Mann war.

Viele österreichische Autoren wollten bei Herder publizieren, aber nicht »draußen« im Reich. Das war nach 1871 eine geläufige Formulierung in Österreich; vom eigenen Staat sprach man als von der Donaumonarchie. (2)

*

Rudolf von Habsburg, der Begründer der kaiserlichen Dynastie, war ein alemannischer Nachbar. Seinem Schwager, dem Minnesänger Albrecht von Hohenberg, gehörte zeitweise die Burg Wiesneck im oberen Dreisamtal. Als der Thronfolger Franz Ferdinand eine morganatische Ehe einging, verlieh Kaiser Franz Joseph dessen Frau und Kindern den Titel der »Hohenberg« – die gleichnamige Herrschaft war kurz nach dem Erwerb der Stadt Freiburg an die Habsburger gefallen. Das Hohenberger Wappen kann man heute noch in Freiburg sehen.

Sie brauchen nur vor dem Freiburger Kaufhaus zu stehen und die Figuren und die Wappen der vielen Länder zu sehen, die die Habsburger alle zusammengebracht haben. Wir kennen den Spruch: »Bella gerant alii – tu felix Austria nube«, zu Deutsch: »Andere mögen Kriege führen – du, glückliches Österreich, heirate!«

Was mich auf vielen Reisen immer wieder gefesselt hat, war, den Habsburgern außerhalb ihrer Stammlande zu begegnen. Ich erwähne noch einmal Spanien. In Toledo, das ich liebe und oft besucht habe, stieß ich auf den Kaiseradler von Karl V.; er hatte ihn seiner Lieblingsstadt zum Dank verliehen.

Wenn Sie mich ganz dezidiert fragen, was mich dabei am meisten beeindruckt, dann ist es die Vision einer universalen Herrschaft ohne die einengende Begrenzung nationalen Denkens. (3)

*

Herder Wien hat seine Aufgabe stets als einen Dienst verstanden. Es geht dabei um geistige Nahrung, um das Brot des Wortes.

Das Haus und seine Träger fühlen sich dem kulturellen Austausch verpflichtet, zwischen benachbarten Völkern verbunden durch gemeinsame Sprache und gemeinsame Geschichte.

Auch nach dem Ersten Weltkrieg wirkten Sortiment und Antiquariat weit in den Raum der Nachfolgestaaten hinein:

Vor allem lateinische Werke, aber auch deutschsprachige Lexika konnten in diesen Ländern wirksam verbreitet werden. Nachwirkungen jener Tätigkeit ist das Vertrauen, das Name und Produktion von Herder bei vielen Lesern dieser Länder bis auf den heutigen Tag besitzen.

Im Herder'schen Verlagskatalog sind zahlreiche österreichische Autoren vertreten, die mithilfe unserer ausländischen Firmen in aller Welt bekanntgemacht werden.

Wir sind dankbar dafür, dass unser verlegerisches und buchhändlerisches Angebot durch die Jahrzehnte hindurch in so reichem Maße angenommen worden ist.

Die Sympathien des Verlagsgründers für Wien und für Österreich sind auf seine Nachfolger übergegangen. Ich selbst erinnere mich gerne an das halbe Jahr, das ich während meiner Berufsausbildung in dieser Stadt verbracht habe. (4)

»Das spanische Haus« – Carrer de Roger de Flor

Es ist vielleicht mehr als ein Zufall, wenn das Haus der Editorial Herder in Barcelona an einer Straße liegt, die den klangvollen Namen trägt, der in Katalonien wohlbekannt ist: Roger de Flor, der Held der Legenden und der Epen, der Held, den viele katalanische Dichter besungen haben. Wenn ich ihn heute nenne, so darum, weil er sich in mancher Hinsicht wie ein Symbol ausnimmt für eine Konstellation, die nun hier durch die Fertigstellung des Hauses einen nach außen hin kenntlichen Ausdruck erhalten hat.

Roger de Flor ist Sohn eines deutschen Vaters, eines Falkenmeisters aus dem Gefolge Kaiser Friedrichs II., und Sohn einer lateinischen Mutter. Damit wird er zum Vertreter einer glücklichen Verbindung zwischen Norden und Süden Europas.

Der Verlag Herder in Barcelona ist auf einer ebensolchen Grundlage erwachsen: die geglückte Verbindung zwischen Norden und Süden, eine Synthese, um die uns viele beneiden und die viele bewundern.

Diese Beziehungen zwischen Spanien und Deutschland sind ja an Erinnerungen so unendlich reich und überall gegenwärtig. An den Türmen des Kaufhauses in Freiburg im Breisgau finden wir die Wappen der spanischen Lande zusammen mit denen der Erblande des Habsburgerreiches, das der Verbindung zwischen Spanien und Deutschland eine Wirklichkeit verleihen konnte, die über Jahrhunderte aushielt und, nachdem sie äußerlich auseinandergefallen war, doch im Geistigen noch weiterwirkte. Diese spiegelt sich innerhalb der Familie und des Hauses Herder in mancherlei Weise, die ich hier anführen darf.

In meiner eigenen Familie finden sich spanische Vorfahren, Mitglieder einer Familie, die durch Generationen hindurch in Cádiz lebte und die erst in den napoleonischen Wirren nach Deutschland zurückgekehrt ist. Die Erinnerung an diese Vorfahren, deren Bilder leider dem Angriff auf Dresden 1944 zum Opfer gefallen sind, ist noch lebendig; es existiert noch der kleine Stierfechter-Anzug, den ich als Kind selbst einmal tragen durfte, und die Puppe meiner Schwester trug den Namen Conchita in Erinnerung an eine dieser Vorfahren.

Der Gründer des Hauses, Bartholomä Herder, studierte im schwäbischen Dillingen. Die Universität dort war im Zuge der Gegenreformation von den Jesuiten gegründet worden; spanische Patres, von Spanien nach Deutschland geschickt, hatten bei der Gründung dieser Hochschule mitgewirkt.

Mein Großvater, Hermann Herder, ein großer Verehrer von Philipp II., reiste zu einer Zeit mit dem Auto nach Spanien, als das Autofahren noch keine Selbstverständlichkeit war und es einigen Mutes bedurfte, mit einem solchen Vehikel die Pyrenäen zu überqueren. Was ihn zu dieser Reise antrieb, war die Idee des spanischen Verlages. Seit Jahrzehnten sind in Freiburg Werke in spanischer Sprache verlegt und gedruckt worden, und ein Großteil der älteren Ausgaben aus dem jetzigen Verlagskatalog der Editorial Herder gehen auf diese verlegerischen Bemühungen zurück, zusammen mit jenen lateinischen Titeln, die den Grundstock des verlegerischen Schaffens unseres spanischen Hauses bilden.

Ich bin glücklich, dass ich mich in diese spanische Tradition von Familie und Verlag einreihen durfte. Durch die Jahre, die ich während meiner Berufsausbildung hier in Barcelona verbrachte, fühle ich mich diesem Lande und seinen Menschen in besonderer Weise verbunden. So habe ich hier eine zweite geistige Heimat gefunden, und ich darf in diesem Augenblick sagen, dass ich Spanien viel zu verdanken habe und dass ich es liebe.

Nord und Süd, eine Verbindung mit größter Fruchtbarkeit, wenn sie gelingt. Wir erleben eine solche Verbindung täglich in der freundschaftlichen Zusammenarbeit zwischen Herrn Antonio Valtl und Herrn Dr. Olives, die es in ungewöhnlicher und seltener Weise verstehen, die ihnen zugeteilten Fähigkeiten in verbindender Art zur Erreichung dieses gemeinsamen Zieles zusammenzuführen.

Alles menschliche Mühen, ja das ganze menschliche Leben selbst strebt nach Schutz. Sich sesshaft zu machen, ist ein Urdrang des Menschen. Das tägliche Dasein des Menschen wird beruhigend umschlossen im Haus. Und so ist es natürlich, dass auch dieser Editorial Herder ein Ort geschenkt wird, an dem diese ihren örtlichen Ruhepunkt findet.

Für die Verbindung zur Welt sorgt die Türe. Unsere Eingangshalle ist in besonderer Weise eine solche Verbindung zur Welt. Wie Wächter stehen die heiligen Evangelisten da, die durch das von ihnen ausgehende Wort Patrone auch unserer verlegerischen Bemühungen sind. Sie wehren das Böse ab und halten es fern; sie lassen das Fremde mit Vorsicht und prüfender Behutsamkeit zu; und sie öffnen dem Freund die Türe, der zu ihnen kommt. So scheidet die Türe zwei Reiche: die Geschäftigkeit der Welt, den Strom des Lebens draußen und das eigene in seiner Aufgabe beschlossene Leben.

Für die Verbindung zur Welt sorgen aber auch die Fenster: Sie öffnen ungefährdet den Blick hinaus. Was wir sehen, ist zweierlei: zunächst den Garten, der ein Stück der Natur in dieser großen Millionenstadt beherbergt. Dieser Garten bringt etwas von der Ruhe und der Besinnlichkeit der Natur mit sich, und er ist fast wie ein *hortus conclusus* der Mönche und Nonnen, die ihn ja vor der Übernahme dieses Gebäudes durch die Editorial angelegt und gepflegt haben. Mag er auch fürderhin diese Aufgabe erfüllen und uns allen etwas von dieser Beschaulichkeit und Ruhe vermitteln, nach der wir streben und die zu erreichen uns während dieser Erdentage nie beschieden sein wird.

Dann schweift unser Blick hinüber zur Sagrada Familia, diesem gewaltigen Tempel, der das Symbol katalanischer Baukunst ist. Es ist ein Gebäude, das dienen soll, gleich dem unsrigen, wenn auch in anderer Weise. Es ist unvollendet geblieben. Dass es unvollendet geblieben ist, ist nicht nur eine Folge davon, dass das Geld ausgegangen ist; es ist vielleicht auch eine Folge der Unbeständigkeit der Menschen, der Beschränktheit des menschlichen Tuns.

Der schlanke Turm der Sagrada Familia ist gleichzeitig aber auch ein Fingerzeig zum Himmel, ein Zeichen dafür, dass das Streben nie aufhören darf und immer weitergehen muss und dass unser Tun nur dann einen Sinn hat, wenn es nach oben hin ausgerichtet bleibt.

In dieser Nachbarschaft hat das neue Gebäude der Editorial einen guten Platz gefunden. Die Straße, nach Roger de Flor benannt, soll uns Mahnung sein, dass Verlegen ein Abenteuer ist, ein Abenteuer des Geistes: das Aufspüren menschlicher und geistiger Probleme, das Suchen nach dem Autor, der zu diesen Problemen ein richtungweisendes Wort sagen kann, und das Schaffen von Wegen, auf denen dieses Wort zu den Menschen gelangen kann. Roger de Flor ist das Symbol eines Abenteuers; was er wollte, war das Wiedergewinnen des Orients, von dem der größte Teil an den Unglauben verloren war. Auch unsere verlegerische Aufgabe hat sich die Mitwirkung an der Erhaltung des christlichen Glaubensgutes als Ziel gesetzt und die Mitwirkung an der Zurückgewinnung verlorengegangener Positionen. Und ähnlich wie die *Almogávares* unter der Führung von Roger de Flor ausgerückt sind, so tun es auf ihre Weise unsere Verlagstitel unter dem Impressum Editorial Herder, die in alle Teile der Spanisch sprechenden Welt hinausgesandt werden. Mag der Name von Roger de Flor daran erinnern, dass dieses Haus nur dann einen Sinn für unsere Arbeit hat, wenn das Verständnis für das Abenteuer und für den Wunsch nach Geborgenheit nicht in Vergessenheit gerät.

Aus dem Reich der Mitte

Auf meinen Reisen bin ich wiederholt in Orten gewesen, die für sich beanspruchen, »Mitte« zu sein. So steht in Rom auf dem Forum Romanum ein Stein, der die Mitte des damaligen römischen Reiches darstellt; in Südamerika, hoch oben in den Anden in der ehemaligen Residenzstadt Cuzco, findet sich ebenfalls ein Stein, der die »Mitte« des damals großen, über den ganzen südamerikanischen Kontinent sich hinziehenden Reiches der Inkas symbolisiert.

Das sind »punktuelle« Markierungen von Mitte. Was für Gefühle aber empfinden wir, wenn wir Besuch erhalten aus einem Land, das so groß ist wie ein ganzer Kontinent und traditionsgemäß für sich beansprucht, »Reich der Mitte« zu sein?

Ich erinnere mich an meine Ankunft in Hongkong, der ersten Station meiner China-Reise im Jahre 1999. Unmittelbar nach der Landung fuhren wir (meine Frau und meine Tochter Gwendolin begleiteten mich) hinauf zum »Institute of Sino-Christians Studies«, das hoch oben am Ende der Fong Shan Road auf den Bergen oberhalb von Hongkong liegt, wichtiger Punkt der geistigen Begegnung zwischen der westlichen, christlichen und der chinesischen Welt.

Es war ein großer, unvergesslicher Eindruck, und ich erinnerte mich oben auf diesem Berg eines Wortes von Oswald Spengler, der beschrieben hatte, was ich zu sehen und zu erleben glaubte, nämlich »aus zeitloser Höhe den Blick auf die historische Formenwelt von Jahrtausenden« zu richten.

Hatte ich bisher die europäische Geschichte immer eingebettet in die universale Geschichte des Abendlandes verstanden, so ahnte ich nun beim Eintritt in das »Reich der Mitte« etwas vom Geheimnis der »Welt«-Geschichte.

Der Besuch dieser Delegation aus China gilt heute einem Verlag, der von der Gründung an stets den Blick auf das »Ganze« gehalten hat. Dies geschah (wenn man es so ausdrücken kann) auf zwei Ebenen:

Einmal *thematisch*, also inhaltlich, durch die ständige Bemühung um den enzyklopädischen Gedanken. Schon der Gründer hatte eine Art »Orbis Pictus« konzipiert und verlegt, eine »Systematische Bildergallerie« auf lithographischen Blättern, die alle Wissensgebiete der Menschheit und ihrer Kulturen, also Völkerkunde, Kunst, Mythos und Religion, darstellt.

Zum anderen wurde dieser Blick auf das »Ganze« aber auch im Sinn einer *globalen* Ausbreitung verwirklicht: Bartholomä Herder veröffentlichte diesen »Orbis Pictus« in einer französischen Ausgabe (1835): In der zweiten Hälfte des 19. Jahrhunderts begann Herder von Freiburg aus mit der Veröffentlichung eines umfänglichen Programms in spanischer Sprache; seit dem 20. Jahrhundert werden Bücher in englischer Sprache verlegt.

Aus diesen Tatsachen mögen Sie den äußeren Rahmen unserer verlegerischen Arbeit ablesen. Welches ist deren Inhalt?

Der Gründer des Verlages, Bartholomä Herder, hatte sich als Leitsatz vorgenommen, »durch das gute Buch ins Leben einzugreifen«. So stellt sich uns die Frage: Was ist das »gute« Buch?

Sie haben durch unser großes Portal das Haus betreten; im Giebelfeld desselben stehen die Worte »Geist schafft Leben«, ein Satz, dessen Quelle näher angegeben ist und der dem Johannes-Evangelium entnommen ist: Das Verlagsprogramm von Herder basiert also auf der christlichen Offenbarung. Was das im Einzelnen für den Verlag bedeutet, werden Ihnen meine Mitarbeiter in den folgenden Kurzreferaten aufzeigen.

Bei unserer Arbeit sind wir uns durchaus im Klaren, dass wir hier und heute in Europa in einem großen Säkularisierungsprozess stehen. Das ist in Deutschland nach der Wiedervereinigung von 1989/90 im Osten des Landes besonders deutlich geworden: Nahezu ein Viertel aller Deutschen ist während der letzten 40 Jahre agnostisch aufgewachsen. Die Sprache der Religion ist für viele Menschen zur Fremdsprache geworden.

Vor dem Urgrund der christlichen Offenbarung, auf dem wir stehen, wurden wir durch Begegnung mit den anderen Kulturen der Menschheit gewahr. Das Zweite Vatikanische Konzil hat mit großem Nachdruck zum »Dialog zwischen den Religionen« aufgerufen und hat die katholische Christenheit ermuntert, in den Gesprächspartnern bei diesem Dialog »… einen Strahl jener Wahrheit (zu) erkennen, die alle Menschen erleuchtet …«.

Der Verlag Herder hat schon sehr früh in diesem Sinn versucht, Beiträge zu leisten. Ich möchte drei solcher Beiträge hier erwähnen:

1. *Das »Chinesische Lexikon«*
In den dreißiger Jahren des 20. Jahrhunderts hat der Verlag Herder in seiner deutschsprachigen Redaktion den Inhalt einer Enzyklopädie erarbeitet, die die europäische Kultur für asiatische Leser vorstellen sollte.

Zwischen 1936 und 1939 wurde die Redaktionsarbeit für ein »Japanisches Lexikon« geleistet, das in den folgenden Jahren in einem japanischen Verlag in zwei Auflagen erschienen ist.

Im Anschluss daran begannen die Arbeiten zu einer chinesischen Ausgabe. Zu diesem Zweck kam 1939 ein Dozent der damaligen Fu-Jen-Universität aus Peking nach Deutschland. Es war Dr. Paul Hsiao, an den ich mich noch persönlich erinnere. Infolge des Krieges konnte er später nicht nach China zurückkehren und bekam von der Universität Heidelberg ein Extraordinariat für Religionswissenschaft und Symbolforschung angeboten.

Wenn auch die Arbeit an diesem Text für ein chinesisches Lexikon in Freiburg 1949 zum Abschluss gebracht werden konnte, so erlaubten doch die Umstände eine Übersetzung und Veröffentlichung nicht mehr: Dieses »Chinesische Lexikon« ist also nicht mehr erschienen.

Eine Reihe von Artikeln aber konnte in späteren deutschen Veröffentlichungen Verwendung finden. So sind zum Beispiel die Artikel des Jesuiten Oswald von Nell-Breuning später in einem »Wörterbuch der Politik« publiziert worden.

2. *Die Forschungsenzyklopädie »Sowjetsystem und demokratische Gesellschaft«*

Frühzeitig wurde die Wichtigkeit des Dialogs zwischen der westlichen Welt und den Ländern des Marxismus-Leninismus erkannt. Fast genau auf den Tag 100 Jahre nach der Veröffentlichung des »Kapitals« von Karl Marx und 50 Jahre nach der russischen Oktoberrevolution erschienen die ersten Bände einer sechsbändigen Forschungsenzyklopädie, die bei Herder sowohl in deutscher wie in englischer Sprache veröffentlicht wurde.

Ursprünglich hatte der Verleger, mein Vater Theophil Herder-Dorneich, nur an eine russische Ausgabe gedacht; dabei leitete ihn der Gedanke, einen Beitrag zu leisten für ein Gespräch über die Grenzen hinweg.

Der Herausgeberstab dieses einmaligen Werkes war international zusammengesetzt, ebenso die Autorenschaft. Die erhoffte Mitarbeit von sowjetischen Gelehrten ließ sich nicht verwirklichen.

Das Ziel dieser Forschungsenzyklopädie war, eine »Bilanz der Differenzen und Kontroversen« zu ziehen, und dies auf der Basis internationaler Forschung. Jeder Artikel war dreifach gegliedert und enthielt je eine Darstellung aus der Sicht der westlichen Welt und aus der Sicht der marxistisch-leninistischen Forschung und schloss ab mit einem kritischen Vergleich.

3. *Das »Weltgespräch«*
Angeregt durch die Stiftung »Oratio Dominica« in Freiburg fanden im Verlagshaus Herder im Verlauf von etwa 20 Jahren Kolloquien statt mit dem Ziel einer Annäherung der großen Religionen der Erde. Es begann mit Gesprächen zwischen den Vertretern der monotheistischen Religionen; es stellten sich rasch Bezugspunkte dieser sich auf Abraham zurückführenden Religionen heraus, wenn auch gleichzeitig die wesentlichen Unterscheidungsmerkmale deutlich wurden. Später wurden Vertreter der großen Religionen Asiens als Gesprächspartner hinzugezogen; leider war es damals nicht möglich, chinesische Gesprächsteilnehmer einzuladen. So fehlte die wichtige Stimme Chinas bei diesen Kolloquien.

Die Kolloquien beriefen sich ausdrücklich auf die Aufforderung des Zweiten Vatikanischen Konzils; ihr Kennzeichen war (im Gegensatz zu anderen Gesprächen solcher Art, etwa den Gesprächen »Eranos« im Tessin) der Einschluss der Wahrheitsfrage. Man darf im Rückblick diese Kolloquien als bahnbrechend bezeichnen, da das Gespräch zwischen den Religionen zu jener Zeit noch nicht selbstverständlich war.

Das 18. Jahrhundert war in Europa in einem nicht unerheblichen Maß geprägt von einer ersten, wenn auch gewiss noch oberflächlichen Begegnung mit China. Chinesisches Porzellan wurde allenthalben aufgestellt und gern benutzt. Man sprach von »Chinoiserien«, die einen nicht unerheblichen Einfluss hatten auf Kunst, Handwerk und Lebensstil, vor allem des höfischen Lebens, in jener Phase, die wir mit dem Begriff »Rokoko« umschreiben.

Geistiger Höhepunkt dieser Bewegung war die sogenannte »Chinesenrede« des deutschen Philosophen Christian Freiherr von Wolff. Seine These war: Auch die uns fremde Kultur Chinas hat den Christen in Europa etwas zu sagen.

Der Verlag Herder hat 1988 die Zusammenarbeit mit chinesischen Verlagen verstärkt aufgenommen. So kam es zu einer verlegerischen Absprache mit dem Verlag SDX Joint Publishing. Ziel war unter anderem, eine »Reihe zur deutschen Kultur« in chinesischer Sprache herauszugeben.

Im Kommentar zu dem Vertragswerk zwischen dem chinesischen Verlag und dem deutschen Verlag Herder war ausdrücklich Bezug genommen auf ein Wort von Goethe: Er hatte (vor rund 180 Jahren) in Weimar die Übersetzung eines chinesischen Romans gelesen und die Meinung geäußert, das deutsche und das chinesische Volk verbinde ein »natürliches Empfinden und die Richtung von Denken und Handeln«.

Zum Abschluss darf ich Sie meiner persönlichen Sympathie versichern. Sie sollen wissen, dass ich mich Ihrem Land und Ihrer Kultur verbunden fühle. Diese Verbundenheit kommt auch dadurch zum Ausdruck, dass sich in meiner Bibliothek das Portrait von Paul Xu Guangqi befindet. Er war (wie Sie wissen) Premierminister des letzten Kaisers der Ming-Dynastie. In dieser Eigenschaft begegnete er Matteo Ricci, dem bedeutenden Jesuiten und »Brückenbauer« zwischen dem Christentum und China.

Xu Guangqi übersetzte aus der griechischen Originalsprache die Geometrie des Euklid. Auf die Entwicklung der berühmten kaiserlichen Sternwarte in Beijing nahm er entscheidenden Einfluss. Im Museum dieser Sternwarte befindet sich noch heute eine Büste, die Xu Guangqi darstellt. Ich habe sie beim Rundgang durch die Sternwarte gesehen.

Das wunderschöne Portrait, in leuchtenden Farben auf eine Pergamentrolle gemalt, erinnert mich so täglich an China.

VI.
VERDIENTE MITARBEITER

»*Durch die Bündelung eines jeden einzelnen Beitrags ist so der gemeinsame Erfolg aller zustande gekommen und damit der Erfolg des Unternehmens.*«

HERMANN HERDER

In der Generation vor Hermann Herder sprach man im Verlag noch vom Ideal der mittelalterlichen »Dombauhütte«, um die Gemeinschaftsleistung verlegerischer Arbeit zu beschreiben. Erfolgreiche Bücher – wie etwa »Herders Bildungsbuch« nach dem Krieg – entstanden in der Zusammenarbeit von Verlagsmitarbeitern, die als einzelne anonym blieben.

Identifikation der Mitarbeiter mit der Idee des Verlags, Übereinstimmung mit seinen Zielen – das sollte die Grundlage für gegenseitiges Vertrauen und übertragene Verantwortung sein. Dass viele Mitarbeiter bei ihrem Ausscheiden aus der aktiven Verlagsarbeit betonten, sie hätten in diesem Verlag Leben und Beruf in Einklang bringen können, hat Hermann Herder als Besonderheit immer anerkennend wahrgenommen. Dass das so bleiben konnte, war ihm ein Anliegen. Wenn es galt, von verdienten Mitarbeitern Abschied zu nehmen, kamen dieser Respekt und diese Wertschätzung zum Ausdruck.

In einer Ansprache zum 185-jährigen Bestehen des Verlages Herder griff der Verleger Schumpeters Definition auf, der Unternehmer sei jemand, »der neue Kombinationen durchsetzt«, und erinnerte an Fritz Knochs Wort vom »kombinatorischen Einfall«. Sein Dank galt allen Mitarbeitern, die »ihre Arbeit im Gesamtzusammenhang verstehen«. Er forderte das aber auch von ihnen ein: »Sie legen gleichzeitig auch den Grundstein dafür, dass unsere Arbeit auch morgen fortgeführt werden kann. Die Zukunft wird hohe Anforderungen stellen.« Er forderte wertbewusste und offene Persönlichkeiten. Ihnen schenkte er auch Vertrauen und bezieht sie in die Führungsverantwortung ein. »Unsere Gesellschaft ist dabei, neue Wertvorstellungen zu entwickeln. Es wird darum viel verlangt werden, vor allem: Sensibilität für Veränderungen im geistigen und gesellschaftlichen Raum.« Die Würdigungen einiger besonders profilierter Mitarbeiter, die für das geistige Profil und die wirtschaftliche Entwicklung des Verlages stehen, sind hier stellvertretend abgedruckt. Sie zeigt, wie sehr sie die Entwicklung des Verlags mitbestimmt und dessen Gesicht geprägt haben.

»Getreuer Eckart«:
FRITZ KNOCH

Vor 30 Jahren, 1951, haben wir an dieser Stelle Abschied genommen von einem Mann, der in vielem Vorbild gewesen ist für Fritz Knoch: Es war Max Welte. Unweit seines Grabes wird nun Fritz Knoch seine letzte Ruhestätte finden.

Damit geht der Blick zurück in die Geschichte des Hauses, auf die Reihe jener getreuen Männer, die für den Verleger und in seinem Namen, an seiner Stelle gewirkt und gehandelt haben. Es ist eine Reihe, die sich bis in die Zeit von Benjamin Herder zurückverfolgen lässt. Fritz Knoch war einer dieser Männer. Bei aller Verschiedenheit dieser einzelnen Männer war ihnen doch eines gemeinsam: nämlich die Treue zur Aufgabe; es ging ihnen stets um die Sache, die im Mittelpunkt ihres Denkens, Arbeitens und Lebens stand – nie um die eigene Person. Fritz Knoch war der »getreue Eckart«.

Am 5. April 1932, also fast vor einem halben Jahrhundert, trat Fritz Knoch ins Haus ein, nach Abschluss des Humanistischen Gymnasiums und der Handelsschule. Diese Verbindung war charakteristisch für ihn: Sein Interesse für und die Kenntnis von geistiger und wirtschaftlicher Fragestellung kamen schon durch die Art seiner Vorbildung zum Ausdruck. Es folgte der Besuch der »Reichsschule für den Buchhandel« in Leipzig. Während jener schwierigen nationalsozialistischen Jahre gehörte Mut dazu, die Zugehörigkeit zu einem Verlag wie Herder zu bekennen.

Dann brach der Krieg aus mit seinen so nachhaltigen Eindrücken, von denen Fritz Knoch immer wieder und ausführlich erzählt hat: als Soldat des Afrikakorps das Erlebnis der afrikanischen Wüste, wie sie uns durch die Schilderung von

Carlo Carretto nähergekommen ist. Wüste, das bedeutete: sonnenheiße Tage und sternklare Nächte.

Sodann das Erlebnis der kanadischen Wälder als Kriegsgefangener: körperliche Arbeit am Rande der menschlichen Zivilisation in den heißen Sommern und eisigen Wintern Kanadas. Es waren fünf Jahre der Arbeit, aber auch der Muße – erzwungen und zugleich angenommen. Fritz Knoch hat immer wieder von dieser Zeit in den Wäldern gesprochen. Wer selbst als Holzfäller tätig war, wusste den Vergleich zwischen der Waldwirtschaft und der Arbeit des Verlegers einzuschätzen, wusste, dass nicht morgen geerntet werden kann, was gestern nicht gesät wurde.

Fritz Knoch besaß umfassende Berufskenntnisse. Er hatte ein Gespür für verlegerische Möglichkeiten. Eines seiner Lieblingsworte war das von der »verlegerischen Konstruktion« – wie ein Architekt und Baumeister bastelte er an schwierigen verlegerischen Konstruktionen herum und baute sie auf. Dabei galt es, die verschiedensten Aspekte zu integrieren: die Feinheiten der Kalkulation, die Ausnutzung aller technischen Möglichkeiten, die Sicherung der Auflage durch verlegerische Kooperation über den Sprachraum hinaus. Fritz Knoch meisterte diese Spannung zwischen »Geld und Geist«, zwischen Möglichem und Erstrebtem.

In besonderem Maße vermochte er Spannungen auszugleichen und Widersprüche aufzulösen. Das gelang ihm deswegen, weil er selbst ein Mann der Mitte war, verwurzelt im Glauben, ruhend auf Grundsätzen, nach denen er sich selbst richtete, ein Mann der Integration in diesem weitverzweigten Hause. Seine Integrationskraft wirkte weit über die Sprachgrenzen hinweg, zeitweilig bis nach London und New York, Städte, wo er wiederholt beruflich war, zuletzt nach Wien und Frankfurt als Ratgeber der dortigen Verlage.

Fritz Knoch hatte ein besonderes und persönliches Verhältnis zu seinen Mitarbeitern: In seiner Bescheidenheit war er stets einer unter ihnen, immer respektiert wegen seiner menschlichen Haltung und seiner profunden Sachkenntnis. Er besaß die Begabung, Mitarbeiter zu motivieren; sein Rat wurde von vielen und gerne gehört. So bleibt er uns in Erinnerung: humorvoll und warmherzig. Manchen von uns ist er ein Freund geworden.

Bei all dem war und blieb Fritz Knoch ein nüchterner Mensch; realistisch schätzte er die Lage ein und die Möglichkeiten, die ihm und dem Hause gegeben waren. Er wusste um die gefährdenden Faktoren unserer Zeit sehr genau Bescheid.

Zum Schluss seines Lebens war ihm das Erlebnis der eigenen Gefährdung auferlegt. Die zurückliegenden Wochen der Fastenzeit des Jahres 1981 wurden ihm zur eigenen Passionszeit. Aber auch in dieser so schmerzlichen Phase seines Lebens bewies er Kraft, nicht nur sich selbst, sondern auch andere zu halten.

Beim letzten Besuch an seinem Krankenbett – es war die beeindruckende Verabschiedung in der Vorahnung des eigenen Todes – wies er noch einmal wie beschwörend auf die Hauptaufgabe des Verlegers hin: stets die Priorität des Geistigen zu wahren.

Am Abend des 6. April, seinem Sterbeabend, ging nach den dunklen Nächten des Neumondes eine unendlich feine Mondsichel am Himmel auf. Wer dieses Bild am Himmel mit dem Tod in Verbindung brachte, dem war sie wie eine »Seelenbarke«, bereit zur Überfahrt.

Fritz Knoch hat den Weg angetreten in jene geistige Welt, der er sich ein Leben hindurch verpflichtet wusste in der christlichen Hoffnung auf die eigene Erlösung.

Wir bleiben ohne ihn zurück mit der beruflichen Aufgabe, ihrer Bürde, aber auch der Freude an ihr, von der wir wissen, dass er sie an ihr gehabt hat.

Unsere besonders herzliche Anteilnahme gilt Ihnen, liebe Frau Knoch, und Ihren Kindern. Die große Anzahl von Mitarbeitern, die sich heute hier eingefunden hat, mag Ihnen tröstlicher Beweis sein, wie viele Ihren Schmerz teilen.

Wir werden Fritz Knoch ein dankbares Gedenken bewahren. Ich selbst nehme Abschied von ihm mit den Worten von Matthias Claudius:

»Ach, sie haben einen guten Mann begraben, mir aber war er mehr ...«

Inspirierende Weltverantwortung:
ROBERT SCHERER

Dr. Robert Scherer hat jahrzehntelang und sehr erfolgreich das theologische Lektorat im Hause Herder betreut und war zum Schluss Cheflektor für das Gesamthaus. Während rund 60 langer Jahre hat er das Profil der theologischen Verlagsproduktion entscheidend geprägt.

Robert Scherer ist 1904 in Paris geboren worden und dort zur Schule gegangen; infolgedessen war, abgesehen von der deutschen Muttersprache, die in der Familie Scherer auch in Paris gesprochen wurde, Französisch die zweite Sprache, die er erlernte und fließend sprach.

Für den Verlag Herder war diese Sprachkenntnis ein entscheidender Vorteil. Für Robert Scherer gab es keine Grenzen, und als theologischer Lektor erwies er sich später als ein intimer Kenner der französischen Geisteswelt.

Er war nicht nur als Lektor »Übersetzer« bei der Weitergabe der für die Kirche so wichtigen Impulse des Renouveau Catholique, er war auch ein Übersetzer von wichtigen französischen Werken. So übersetzte er Werke von Fénelon, Mauriac, Lubac; als sein eigentliches Lebenswerk als Übersetzer darf man indes die Übersetzung der Werke von Maurice Blondel ansehen, dessen Gedanken und philosophische Vorstellungen den Übersetzer Scherer entscheidend geprägt haben.

1940, also zu Beginn des Zweiten Weltkrieges (den Robert Scherer infolge seines Alters zu seinem Glück nicht mehr mitmachen musste), veröffentlichte er sein erstes Werk: »Christliche Weltverantwortung«. Das Stichwort »Welt« wurde zum großen Thema seines Lebens: Getragen von dem Willen, die Welt in ihrer vollen Wirklichkeit zu bejahen, nahm er eben diese »Welt« frühzeitig ins Visier. Zahlreiche Werke, an denen er maßgeblich beteiligt war, sollten später genau unter diesem Stichwort stehen. So trug der sehr erfolgreiche Band »Herders Bildungsbuch« (der sowohl als 10. Band des Lexikons »Der Große Herder« 1953 erschien als auch als Sonderausgabe und unabhängig von der Kontinuation des Lexikons verkauft wurde) den Untertitel »Der Mensch in seiner Welt«.

Weitere Titel sollten dem folgen: »Welt vor dem Glauben« oder (so ein anderes Werk) »Christ in verwandelter Welt«. Häufig gebrauchte Robert Scherer das Wort, das diese seine Beziehung deutlich macht: »Glaube ohne Welt ist kein Glaube.«

Die Welt im geographischen Sinne war sein Arbeitsfeld. Über das eigentliche und ihm vertraute Verlagsprogramm des Verlages Herder in Freiburg nahm er entscheidenden Einfluss auf die Gestaltung der Verlagsprogramme von Herder'schen Schwesterverlagen: so auf das Programm von Herder Wien, das in der unmittelbaren Nachkriegszeit von besonderem Profil und auch Erfolg war, auf die Verlagsproduktion von Rom im Rahmen der dortigen verlegerischen Möglichkeiten, vor allen Dingen aber im Gespräch mit dem Cheflektor des spanischen Verlages Herder, Dr. Santiago Olives in Barcelona; hier begegneten sich gewiss zwei Geister, die ähnliche Vorstellungen von Glaube und Welt hatten.

Ein besonderes Betätigungsfeld eröffnete sich schließlich im Verlauf der fünfziger Jahre für Robert Scherer beim geistigen Aufbau der Verlagsgründung von Herder in New York. Durch viele Jahre hindurch traf sich im »Grünen Zimmer« des Verlagshauses eine Arbeitsrunde, an der auch Karlheinz Schmidthüs (der lange Jahre beruflich in England verbracht hatte) teilnahm, unter der Leitung von Robert Scherer, um das Verlagsprogramm für den englischsprachigen Raum zu entwickeln. Dies geschah in enger Zusammenarbeit zunächst mit Herder in London und später mit Herder & Herder in New York selbst. Diese Hinweise mögen die Weite des Gesichtsfeldes von Robert Scherer belegen.

Eine solche verlegerische Tätigkeit konnte nur gelingen im Besitz einer starken Mitte. Robert Scherer hat sich ein Leben lang immer dem christlichen Glauben verbunden gefühlt, ja er war durch sein theologisches Studium beim Jesuitenorden auf diese Mitte »eingeschworen«. Man darf wohl Robert Scherer mit gutem Recht als einen starken und überzeugenden »homo religiosus« bezeichnen.

Robert Scherer war von großer Sensibilität, sehr feinfühlig für alle geistigen Vorgänge und menschlichen Begegnungen und von einer beachtlichen musischen Begabung; in keinem der Symphonie-Konzerte der Nachkriegszeit fehlte er. Dabei war sein Wesen von einer großen Bescheidenheit geprägt, und immer hielt er sich hinter seinen Lektoren verborgen: Es ging ihm nie um seine eigene Person, sondern immer um die Verwirklichung seines Anliegens.

Nachdem am 27. November 1944 das Verlagshaus ausgebombt worden war, siedelte das damalige Lektorat (bestehend aus Dr. Robert Scherer und Hans Rombach) in die Bischofsstadt Eichstätt über.

Der damalige Bischof von Eichstätt hatte, nachdem er von dem Bombenangriff auf Freiburg gehört hatte, dem Verlag Unterkommen in dem mehr oder weniger leerstehenden Priesterseminar angeboten. So siedelte Robert Scherer nach Eichstätt über, und in der Stille dieser barocken Kleinstadt entstand jenes verlegerische Konzept, das später den Namen »Eichstätter Programm« erhalten hat. Dieses Programm, gewissermaßen unter dem »Glockenläuten« der vielen Kirchen von Eichstätt entstanden, bezeichnete Scherer selbst als einen »geistigen Quellbrunnen«. Das Verlagshaus Herder hat Jahrzehnte davon gezehrt. Der Umfang der von Scherer konzipierten Vorstellungen sei (so gestand er später einmal) nur etwa zu einem Fünftel verwirklicht worden. Unabhängig von dieser quantitativen Betrachtung können wir im Rückblick das Eichstätter Programm als so etwas wie eine »stille Glut« einschätzen, aus der immer wieder Flammen entfacht werden konnten und Ideen sich in größeren Verlagsprogrammen niederschlugen.

Robert Scherer war ein Mann des Gespräches. Er fehlte in keiner der vielen Gesprächsrunden, die für die Nachkriegszeit im Hause Herder so bezeichnend waren: »Am runden Tisch« wurden Ideen bewertet, Verlagspläne diskutiert und verlegerische Entscheidungen getroffen.

Bezeichnend für diese schier unbegrenzte Gesprächsbereitschaft war vor allem eine lebenslange Freundschaft mit zwei bedeutenden Theologen, die Robert Scherer ohne Zweifel mitgeprägt haben: neben Bernhard Welte war es vor allem Karl Rahner, der Robert Scherer seit den gemeinsamen Studien bei den Jesuiten in Feldkirch 62 Jahre lang verbunden war. Die Tatsache, dass die wichtigsten Werke von Karl Rahner bei Herder erscheinen konnten, ist dieser Freundschaft zu verdanken. Aber auch andere bedeutende Theologen gehörten zum Freundeskreis von Robert Scherer.

Wiewohl er die Theologie bei Herder bestimmte, war Robert Scherer doch in erster Linie Philosoph. Religion betrachtete er dabei als das vornehmste Thema der Philosophie. Es verwundert also nicht, dass er neben der Verantwortung für das Verlagsprogramm von Herder zugleich verantwortlich war für die Verlagsproduktion des Verlages Karl Alber und dort ganz besonders für eines seiner Lieblingskinder, nämlich den »Orbis Academicus«, sowie für die wissenschaftlichen Zeitschriften bei Alber, vorab das »Symposion«.

Robert Scherer hat über sich wenig gesprochen, aber wenn er etwas sagte, dann waren es doch immer dieselben grundlegenden Gedanken – »jugendliche Hoffnung« lautete ein solches Richtwort, und ein anderes, »geschichtliche Möglichkeit«, ergänzte es. So war das Wirken von Robert Scherer ausgespannt zwischen vertrauensvollen utopischen Vorstellungen und Realisierbarem.

Das Mitgefühl aller Mitarbeiter des Hauses gilt seiner Frau, Dr. Alice Scherer. Sie selbst war ja, bevor sie Robert Scherer im Verlag Herder kennenlernte, Redakteurin bei der damaligen Lexikonredaktion. Nach ihrer Verheiratung mit Robert Scherer begleitete sie diesen durch ein Leben hindurch auch im geistigen Bereich und nahm Anteil an der Vorüberlegung und bei der Durchführung vieler Werke. Mitdenken, Mitsorge und Mithilfe waren bezeichnend für diese intensive Zusammenarbeit.

Eines der letzten Bändchen von Alice Scherer trägt den Titel »Pfingsten entgegengehen«. Das entspricht der Vorstellung, dass Christsein durch die Freude der Erwartung besonders gekennzeichnet ist. Unsere Anteilnahme ist getragen von der Gewissheit, dass wir den Verstorbenen in diese Hoffnung entlassen dürfen.

Spannungen gestalten:
LUDWIG MUTH

Der Apostel Paulus – so wissen wir aus dem 2. Timoteusbrief – schrieb aus dem römischen Gefängnis, man möge ihm seinen zurückgelassenen Mantel bringen, vor allem aber seine bei der Verhaftung zurückgebliebenen Bücher ...
Ludwig Muth, von dem wir heute Abschied nehmen, bezog sich gerne auf diese kleine Szene: Sie sei als die Geburtsstunde einer Buchpastoral zu deuten. Zum ersten Mal sei das Medium Buch bei Paulus in die christliche Verkündigung einbezogen worden.

Ludwig Muth hat sich dieser Aufgabe und ihrer theoretischen Durchdringung ein Leben hindurch verpflichtet gewusst.

In einem seiner frühen Briefe an den Verleger Herder umschrieb er sein eigenes Selbstverständnis mit folgenden Worten:

> »... ständiges Umdenken geistiger Konzeptionen auf die Marktsituation verlangt:
> – weitsichtige Planung
> – konkrete Gestaltung
> – Initiative und kritisches Denken zugleich«.

Und er fügte hinzu: »In solchen Spannungen bin ich zu Hause ...«

Ludwig Muth kam aus Köln, war geprägt von der Geschichte und der Katholizität dieser Stadt; beruflich geformt durch einen Buchhändler alter Schule, Heinrich Gonski, den man den »Vater der Deutschen Buchhändlerschule« zu nennen pflegte. Nach Abschluss seines akademischen Studiums suchte er ein neues Arbeitsfeld. Wenig später gestand er, er habe im Verlag Herder ein »Stück Heimat« gefunden.

Ludwig Muth war von hoher intellektueller Beweglichkeit, von sprühendem Einfallsreichtum, von unerschöpflicher schriftstellerischer Schaffenskraft.

Alle diese Fähigkeiten waren auf ein Ziel ausgerichtet: dem guten Buch den Weg zum Leser zu bereiten.

Alles, was er unternahm, unternahm er im Blick auf den Leser. Stets fasste er den »Buchmarkt« ins Auge. So ist er im Verlauf der Jahrzehnte dem ganzen Berufsstand bekannt geworden: Im Zusammenhang mit der von ihm entwickelten Buchmarktforschung wurde er darüber hinaus dem Berufsstand unentbehrlich. »Lesekultur« – ein Ausdruck, den er geprägt hat.

Ludwig Muth hat es als Verleger verstanden, Quantität mit Qualität zu verbinden. Bei aller Bemühung um den Buchmarkt hat er doch immer den Primat des Geistes anerkannt. Mit der ihm eigenen Sensibilität führte er dem Verlag Herder neue Autoren zu:

- jüdische Schriftsteller;
- Frauen in der von ihm initiierten »Frauen-Reihe«;
- christliche Persönlichkeiten aus dem frühen politischen Leben Bonns.

So wusste er Türen aufzustoßen in neue Räume.

Alle diese Bemühungen für das Buch und den Buchhandel, für Berufsstand und Buchmesse gründeten in seiner religiösen Grundhaltung. Selbst ein »homo religiosus«, beherrschte er doch die weltliche Sprache der Welt. So verstand er es, seine Gedanken und Anregungen allen zugänglich zu machen.

»Lesen – ein Heilsweg« lautete der Titel einer seiner Veröffentlichungen. Als eine letzte Aufgabe wünschte er sich, eine »Theologie des Lesens« zu schreiben.

Wir werden Ludwig Muth in dankbarer Erinnerung behalten; sein helles und fröhliches Lachen wird uns unvergessen bleiben! Als Abschiedswort hat er uns einen Satz von Johannes vom Kreuz zurückgelassen:
»Ihr sollt lesen, beten und fröhlich sein!«

Kreativ aus der Mitte:
HUBERT SCHLAGETER

»*In labore requies* …«
»*In der Unrast schenke Ruh'*«

So heißt es im Pfingsthymnus, den um 1200 der Engländer Stephan Langton schrieb – überzeugt davon, dass der Ausgleich zwischen der Unrast jeglicher Arbeit und dem befriedenden Innehalten nur gelingen könne durch die Gnade des pfingstlichen Geistes.

Wir stehen noch unter dem Eindruck des Pfingstfestes, das Jahr steht in seinem Lauf auf dem Höhepunkt.

Ein guter Augenblick also, einen verdienstvollen Mann zu ehren, der an der Schwelle von rastloser Tätigkeit und anhebender Muße steht; ihm zu danken, der seine berufliche Arbeit abschließt, nachdem er sich während eines halben Jahrhunderts bewährt hat, einem halben Jahrhundert, das ihm gewährt worden ist.

Unser herzlicher Gruß gilt darum Ihnen, lieber Herr Schlageter! Mögen Sie aus der großen Zahl derer, die sich heute Nachmittag hier versammelt haben, die Sympathie und den Respekt erkennen, die wir Ihnen alle noch einmal am Tage Ihrer Verabschiedung entgegenbringen.

Der Vorname, den Sie tragen, weist in die Ardennen. Die Verehrung Ihres Namenspatrons ist unter anderem in Luxemburg zu Hause, dem Land, aus dem Ihre Frau stammt.

Die Tradition verbindet den heiligen Hubert mit der bekannten Legende vom Hirsch mit dem Kreuz im Geweih. Diese Legende ist von der Renaissance gedeutet worden vor allem im Blick auf die Flüchtigkeit der Zeit, aber auch auf das kostbare Ziel, das der Christ vor Augen hat.

Ein halbes Jahrhundert beruflicher Arbeit ist – im Rückblick – flüchtig vorübergeglitten – ihr Inhalt aber und der Sinn, den Sie Ihrer Arbeit zu geben wussten, ist und wird unversehrt erhalten bleiben.

Als Sie 1940 – zu Kriegsbeginn – in das Haus Herder eintraten, haben Sie noch eine Generation von verantwortungsbewussten und aufrechten Männern kennengelernt, die in den schwierigen Jahren der nationalsozialistischen Bedrängnis unbeirrt von Drohungen für die verlegerische Aufgabe eingestanden sind.

Aus jenen Jahren stammt auch Ihre persönliche Begegnung mit der liturgischen Bewegung, durch den Namen »Schott« besonders gekennzeichnet.

Erfolge, aber auch Nöte dieses wegweisenden Laien-Missale haben Sie durch Jahrzehnte hindurch begleitet. Ich wüsste kaum ein anderes Verlagswerk zu nennen, dessen verschiedenste Auflagen und Ausgaben so von Ihrer meisterlichen Hand gestaltet worden wären wie gerade dieses.

Zu den Werken, um die Sie sich ganz persönlich gesorgt haben, gehören die diözesanen Gesangbücher, das Magnifikat und später das Gotteslob. Durch sie und viele andere Bücher ist der Verlag Herder aufs Engste mit der Ortskirche von Freiburg und ihrem Oberhirten verbunden.

Seit dem Zweiten Vatikanischen Konzil sind in der Kirche Aufbrüche und leider auch Brüche geschehen, die wir teils freudig begrüßt, teils schmerzlich erlebt haben. In wenigen Jahren sind mit der Kirchensprache Latein bewährte Lehrbücher verschwunden, erfolgreiche religiöse Autoren vergessen und Teile unseres Lagers unverkäuflich geworden.

In jenen schwierigsten Jahren haben Sie dem Verlag entscheidende Dienste geleistet. Zusammen mit Ihren Mitarbeitern haben Sie neue Autoren gesucht und neue Themenstellungen aufgespürt. Das mutige Plädoyer gegen den Patriarchalismus von Weihbischof Ernst Gutting sei hier nur beispielhaft für dieses Mühen genannt. Man kann wohl sagen, dass Sie, lieber Herr Schlageter, den Verlagskatalog in einem Ausmaß ausgeweitet haben, wie selten zuvor – eine Ausweitung, die stets in ökumenischer Weite und Weitsicht erfolgte.

Bewährte verlegerische Linien haben Sie weitergeführt, neue Anregungen hinzugefügt und so, dem Hausvater im biblischen Gleichnis ähnlich, Altes und Neues aus der Schatztruhe religiöser und theologischer Thematik hervorgeholt.

Dass der Verlag Herder in diesen so schwierigen Jahren seine Positionen halten konnte, ist vor allem Ihnen zu verdanken, Ihrem unermüdlichen und selbstlosen Einsatz. Dass Sie das in großer Bescheidenheit und ohne viel Aufhebens nach draußen getan haben, entspricht Ihrer Art und soll nicht unerwähnt bleiben.

Ihre große Stunde kam mit der nachkonziliaren Liturgiereform. Die Hausschrift »Adamas« von Alfred Riedel war soeben – providenziell, möchte ich sagen – fertiggestellt; die deutschsprachigen Texte standen mit dem Schott zur Verfügung. Aber was Sie dann daraus gemacht haben, war ganz und gar Ihre persönliche Leistung.

In unserem Verlagshaus gibt es eine Reihe von häufig gebrauchten Ausdrücken, die von Ihnen, Herr Schlageter, auf Ihre eigene und unnachahmliche Weise verkörpert werden. Ich denke hier vor allem an die Bezeichnung »Division Mitte«, die noch mein Vater – Offizier des Zweiten Weltkrieges – geprägt hat.

Mit dieser Bezeichnung »Division Mitte« haben Sie sich seit der erfolgreichen Durchführung der neuen Organisationsform zu Anfang der siebziger Jahre sofort identifiziert. Im Verlauf der Jahre haben Sie Ihre Mitarbeiter sehr konsequent auf diese Herz-»Mitte« unserer verlegerischen Arbeit hin ausgerichtet und zu verpflichten gewusst. Sie haben dieses Selbstverständnis unseres Hauses immer vertreten, selbst überzeugt und darum überzeugend.

Auch der Begriff des »Gemeinschaftsverlages« hat durch Sie eine sehr lebendige Ausprägung erfahren. Die zunächst ja nicht unbedingt zusammenlaufenden Interessen innerhalb der liturgischen Verlegergemeinschaft haben Sie mit einfühlsamer Hand und mit vermittelndem Geschick auf ein gemeinsames Ziel auszurichten vermocht. Aus ursprünglicher Konkurrenz entstand so eine echte Kooperation, die sich bewährt hat. Ich möchte hier den Namen des verstorbenen Züricher Verlegers Oskar Bettschart nicht unerwähnt lassen, der Ihnen und mir ein Freund geworden ist.

Nicht zuletzt haben Sie einen starken und höchst fruchtbaren Gemeinschaftssinn unter Ihren Mitarbeitern zu entfalten gewusst. Mit eiserner Konsequenz, mit zuweilen einforderndem Blick und bestimmter wie bestimmender Hand haben Sie Ihre Mitarbeiter zu einer höchst effizienten Arbeitsgruppe zusammengefügt; hier wurde zweimal in der Woche diskutiert und alle Fragen einer Antwort zugeführt.

Wer weiß, wie lange abends oft Ihr Auto im Südhof zu sehen war, der mag geahnt haben, dass Sie zuweilen sehr wohl ein ebenso energischer als auch unbequemer Vorgesetzter sein konnten.

Härte galt nicht zuletzt Ihnen selbst – ohne eine solche hätten Sie die Folgen Ihrer Kriegsverwundung nicht im Griff behalten. Die Führung Ihrer Verlagsabteilung war immer kraftvoll und verlässlich. Ihre Mitarbeiter und Mitarbeiterinnen möchte ich heute Abend ganz besonders begrüßen. Ich möchte Ihnen allen danken für Ihre langjährige und erfolgreiche Mitarbeit.

Ein jedes von Ihnen – ich möchte hier mit Absicht diese vertraute Wortbildung unserer alemannischen Heimat verwenden – hat auf je seine Weise seinen Weg in dieses Verlagshaus gefunden. Sie alle haben je Ihre Gaben und Begabungen in die gemeinsame Arbeit eingebracht. Ihr ausgesprochener Wille zu einer so intensiven Zusammenarbeit, wie sie für die »Division Mitte« kennzeichnend war, hat den je eigenen Beitrag nie begrenzt, sondern vielmehr freigesetzt. Sie haben so im Kleinen »Vielfalt in Einheit« auf eine sehr überzeugende Weise gelebt.

Ihre Leistung, Herr Schlageter, wäre unvollkommen beschrieben ohne die Erwähnung der Zeitschriften. Einfühlsam, aber nicht minder zielbewusst haben Sie das Gespräch mit den Redakteuren unserer Hauszeitschriften geführt. In Respekt für deren redaktionelle Eigenständigkeit haben Sie den verlegerischen Part souverän gespielt und dieses wichtige Segment unserer verlegerischen Arbeit erfolgreich geführt.

Ich möchte schließlich Ihre Mitwirkung in der Geschäftsleitung des Verlages dankbar erwähnen. Sie haben auf sehr persönliche und überzeugende Art zu jenem erfreulichen Einvernehmen in der verlegerischen Führung beigetragen, das für die zurückliegenden Jahrzehnte kennzeichnend gewesen ist. Sie haben auch entscheidend mit zu der erfolgreich geübten Bemühung beigetragen, die gesamte Arbeit in diesem Hause und die damit sich stellenden verlegerischen Entscheidungen stets durch einen »Basis-Konsens« zu sichern und fruchtbar zu machen.

Sie, Herr Schlageter, sind mir persönlich ein sehr wichtiger Begleiter und kluger Ratgeber bei der Führung des Verlagshauses gewesen. Dafür möchte ich Ihnen ein ganz besonders herzliches Wort des Dankes sagen.

In den letzten Jahren ist die Zahl der katholischen Verlage geschrumpft; viele, zum Teil angesehene Namen von Verlegern und Verlagen sind verschwunden. Das hat gewiss seine Gründe: Die Überlebenschancen für katholische Verlage sind geringer geworden. Dass es dem Verlag Herder gelungen ist, die äußerst schwierige Entwicklung zu meistern, ist zu einem guten Teil Ihnen zu verdanken.

Mit sicherem Griff, mit hohem fachlichen Können, mit dem Gespür für das, was zu verwirklichen ist, haben Sie jedes Jahr und immer wieder aufs Neue mit Ihrer Produktion die erforderlichen Zuwachsraten erreicht und so einen entscheidenden Beitrag geleistet zum Fortbestand des Hauses.

Von den Mönchen des Klosters St. Hubert in Belgien – so weiß das LThK im Artikel über Ihren Namenspatron zu berichten – seien die begehrten »Hubertus-Hunde« gezüchtet worden.

In schwierigen Lebenssituationen hätte man – so berichtet dieser Artikel weiter – im Mittelalter die sogenannten »Hubertus-Riemchen« im Knopfloch getragen! Wer weiß das so ganz genau, wie sehr der heilige Hubert im Stillen für Sie gewirkt hat? Dem Tüchtigen hilft auch sein Namenspatron gerne. Ihre Verdienste und Ihre Erfolge würden durch solch eine Beziehung – die Ihnen durchaus zuzutrauen ist – keinesfalls geringer!

In Analogie könnte man die von Ihnen verlegten Titel durchaus als »begehrte« Schlageter-Bücher bezeichnen. Man denke nur an Ihre jüngsten Erfolge, wie die große »Geschichte des Christentums« oder an den von Ihnen verlegerisch verantworteten Start der Spektrum-Reihe.

Auch das in Vorbereitung befindliche neue »Lexikon für Theologie und Kirche« soll hier erwähnt werden.

Ich persönlich wünsche mir, dass ich auch nach Ihrem Ausscheiden aus der täglichen Arbeit mit Ihrem menschlichen und fachlichen Rat rechnen darf. Es ist mein persönlicher Wunsch, dass wir beide unser jahrzehntelanges, so erfolgreiches und menschlich so angenehmes Gespräch – wenn auch in abgewandelter Form – fortsetzen.

Dafür danke ich Ihnen schon heute, und wir alle danken Ihnen an Ihrem vorletzten Arbeitstag sehr herzlich für Ihre Lebensarbeit. Das Haus Herder wird Sie nicht vergessen!

VII.
»PFLICHT UND AUFTRAG« – ZUM BERUF DES VERLEGERS

Wir haben uns immer von einem Grundgedanken leiten lassen: Dass nämlich Bücher nicht um eines raschen Erfolges willen gemacht werden, sondern einer Wirkung willen, die ebenso in die Breite wie in die Tiefe gehen soll.

Hermann Herder

Die Arbeit des Verlegens vollzieht sich zwischen den Polen von Geist und Geld, zwischen Markt und Idee, Geist und Zeitgeist. Und für das Verlagshaus Herder galt es darüber hinaus noch, besondere Spannungen zu gestalten und Polaritäten auszubalancieren: zwischen Information und Orientierung, zwischen Kirche und Welt, zwischen den Konfessionen, zwischen Christentum und Weltreligionen und nicht zuletzt zwischen dem Anspruch der eigenen Tradition und den Herausforderungen des Tages. Als Hermann Herder 1955 in Israel Martin Buber besuchte, der den Verlag Herder noch aus der Zeit vor seiner Emigration kannte, sagte der: »Ich bewundere beim Verlag Herder die Gratwanderung, die Sie in diesem Verlagshause machen.«

Beim 200-jährigen Verlagsjubiläum brachte Hermann Herder die Aufgabe des Verlegers in ein anderes Bild: das des »Fährmanns zwischen den Ufern«: »Fährmann – das ist jemand, dessen Aufgabe es ist, zu verbinden, was ansonsten getrennt wäre.« Die grundsätzliche Aufgabe des Verlegers ist also die eines Über-setzers. Wenn Pluralität – und damit die Vielstimmigkeit des Sprechens – ein Faktum ist, das ebenso zu akzeptieren ist wie die Vielseitigkeit der Wirklichkeit, dann ist die Aufgabe des Verlegers fundamentaler Natur: übersetzen, um Menschen zu verbinden.

Das zeigt sich in dem Text über »Persönliche Verantwortung« der auch verbandspolitisch interessant ist, weil er eine Tagung mit sozialistischen Buchhändlern in den sechziger Jahren eröffnet. Aber auch in Texten, in denen Hermann Herder seine Vision von einer globalen Kommunikation der Kulturen im neuen Jahrtausend entfaltet: »Der Beruf des Verlegers kommt ohne das utopische Element nicht aus«, sagt er ebenfalls in einer Jubiläumsansprache vor den Mitarbeitern. Die ausgewählten Texte zeigen einen Verleger, für den das Verlegen also nicht Geschäft als Selbstzweck, sondern Berufung ist – und dabei Dienstleistung im Zusammenspiel mit den Autoren und den Lesern: Der Fährmann versieht einen Dienst für andere, für anderes: »… im Auftrag der Ufer / zu leben, von einem zum andern …«. So zitiert er Ingeborg Bachmanns Verse als Motto in seinem autobiographischen Text »Fährmann zwischen den Ufern«.

Pfeiler für die Zukunft setzen

Goethe, der aller Geschichte einen hohen Stellenwert zuerkannte, hat einmal gesagt: »Die Geschichte denkt uns vor.« Der Blick zurück kann also zugleich Blick nach vorn sein. Ein Jubiläumsjahr kann so zum Anstoß werden, die eigene Arbeit am Erinnerten zu messen; kann zeigen, was in einer Umbruchzeit gewagt werden kann.

Lassen wir uns dabei von dem Goethe-Wort leiten: »Wenn wir wissen wollen, was Geschichte uns »vor«-denkt, so müssen wir als Erstes Geschichte »nach«-denken. Am heutigen Abend mögen dazu ein paar Stichworte genügen. Die vier Verlegergenerationen vor uns haben – jede auf ihre Weise – Akzente gesetzt. Diese Akzente sind – das dürfen wir gewiss annehmen – in reiflichem Abwägen gesetzt worden: im Blick auf die jeweiligen »Zeichen der Zeit«. Verlegerische Entscheidungen wurden getroffen im Hinblick auf das Notwendige, das Nützliche, das Geforderte. Vielleicht auch im Hinblick auf das Erträumte – der Beruf des Verlegers kommt ohne das utopische Element nicht aus. Der Verleger gehört gewissermaßen ex officio zu den Träumern – freilich zu der Spezies der »Tag-Träumer«: Ihm kommen Einfälle, die in die Zukunft weisen, die nach Verwirklichung verlangen.

Kehren wir noch einmal zu Goethes Wort zurück. Was könnte uns die Geschichte dieses Hauses »vor«-denken? Das Werk einer jeden Verlegergeneration kann man auf eine Kurzformel bringen:

- Das Lebenswerk von Bartholomä Herder könnte man überschreiben mit:»Fantasievolle Entfaltung des Gründungsgedankens«. Wer das Bild des Gründers im Verlag aufmerksam betrachtet, der ahnt, mit welcher Vitalität und Dynamik das geschehen sein mag.
- Ganz anders ist das Werk der zweiten Verlegergeneration. Benjamin Herders Lebenswerk könnte man vielleicht so umschreiben:»Konzentration auf theologische Substanz und spirituelle Tiefe«. Sein Motto»Sursum« bringt das zum Ausdruck. Bei aller inhaltlichen Unterscheidung von seinem Vater hat er doch dessen enzyklopädische Weiträumigkeit bewahrt. Im Übrigen machte er sich eine Aufforderung von Görres zu eigen; er hatte 1844 die Gründung»einer großen Verlagshandlung für eine katholische Literatur in Süddeutschland« gefordert.
- Während der dritten Verlegergeneration unter Hermann Herder nimmt das verlegerische Schaffen globale Ausmaße an: Schon im Jahresbericht 1888 sind 14 fremdsprachige Werke in verschiedenen Sprachen angezeigt; diesem Wachstum des Verlages entsprachen Gründungen im In- und Ausland und schließlich der Bau des repräsentativen Verlagshauses.
- Das Werk der vierten Verlegergeneration, der meines Vaters, ist uns noch gegenwärtig. Unter den vielen Akzenten dieser Zeit halte ich einige für besonders bemerkenswert:
  – die ökumenische Ausweitung
  – der theologische Aufbruch in die konziliare Zeit
  – die großen Lexika
  – die Begründung des Zeitschriftenverlages
  – die Schriften zum Dialog
  – und schließlich das»Weltgespräch der Religionen«.

So ist aus dem kleinen Saatkorn, das am 27. November 1801 zu keimen begann, im Verlauf von 185 Jahren ein großer Baum geworden. Es lohnt sich – so meine ich –, darüber nachzudenken, wie die Linien des Gründungskonzeptes in die Zukunft weiter ausgezogen werden können. Für den Verlag stellt sich ein weites, fast unbegrenztes Aufgabenfeld.

Das Konzil hat in seiner Pastoralkonstitution »Gaudium et spes« den »Weltauftrag der Kirche« beschrieben. Sie wendet sich hier zum ersten Mal an »alle Menschen schlechthin«. Sie legt ihren Weltauftrag dar und tut es »in einer bisher nicht dagewesenen Öffnung«.

Wir sollten uns klarmachen, was das heißt. Die Bestallungsurkunde von 1801 hatte den Auftrag an den Verleger noch aufs Strengste geregelt; es dürfe nicht das Mindeste gedruckt werden, »was der Religion, der Sittlichkeit, der öffentlichen Ruhe und Sicherheit nachteilig sein könne«. So hieß es wörtlich in dem Dokument für den bischöflichen Hofbuchhändler Herder in Meersburg.

Aus ihrer Enge des 19. Jahrhunderts hat die Kirche durch das Zweite Vatikanum herausgefunden. Ruhe und Sicherheit ist nicht mehr erste Christenpflicht!

Diese Entwicklung eröffnet für die verlegerische Arbeit einen weiten Horizont: Um den Menschen geht es hierbei, doch im weitesten Sinne um den »rechten Aufbau der menschlichen Gesellschaft«. Die Kirche anerkennt deren pluralistische Verfassung, die Autonomie der Wissenschaft und erklärt ihre Bereitschaft, bei der Lösung weltweiter Probleme mitzuwirken. Ihre Dokumente sprechen eine neue Sprache. Sie machen deutlich, was die Aufgabe der Menschen in ihrer »irdischen Stadt« ist. Dieser »irdischen Stadt« steht die Kirche nicht gegenüber im Sinne einer »paradoxalen Spannung«. Es handelt sich vielmehr um eine Präsenz in *dieser* Welt.

Was bedeutet das nun für die konkrete verlegerische Arbeit? Diese Arbeit spielt sich auf dem Markt ab. Er spricht sein Urteil über jedes Buch. In ihrer Summe haben alle diese Urteile Folgen für den Verlag. Sie sind unter anderem quantitativer Art.

Unser Bewusstsein für den Markt und seine Realitäten muss wachsen. Ein alter Grundsatz lautet: Dem äußeren Umsatz geht immer der innere Umsatz voraus. Nicht blinde Dynamik kann hier helfen, sondern kreatives Nachdenken und Umsetzen in gezielte Aktivitäten. Ziel muss sein, für die nächsten Jahre das notwendige Wachstum zu erreichen. In diesem Sinne lade ich Sie alle zu Ihrer Mitwirkung ein. Das gilt für die Divisionäre, die Lektoren und die Marketingleiter; aber auch für die Mitarbeiter im Vertrieb und in der Buchgemeindearbeit. Die Aufgabenstellung schließt den Christophorus-Verlag und die Verlage Ploetz und Alber ein. Von allen wird in Zukunft größte Flexibilität verlangt; wir müssen in der Lage sein, auf Marktveränderungen rasch und ohne Zaudern zu reagieren.

Mit der Kenntnis dessen, was der Markt will, ist jedoch für den verantwortlichen Verleger noch nicht alles getan. Er kann sich durch das Publikum letzte geistige Entscheidungen nicht abnehmen lassen. Durch diesen geistigen Auftrag bekommt unsere Arbeit ja ihre Tiefe und Weite. Ich möchte mir hier einen Gedanken zu eigen machen aus der Vorgeschichte von »Gaudium et spes«: Der Titel lautete ursprünglich anders. Da war die Rede von – und ich zitiere hier mit Absicht die lateinische Fassung: »De Ecclesiae praesentia et actione in mundo hodierno«.

Konzilsväter und Periti haben lange um diesen Titel gerungen. Es ging dabei vor allem um die Worte »wirksame Präsenz« und »aktive Präsenz« – bezogen jeweils auf die Arbeit in dieser Welt. Der Satz »De praesentia activa in mundo aedeficando« meint dasselbe wie der Auftrag, durch das gute Buch ins Leben einzugreifen.

Ich habe hier bisher vom Verlag gesprochen; der verlegerische Auftrag steht ja im Mittelpunkt unserer unternehmerischen Tätigkeit.

In deren Vorraum sind aber noch andere Tätigkeiten angesiedelt. Sie haben überwiegend den Charakter von Dienstleistungen. Sie bekommen ihren eigentlichen Sinn erst in Bezug auf die verlegerische Aufgabe.

Schauen wir noch einmal für einen Augenblick zurück. Von den frühen Amerikanern erzählt man, sie hätten ihre Kinder dazu erzogen, »nicht in der Vergangenheit zu träumen, sondern sich auf die Gegenwart zu konzentrieren«. Vergangenheit und Zukunft bleiben indes miteinander verknüpft. Der Knüpfungsknoten ist das Heute.

In einem soeben erschienenen Herder-Buch lesen wir von einem Weisen, der sah, wie ein Mann einen Johannisbrotbaum pflanzte. Oder war es eine »Amerikanische Eiche«? Da fragte er ihn: »Nach wie viel Jahren trägt dein Baum Früchte?« Und jener erwiderte: »Nach 70 Jahren.« Da fragte der Weise weiter: »Bist du überzeugt, dass Du noch 70 Jahre leben wirst?« Und jener erwiderte: »Ich habe Johannisbrotbäume in meinem Garten vorgefunden. Wie meine Vorfahren für mich pflanzten, will ich für meine Nachkommen pflanzen. Die Vergangenheit hat für mich gearbeitet – warum sollte ich nicht für die Zukunft arbeiten?« Familie und Unternehmen stehen an der Schwelle eines Generationenübergangs. Es gilt also, die Pfeiler für eine Brücke zum Übergang zu setzen.

Schumpeter hat einmal den Unternehmer beschrieben als jemanden, »der neue Kombinationen durchsetzt«.

Die Definition von Schumpeter erinnert mich an das Wort von Fritz Knoch vom »kombinatorischen Einfall«. Dieses Wort richtet sich an uns alle. An dieser Stelle möchte ich ein Wort des Dankes aussprechen. Ich richte dieses Wort stellvertretend für alle Mitarbeiter an Sie, die Sie heute Abend hier anwesend sind. Sie stehen ja in besonderer Aufgabenstellung und tragen mit an der Verantwortung für dieses Haus. Ich weiß es wohl zu schätzen, wie viele von Ihnen sich bemühen, Ihre Arbeit im Gesamtzusammenhang zu verstehen. Ich weiß auch, wie viele von Ihnen sich immer wieder etwas Neues einfallen lassen. Ohne das Zusammenwirken vieler Hände wäre diese Arbeit so nicht zu verwirklichen. So trägt ein jeder von den vielen Mitarbeitern zum Gelingen des Ganzen bei. Dafür möchte ich Ihnen an diesem Abend ein Wort des besonderen Dankes und der Anerkennung aussprechen. Durch Ihre Mitwirkung tragen Sie aber nicht nur bei zum Gelingen der Aufgabenstellung von heute; Sie legen gleichzeitig mit den Grundstein dafür, dass unsere Arbeit auch morgen fortgeführt werden kann. Die Zukunft wird hohe Anforderungen stellen. Dabei sind neue Qualitäten zu entwickeln.

Die Zukunft wird durch den Gedanken an eine große Menschheitsfamilie geprägt sein. Wir wollen uns in den Dienst dieser einen großen Menschheitsfamilie stellen; und dies im Hinblick auf die »Gesamtheit der Wirklichkeit, in der sie lebt« – so wie es »Gaudium et spes« formuliert.

Darum muss unser Blick in Zukunft die ganze Welt umfassen. Was das im Einzelnen bedeutet, können wir heute nur ahnen. Es wird Aufgabe der nächsten Generation sein, dies zu beschreiben. Als Christen wissen wir zwischen zwei Welten zu unterscheiden. Wenn das Zweite Vatikanum von der »Welt des Menschen« spricht, dann ruft es im selben Atemzug auf, schon hier und heute »die bessere Welt« zu schaffen. Wir wollen mit unseren Büchern nüchtern und realistisch die »Welt des Menschen« beschreiben; wir wollen gleichzeitig hoffnungsvoll auf die »bessere Welt« verweisen. Erst im Wissen um die Verbindung dieser beiden Dimensionen miteinander kann unsere Arbeit ein Beitrag sein zum Bau eines Endgültigen.

In diesem Sinne schließe ich mit einem Wort Goethes aus dessen Nachlass, das lautet:

> »Sinnig zwischen weiten Welten
> sich zu wiegen lass ich gelten.«

Persönliche Verantwortung

Wir sind weitgehend durch einen menschlichen und beruflichen Lebensstil und durch eine Konvention, die uns überkommen ist, geprägt. Beides hat uns in der Vergangenheit von der Last eigener Meinungsbildung über uns selbst in gewisser Hinsicht entbunden. Innerhalb des Christentums wie innerhalb der sozialistischen Weltanschauungen haben sich indes in den letzten Jahrzehnten so viel geistige Bewegungen gezeigt, dass es mit einer bloßen Rezeption fertiger Lehrsätze heute nicht mehr getan ist. Neben festgefügten tradierten Dogmen sind offene geistige Strukturen sichtbar geworden. Solche Strukturen sind aber erst in den Ansätzen zu erkennen; sie sind nicht mehr als »Linienblätter, auf denen wir schreiben müssen« (Philipp Herder-Dorneich, Christliche Gesellschaftslehre im Zeitalter des Pluralismus, Vortrag gehalten auf der Jahrestagung des Bundes katholischer Unternehmer, 1966).

Jeder Mensch hat seine eigene und unverwechselbare Handschrift. So wird es in Zukunft voraussichtlich eine Vielfalt von Möglichkeiten geben, sich zu verwirklichen. Statt einer Meinung, einer Opinio communis auf beiden Seiten, wird es daher in zunehmendem Maße verschiedene Meinungen geben bei aller Wahrung der Grundsubstanz als der ständigen Richtung des Glaubens.

In unserer fachberuflichen, vor allem in unserer verbandspolitischen Arbeit ist dieser Entwicklung noch kaum Rechnung getragen. Der Pluralismus kann dort nicht voll ausgetragen werden, sonst würde die praktische Arbeit gelähmt werden.

Mit Recht treten dort also die praktischen Fragen in den Vordergrund der Auseinandersetzung: Es geht darum, den Dissens zu vermeiden und den Konsens zu erreichen. So bleiben dort die letzten Fragen nach dem Sinn unserer Arbeit und nach dem Grund unseres je andersartigen beruflichen Daseins im Regelfall ausgespart.

Was für den fachberuflichen und verbandspolitischen Raum gilt, das muss aber nicht für die Begegnung von Mensch zu Mensch gelten. Der Dialog, zu dem wir heute aufgerufen sind, kann tiefer gehen als das fachberufliche Gespräch.

Wenn es gelingen soll, dann muss der ganze Mensch in das Gespräch eintreten. Bei aller Diskretion, die in geistigen Angelegenheiten geboten bleibt, muss doch etwas von dem Urgestein sichtbar werden, aus dem unsere jeweilige menschliche Existenz herauswächst.

Ich verwende das Wort vom Urgestein mit Absicht; es liegt hier im Schwarzwald nahe, weil dieses Bergmassiv aus Granit und Gneis, das heißt eben aus Urgestein, besteht. Lehm und Lava, die sich im Rheintal häufig finden, haben den Erosionen im Laufe der Zeit nicht widerstehen können; sie sind weithin verschwunden oder eingeebnet worden. Nicht so das Urgestein – es ist stehen geblieben, weil es von Bestand ist und standzuhalten vermochte.

Wenn wir miteinander sprechen wollen, dann müssen wir die Bereitschaft zeigen, uns so zu nehmen, wie wir nun einmal sind. Wir müssen das in zweierlei Absicht tun: Wir müssen quantitativ die Zeit und Geduld aufbringen, uns gegenseitig anzuhören; wir müssen aber auch qualitativ die Offenheit einbringen für die Art der Sprache des anderen. Martin Heidegger hat einmal von der Sprache als dem »Haus des Seins« gesprochen. So verstanden erscheint die Sprache als mehr denn nur ein Instrument der Mitteilung. Sie bedeutet den Verstehenshorizont des Menschen, eben das »Haus«, in dem der Mensch deutend und Stellung beziehend lebt. So »dient derjenige dem Frieden, der den anderen ernst nimmt und ihn schon von seiner Sprache her zu verstehen sucht« (Papst Paul VI., Anzeiger für die katholische Geistlichkeit, Februar 1967).

Die Oberflächlichkeit der heute so üblichen sogenannten »Auseinandersetzungen«, in denen man meistens auseinanderrückt, statt sich näher zusammenzufinden, bedeutet eine große Verarmung unserer gesellschaftlichen Diskussion.

Vielleicht kann uns die Tatsache, dass die zukünftigen geistigen Strukturen offen sind, ermutigen. Auf den Linien dieser Strukturen kann man nicht mit Tinte schreiben – für sie braucht man Herzblut. Der Unterschied wird nirgendwo so deutlich wie gerade beim Buchhandel. Was man uns als mit Herzblut geschrieben vorgeben will, erweist sich vielfach dem prüfenden Urteil oder der auslegenden Kraft der Zeit schließlich doch nur als rote oder schwarze Tinte.

Das echte Buch ist selbst ein Gespräch. Darum kann letztlich nur diejenige Bemühung um das Buch *dem* Geist gerecht werden, aus dem das Buch seine Legitimation hernimmt – die Bemühung nämlich, die selbst getragen ist vom Bewusstsein um die persönliche Verantwortung.

Das Viele einordnen ins Ganze

In seinem Roman »Die Dämonen« schildert Heimito von Doderer eine Szene, die ich als Buchhändler und Verleger immer gerne gelesen habe; es ist eine Schlüssel-Szene in diesem so schwierigen und vielschichtigen Werk.

Doderer beschreibt, wie der Arbeiter Leonhard Kabasa vor einer Buchhandlung steht und in der Auslage eine lateinische Grammatik sieht.

Er nimmt sich ein Herz und tritt ein. Auf die Frage des Sortimenters nach dem Alter und der Schulklasse des Kindes antwortet der Arbeiter: Er selbst wolle die lateinische Grammatik für sich kaufen – zur eigenen Bildung.

Dem Verlag Herder ging es immer um Bildung.

So begann schon der Verlagsgründer, Bartholomä Herder, 1801 im beschaulichen Meersburg am Bodensee. Sein Auftraggeber war der aufklärerische Fürstbischof Karl-Theodor von Dalberg; der Auftrag lautete: Bildung und Fortbildung des Klerus im Bistum Konstanz – damals eine der größten Diözesen im Alten Reich.

Nach der Aufhebung des Bistums und dem Umzug in das ehemals vorderösterreichische Freiburg im Breisgau weitete sich der Horizont: Nun ging es um die Bildung aller katholischen Gläubigen. Durch die Aufhebung der Klosterschulen als eine Folge der Säkularisierung waren diese in ein schwer aufholbares Bildungsdefizit geraten.

Volksbildnerische Arbeit blieb bis ins 20. Jahrhundert hinein ein zentrales Verlagsanliegen von Herder.

Heute sind Bildungseinrichtungen allgemein zugänglich; Bestandteile unseres Wissens lassen sich jederzeit abrufen. Wir stehen in einem anhaltenden Dauerregen von Informationen.

Was aber weithin fehlt, ist Orientierung – sinnvolles Einordnen des Vielen in das Ganze.

Die Menschen sind in zunehmendem Maße verunsichert – das Geflecht zwischen Gesellschaft und Religion steht vor dem Zerreißen.

So bleibt dem Buch – im Konzert der Medien – als wichtigste Aufgabe die Vermittlung von ethischen Werten.

Es ist eine Aufgabe, die nur das Buch zu leisten vermag.

Dabei wissen wir wohl, dass Stichworte wie Wertewandel, Wertesteigerung, Wertesorgen Gegenstand von Diskussionen bleiben werden.

Eine Analyse der Zeitlage ist nicht sehr ermunternd.

Reinhold Schneider hat in seinem »Winter in Wien« resignierend vom »gebrochenen Lebenswillen« gesprochen – er hat es nicht nur im Hinblick auf seine eigene Verfassung getan, sondern zugleich auf die Lage des modernen Menschen überhaupt.

In jüngsten Tagen war vom »Eisregen« die Rede – über »Blei in den Flügeln« wurde geklagt.

In solch lähmende Resignation hinein klingen die Worte aus dem Römerbrief an unsere Ohren: »Bedenkt die Zeitlage – denn die Stunde ist nahe: Die Nacht ist vorgerückt, der Tag bricht an ...« (Röm 13,11)

In solch aufrüttelndem Sinne wollte schon Dante Alighieri seine »Divina Commedia« verstanden wissen: Die Selbsterkenntnis des Gottlosen erweist sich als eine »Höllenfahrt« – damals wie heute.

An der großen Wegkehre, vor der wir stehen, bleiben Gleichgültigkeit, Unglaube, Zweifel, Notstände zurück. Aber: Auch noch in der schmutzigsten Pfütze spiegeln sich die Sterne.

»Ändere die Welt, sie braucht es«

In einer Zeit, in der die Provokation ein beliebtes Mittel geworden ist, um sich Gehör und Wirkung zu verschaffen, ist eine Reflexion über das, was Provokation ist oder was sie sein könnte, angebracht.

Dass der Begriff der Provokation vorwiegend im politischen Bereich und damit auch im Bereich der Literatur, die sich in die politische Arena begibt, Verwendung findet, kommt nicht von ungefähr.

Die Provokation weist sich damit als ein Erbe des frühen römischen Rechtes aus. Gegen die Verfügungen des Magistrats stand jedem römischen Bürger die Berufung an die Volksversammlung frei: eben die *provocatio*, also die Herausforderung an den Staat und seine Vertreter, Rechenschaft über ihr Verhalten vor der Öffentlichkeit abzulegen.

Es besteht heute weithin das Gefühl, unsere Gegenwart sei selbst eine herausfordernde geworden. Zeigt aber nicht ein Blick in die Geschichte der Literatur, dass man ihr nicht gerecht wird, indem man ihre Zeugnisse vorwiegend unter den Aspekten eines der Zeitlichkeit entronnenen Ästhetikums sieht?

Hat es nicht zu allen Zeiten der Menschheit die großen Frager gegeben, die, von Sokrates angefangen, nicht aufhörten, ihrer Umwelt lästig zu sein durch die unermüdlichen Hinweise auf die Unzulänglichkeit der gesellschaftlichen, geistigen, ja religiösen Zustände?

Ist es von daher nicht vielleicht berechtigt, anzunehmen, jede schöpferische Kraft des Menschen habe ihren Urgrund in der Frage?

Von Brecht stammt das Wort: »Ändere die Welt, sie braucht es.«

Die literarische Provokation hat es auf die Veränderung besonders angelegt. Ist sie dabei wirklich wirksam geworden, ja kann sie überhaupt wirksam werden? Muss der provozierende Schriftsteller nicht mit Sartre die Feder aus der Hand legen, weil er durch sie weder gegen Hunger noch gegen Unterdrückung etwas hat bewirken können?

Worin kann denn die Wirkung provozierender Literatur überhaupt bestehen angesichts der Tatsache, dass viele bedeutende Werke unserer deutschen Nachkriegsliteratur zwar bei ihrem Erscheinen provozierten, wenige Jahre danach aber längst in Ehren eingeordnet und zur Hauslektüre geworden sind?

Wer schreibt, provoziert.

Wer provoziert, fordert heraus.

Der Mensch kann den Menschen in vielfältiger Weise auffordern und herausfordern: zum Tanz, zum Trinken, zum sportlichen und geistigen Wettkampf, zum kriegerischen Kampf auf Leben und Tod.

Wer ist der andere, an den sich die Herausforderung wendet?

Bleibt er angesichts der Herausforderung weiterhin der Mensch?

Wird diesem Menschsein auch der Inhalt und die Form der Herausforderung noch gerecht, vor allem wenn sich die provozierende Literatur (bildlich gesprochen) nicht nur der Worte, sondern auch der Fäuste bedient?

Was für eine Funktion hat das Humanum innerhalb der Provokation?

Bedarf es in einer Zeit, die offensichtlich eine Schwäche für die Provokation hat wie die unsere, nicht eigentlich erst einer Anthropologie der Provokation, durch die dieser ihre Aufgaben, aber auch ihre Grenzen zugewiesen werden?

Wenn sich die moderne Literatur zu einem guten Teil im Sinn einer Provokation versteht, dann um aus ihrem kritischen Ansatz heraus anderen Anlass zu sein, um Anstoß zu nehmen.

Kann sie für diesen Dienst von den aufgerüttelten und zerzausten Zeitgenossen den gebührenden Dank erwarten? Wird ihr wenigstens die Nachwelt Kränze flechten, wenn sie nach einem Wort Rudnickis zugunsten des »Anstößigen« »zu arm für schöne Kunst« geworden ist? Stehen die Zeitgenossen dann nicht umso mehr in ihrer Schuld?

Das setzt freilich einen Vorgang voraus, der wirklichen Dank verdient, also eine Provokation, die in Verantwortung handelt. Wo verläuft indes hier der schmale Grat, jenseits dessen das Ärgernis beginnt?

Kann die literarische Provokation so ausschließlich durch eine politische Richtung in der Literatur für sich reklamiert werden, wie das der Fall zu sein scheint?

Steht sie nicht billigerweise auch anderen Kräften innerhalb der Gesellschaft und der Literatur zu?

Was bedeutet es, sich von der Tradition herausfordern zu lassen? Gibt es nicht auch die Möglichkeit zu einer »konservativen Provokation«?

Wenn die Provokation das Misstrauen gegenüber möglichen Entartungen der Macht wachhalten will, bedarf es dann nicht auch höchster Wachsamkeit ihr selbst gegenüber, damit sie nicht in die Rolle des »agent provocateur« gerät?

Unter solch weiten Horizont gestellt, gibt es viele Fragen. Sie zeigen die Zweideutigkeit der Welt, in die der Mensch gestellt ist. In dieser Zweideutigkeit steht derjenige ganz besonders, der »anstößig« sein und »anstößig« handeln will, um anzustoßen.

Wo Anstoß ein Element der Dichtung ist, sollen wir aufmerksam hinhorchen. Vielleicht ist in jedem »Stein des Anstoßes« zugleich auch etwas vom wahren Schlussstein zu erahnen.

Das interkulturelle Gespräch

Die Einheit der Welt und das solidarische Nebeneinander der Religionen, von kühnen Visionären vorausgeschaut, wird – trotz aller unausbleiblichen Rückschläge – vor unseren Augen Wirklichkeit; Wissenschaft und Technik machen sie möglich, wenngleich die möglichen Gefahren der Globalisierung nicht zu verkennen sind. Und dennoch gibt es keinen Zweifel: Die Völker sind unaufhaltsam auf dem Weg zur großen Menschheitsfamilie. Was dabei nottut, ist, auf diesem Weg miteinander ins Gespräch zu kommen, in ein großes Weltgespräch der Kulturen und Religionen.

In langen Jahren als Verleger habe ich erkannt, wie ein solcher Dialog auszusehen hat. Allzu lange haben wir Europäer ihm unsere eurozentrische Weltsicht, sozusagen eine christlich-abendländische Selbstdarstellung, zugrunde gelegt, entstanden in »vor-dialogischer« Zeit. Stattdessen muss ihm aber die freimütige Anerkennung der bestehenden und bleibenden *Pluralität* der Religionen vorausgehen. Christen und Muslimen fällt in diesem Dialog eine besondere Rolle zu: Verkünden doch sowohl die Bibel als auch der Koran, Grundlagen des beiderseitigen Selbstverständnisses, Gott als den Schöpfer der Welt und als Herrn der Geschichte. Unter diesem Aspekt sind alle Menschen Kinder Gottes und alle Völker Glieder einer einzigen großen Menschheitsfamilie.

Zu den Dokumenten einer der größten und wichtigsten Versammlungen der christlichen Kirchen in neuerer Zeit, nämlich des Zweiten Vatikanischen Konzils, gehört die Erklärung über das Verhältnis der Kirche zu den nichtchristlichen Religionen. Deren Worte atmen einen weltumspannenden

Geist:»Alle Völker sind eine einzige Gemeinschaft, sie haben denselben Ursprung und sie haben Gott als ein und dasselbe letzte Ziel.« Zum ersten Mal in der Geschichte beugte sich ein christliches Konzil in Ehrfurcht vor dem Wahren und Heiligen anderer Religionen. Heute werden die Kirchen nicht müde, darauf hinzuweisen, dass Gottes Heilsversprechen *allen* Menschen gilt und dass alle Völker »in seinem Licht wandeln«. Sie mahnen die Gläubigen, in Liebe das Gespräch mit den Bekennern anderer Religionen zu suchen.

Ein solcher in Freiheit anhebender Dialog mit den Weltreligionen, geprägt von gegenseitigem Respekt für den jeweils anderen, wird – davon bin ich überzeugt – richtungweisende Kraft entfalten und ungeahnte Chancen eröffnen können – nicht zuletzt für das Christentum selbst.

Unter dem Eindruck dieser Entwicklung hat der Verlag Herder schon Mitte der sechziger Jahre eine weittragende und fruchtbare Initiative ergriffen, das »Weltgespräch der Religionen«. Die Veröffentlichungen dieser wissenschaftlich geleiteten Gespräche liegen in deutscher und teilweise in englischer Sprache, verlegt bei Herder, vor. Aus ihnen wird die ganze Weite dieses bedeutsamen Bemühens sichtbar, vor allem um den christlich-islamischen und den christlich-jüdischen Dialog, diese »große Ökumene der monotheistischen Religionen«. Das erste dieser Weltgespräche fand im November 1965 im Verlagshaus Herder in Freiburg statt.

Mutet es nicht wie ein brüderliches Echo an, wenn im Koran, in der Sure 19, über die Geburt Jesu berichtet wird:
»›Ich suche beim Erbarmer Zuflucht vor dir‹, sprach Maria im Anblick des Engels, der ihr die Geburt Jesu ankündigen sollte. ›Ich bin der Bote deines Herrn‹, sprach der Engel, ›beauftragt, dir einen lauteren Knaben zu schenken.‹ ›Wie sollte ich einen Knaben bekommen, da kein Mann mich berührt hat?‹ ›So hat es dein Herr befohlen‹, sprach der Engel, ›damit er ihn zu einem Zeichen für das Volk macht und zu einem

Beweis seiner Barmherzigkeit.‹« Und an einer späteren Stelle, in der Sure 21: »Jener [Maria], die ihre Keuschheit hielt ..., blies der Herr seinen Geist ein und machte sie und ihren Sohn zum Zeichen für alle Weltbewohner.« So nachzulesen im Herder-Buch *Glaube an den einen Gott. Menschliche Gotteserfahrung im Christentum und im Islam* (1975), von muslimischer Seite mit herausgegeben von dem Islam-Wissenschaftler Abdoldjavad Falaturi.

Kaum eine frühere Zeit hat so viele Begegnungen zwischen Menschen verschiedenen Glaubens mit sich gebracht wie die Zeit der Kreuzzüge, wenngleich überwiegend unter leidvollem Aspekt: im gegenseitigen Unverständnis und begleitet von schrecklichem Blutvergießen. Und doch gab es immer auch lichtvolle Begegnungen. Nicht zufällig ist das wohl bekannteste Werk der neueren Literatur zum Thema Religionsgespräch, Lessings aufklärerische Parabel »Nathan der Weise«, historisch in der Zeit der Kreuzzüge angesiedelt. Lessing proklamiert darin den Verzicht auf verbohrte Argumentation zugunsten einer praktischen Humanität »mit Sanftmut, Herzlichkeit, Wohltaten und innigster Ergebenheit in Gott«. Symbol für die Einheit der Menschheitsfamilie sind für Lessing in seinem Drama die verwandtschaftlichen Bande unter den Protagonisten der verschiedenen Religionen.

Das lässt an eine Geschichte denken, die – auf älteren Sufi-Quellen basierend – der iranische Dichter Rumi erzählt:

Es heißt, dass Johannes der Täufer viel weinte und klagte, während Jesus immer lächelte (ein typischer Zug des Jesusbildes in der islamischen Tradition).

Johannes fragte Jesus: »Fürchtest du dich gar nicht vor dem Zorn Gottes, dass du immer lächelst?« Jesus antwortete: »Denkst du nicht an die unendlich vielen Gnaden Gottes und seine Güte, dass du immer traurig bist?« Und es war Jesus, der wegen seines liebenden Vertrauens Gott lieber war als Johannes, denn man soll Gutes von Gott denken.

Annemarie Schimmel berichtet diese Geschichte in dem Sammelband *Fragen nach Gott* (1996).

Das dritte Jahrtausend wird – dessen bin ich sicher – ganz besonders vom Bemühen um das Werden der *einen* Welt geprägt sein. Auf dem Weg dahin sind vor allem die *Glaubenden* unter den Menschen aufgerufen. Darum hat sich in Zukunft ein jeder von uns nach seinen ureigenen Aufgaben zu befragen. Das gilt auf ganz besondere Weise für den Verleger: Von seiner Sendung her stellen sich ihm in dieser geschichtlichen Stunde spezielle, unverwechselbare Aufgaben.

Der besondere Akzent einer dieser Aufgaben besteht darin, Initiativen zu fördern, die das Wahre und Heilige anderer Religionen als Schatz für die eine Menschheit aufschließen. Solche Publikationen sollten die geistige Voraussetzung dafür schaffen, dass die »Quellen der Weisheit« lebendig und zugänglich bleiben, die den Weg zu jenem Geheimnis der Wirklichkeit eröffnen, das der rationalen Wissenschaft verborgen und dem Zugriff des Machbaren entzogen ist.

Dem Verleger stellt sich sodann die Aufgabe, angesichts der ernsten Fragen und der wesentlichen Probleme einer zunehmend säkularisierten Welt das Gespräch mit den Bekennern anderer Religionen zu suchen und in diesem Dialog von der Hoffnung der Glaubenden Zeugnis zu geben und Rechenschaft abzulegen.

Der Auftrag des Verlegers könnte schließlich bedeuten, in Zukunft bewusst religiöse Erfahrungen und Haltungen auch in jenen Traditionen ins Auge zu fassen, die außerhalb der monotheistischen Überlieferungen stehen – ohne missionarische Hintergedanken und in dialogischem Geist, der allein zu gegenseitigem Verstehen führt. Die Brücke zwischen den Völkern könnte auf den Pfeilern eines solchermaßen vorurteilsfreien Gesprächs ruhen.

Angesichts der Fülle dieser Aufgaben müssen dem Verleger von heute Eigenschaften zu Gebote stehen, die schon einen genialen *Mittler ökumenischen Geistes* im abendländischen hohen Mittelalter auszeichneten, den katalanischen Mystiker, Theologen und Philosophen Raimundus Lullus (1232–1316): Intuition und Einfühlungsgabe in andere, weiter geistiger Horizont, Unermüdlichkeit und Unbeirrbarkeit im Verfolgen gesetzter Ziele, vorwärtstreibende Energie in Verbindung mit souveräner Gelassenheit. Nicht zuletzt der Beherrschung fremder Sprachen kam schon bei Raimundus Lullus eine ganz außerordentliche Bedeutung für das Weltgespräch der Religionen zu, denn sich in den anderen hineinzuversetzen und dessen Worte wohl abzuwägen, kann dem um wahres Verständnis Bemühten kein Dolmetscher abnehmen.

Alle diese Anstrengungen haben im Verlag Herder ihren Niederschlag in einer breiten Palette von Büchern gefunden, die sich unter den verschiedensten thematischen Aspekten und methodisch ganz unterschiedlich (referierend, diskursiv, kontemplativ oder erzählerisch) mit der islamischen Welt auseinandersetzen und sie zu verstehen suchen. Ich greife exemplarisch einige Buchtitel unter vielen heraus: *Islamische Sufi-Meditationen für Christen* (Gstrein), *Das Lied in allen Dingen. Sufi-Erzählungen* (Hazrat Inayat Khan), *Begegnung mit dem Islam. Eine Einführung* und *Mohammed für Christen* (A. Th. Khoury), *Denn Dein ist das Reich. Gebete aus dem Islam* (Annemarie Schimmel), *Weltanschauung und Leben im Islam* (Sayyid Abu-l-Ála Maudoodi), *Islam-Lexikon* (A. Th. Khoury u. a.), *Familienleben im Islam* (Breuer), *Wie Muslime denken* (Böwering), *Im Garten Allahs* (A. Th. Khoury u. a.), *Ein Leben mit dem Islam* (Nasr Hamid Abu Zaid).

Rechnet man (teilweise mehrbändige) enzyklopädische Werke – zum Beispiel über die Weltreligionen, zur profanen Weltgeschichte oder zur Weltkunst – hinzu, in denen die islamische Kultur gebührend zur Sprache kommt, dann mögen es seit Ende des letzten Weltkrieges gegen 100 Titel sein, die sich dem muslimischen Themenkreis widmen.

Die Publikationen von Annemarie Schimmel liegen dem Verlag Herder besonders am Herzen. Fünf Bücher hat sie allein verfasst: *Wie universal ist Mystik?*; *Rumi*; *Die orientalische Katze* und *Kleine Paradiese* (Erzählerisches); *Friedrich Rückert* (über den deutschen Orientalisten und Dichter aus dem 19. Jahrhundert). An acht Sammelwerken hat sie als Verfasserin von Beiträgen zur muslimischen Theologie und Mystik, als Herausgeberin oder als Übersetzerin mitgewirkt.

Zum Schluss noch einmal die Frage: Warum also interkulturelles Gespräch? Annemarie Schimmel soll hier das letzte Wort haben. Sie spricht einmal (in *Was kommt. Was geht. Was bleibt*, 2001) »vom großen Strom, der unter allen Religionen fließt ... eine überreiche Tradition, die uns aus der lebendigen Geschichte der Religionen noch heute unmittelbar anspricht. Sie wird auch eine Zukunft haben, solange Menschen die Unruhe spüren nach der Wirklichkeit einer Liebe, die unendlich viel größer ist als ihr eigenes Herz.«

Kristallisationen einer Idee

Dienst und Auftrag kommen aus dem Gefühl und dem Wissen um eine Verpflichtung. Ich habe einmal im Rückblick auf meinen Großvater Hermann Herder und im Versuch, ihn zu charakterisieren, aus seinem Testament zitiert. Darin bat er, von lobenden Worten am Grabe abzusehen, und begründete das mit den Worten: »Ich habe nur versucht, meine Pflicht zu tun.«

Ich lasse mich gerne anregen, bei einem Wort auf die Wurzel und die Herkunft zurückzugreifen. So habe ich festgestellt, dass das Wort »Pflicht« ein Schwesterwort hat, und zwar das Verb »pflegen«. Im Mittelalter war dieses Wort noch sehr weit gefasst. Es umfasste viele Vorstellungen: die Bedeutung von Obhut, von Fürsorge, von Sorgfalt, aber auch die negative Vorstellung von Gefahr und Wagnis klingen an: Gefahr und Wagnis, auf die Obhut, Fürsorge und Sorgfalt ausgerichtet sein sollten.

Als am 27. November 1944 das Verlagshaus Herder völlig ausbrannte, also nichts mehr da war außer dem leeren Baukörper, eine leere Hülle also, da wurden unsere Pensionäre, die wenige Tage darauf, am Monatsende, kamen, um ihre Pension abzuholen, mit dem Rest des Geldes ausbezahlt, das noch vorhanden war. Da kamen Obhut und Fürsorge zum Ausdruck, etwas, was im Hause Herder immer ganz besonders stark gepflegt wurde und was gewissermaßen das Äquivalent war für einen überdurchschnittlichen Einsatz dieser Mitarbeiterschaft und für eine überdurchschnittliche Identifikation der Mitarbeiter mit dem Haus und seinen Zielen – nicht zuletzt bedingt durch den gemeinsamen Glauben und das Verständ-

nis der beruflichen Arbeit im Lichte dieses Glaubens. Wie oft haben Mitarbeiter bei ihrem Ausscheiden aus dem aktiven Dienst gerade diesen Zusammenhang erwähnt! Sie haben sich dafür bedankt, dass es ihnen möglich gewesen ist, in diesem Verlag Leben und Beruf in Einklang zu bringen; es war für sie immer mehr als ein bloßer »Job«, wie man heute sagt.
Gerade dieser Einklang ist Grundlage für den Wunsch, sich ganz und mit allen Kräften in die Arbeit einzubringen. Ich kann sagen, dass ein jeder Mitarbeiter und eine jede Mitarbeiterin stets bestrebt gewesen ist, das Beste zu geben. Durch die Bündelung eines jeden einzelnen Beitrages ist so der gemeinsame Erfolg aller zustande gekommen, und damit der Erfolg des Unternehmens. (1)

*

Man spricht leichthin von »katholischen Verlagen«, auch vom »katholischen Buchhandel«. Ein Verlag als solcher kann natürlich nicht katholisch sein, wohl aber können es seine Inhaber sein, die Mehrheit seiner Mitarbeiter, der Verleger selbst vor allem, der dem Programm seinen Stempel aufdrückt. Ich habe auf diese Tatsache wiederholt hingewiesen.
»Für mich«, so hat mir einmal ein Bischof gesagt, »ist ein *katholischer* Verlag ein Verlag, in dessen Aufsichtsrat mein Generalvikar sitzt ...« Ich möchte ein solches Unternehmen eher als *kirchlichen* Verlag beschreiben. (2)

*

Der moderne Mensch ist heute zutiefst verunsichert und sucht nach gültigen Antworten auf die großen Fragen des Menschseins: die Frage nach dem Sinn von Leid, Krankheit, Gewalt und Tod, die Frage nach der Würde des Menschen, die Frage nach Gott. Im Blick auf diese Fragen behält das Buch auch in einer sich wandelnden Zeit seine Aufgabe. (3)

*

Heute haben wir doch beides: Eine Zeit der auseinanderdriftenden Kulturen und der religiösen Vielfalt einerseits – und eine Situation der zusammenwachsenden Welt andererseits, die auf den Dialog dringender denn je angewiesen ist. Da scheint mir diese Aufgabe des »Über-setzens« für einen Verlag wie Herder grundsätzlich wichtig. In den über 200 Jahren der Geschichte des Verlags hat sich natürlich die Gesellschaft geändert und damit die Bedürfnisse der Leser. Die kirchliche Situation ist eine andere geworden, und auch die Geistesgeschichte hat sich weiterentwickelt. Die verlegerische Aufgabe ist von diesem Wandel immer wieder neu betroffen. Aber diese Spannung an sich hält sich durch. Ob die Pole nun Tradition oder Erneuerung, Kirche oder Welt, religiöse oder säkulare Deutung der Wirklichkeit lauten. Und wie immer die Orientierung akzentuiert ist – immer wieder und immer anders hat sich in der Verlagsgeschichte von Herder gezeigt, dass der Verleger diese Pole fruchtbar machen kann. Dass er Position beziehen muss, aber auch Positionen in Beziehung zueinander setzen sollte. Als Aufgabe, die jede Generation anders und neu lösen muss, hält sich das durch. (4)

*

Ist der Aufstand des Menschen gegen ein dogmatisch-apologetisches Gottesbild vielleicht ein Vorläufer einer neuen Humanitas? Wird hier die Wahrheit weniger in tradierter Lehre gesucht, sondern vielmehr in menschlicher Bewährung? Wir waren überzeugt: Der Glaube sieht sich heute in ganz neuer Weise dem Unglauben gegenüber. »Was glaubt, wer nicht glaubt?« Wir brauchen eine neue Sprache, für die es in den Kirchen erst wenige Beispiele gibt.

Der Turmbau von Babel wurde uns früher als trotzige Auflehnung gegen Gott nahegebracht. Aber hat nicht jede der seither von Menschen gesprochenen Sprachen in Dichtung und Mythos ihren eigenen Reichtum und ihren Weg zu Transzendenz gezeigt?

Die Vielstimmigkeit der Sprache spiegelt sich heute in jeder einzelnen Sprache wider und zeigt uns, dass es viele Sprechmöglichkeiten gibt; eine jede der modernen Wissenschaften verfügt heute über eine eigene Sprache. Über ihnen wölbt sich, anders als der Himmel über dem Menschen, keine gemeinsame Sprechmöglichkeit mehr. Ob uns das gefällt oder nicht, es muss ausgehalten werden. Goethe scheint das vorausgeahnt zu haben, er hat im Blick auf dieses Phänomen von »Vielseitigkeit in Liberalität« gesprochen. (5)

*

Jeder Verleger muss diese Spannung täglich aushalten: die Spannung zwischen seinen eigenen Idealvorstellungen beziehungsweise den Gedanken seiner Autoren einerseits und dem nüchternen Tagesgeschäft der Preisfindung, der Auflagenfestsetzung und der Bilanz andererseits. Das kann eine Zerreißprobe sein, die sich der Außenstehende kaum vorstellen kann. Die Spannung zwischen »Geld« und »Geist« gilt für jeden Verleger, soweit er sich von geistigen Vorstellungen leiten lässt und nicht nur der wirtschaftlichen Ebene verhaftet bleibt. (6)

*

Jeder Blick auf die Wetterkarte zeigt Schwankungen und Veränderungen. Ich fühle mich am wohlsten dort, wo sich ein Hoch ankündigt! Das ist der Augenblick für den Verleger, in freier Entscheidung schöpferisch tätig zu werden. Das Mögliche hält immer eine Spielbreite offen, die genützt werden kann. Die Einmaligkeit des Augenblicks ermöglicht dennoch verschiedene Antworten. (7)

*

Es gibt viele Verleger, die aus ihrer Persönlichkeit heraus das Verlagsprogramm höchst persönlich gestalten. Meistens sind es Verlegerpersönlichkeiten, deren Werk nicht fortgesetzt wird, weil sie keinen Nachfolger haben und auch keinen geduldet haben, vielleicht nicht einmal einen wollten. Das sind dann Verlagsprogramme, die auf das Leben des entsprechenden Verlegers begrenzt sind, was nicht bedeuten muss, dass sie in ihrer Wirkung zeitlich begrenzt wären. Die Frage ist: Warum ist das bei Herder anders? Hier liegt ein Geheimnis unseres Hauses und ein Schlüssel zum Selbstverständnis des Verlages Herder: Es gibt eine hohe Identität zwischen dem Verlag als Institution und der Person des Verlegers. Der Verleger in seiner Person verkörpert den Verlag. Aber er tritt mit seiner Person zugleich hinter dem Verlag zurück, er ordnet sich dem Bild, dem Selbstverständnis des Verlages bis zu einem gewissen Grade sogar unter. »Die Idee des Verlages« hat der Verleger Eugen Diederichs das genannt. (8)

*

Jeder geistig ausgerichtete Verlag ist so etwas wie ein »Kristallisationspunkt«. Es entstehen Bindungen zwischen dem Verleger, dem Verlag, seinen Lektoren einerseits und den Autoren andererseits. Hier wären die Namen vieler unserer Lektoren zu nennen, die ja die wichtigsten Gesprächspartner unserer Autoren sind. Aber wo damit anfangen, wo aufhören? Ich darf hier dankbar feststellen, dass sich unsere Lektoren und Lektorinnen, ebenso wie die Redakteure unserer Zeitschriften, mit hohem Engagement um »ihre« Autoren kümmern und sie betreuen. So bilden sich immer wieder vertrauensvolle und herzliche Beziehungen, die der gemeinsamen Arbeit zugute kommen. Denn dass Verleger, Lektoren und Autoren den natürlichen Wunsch nach einer engen Zusammenarbeit haben, hat ja einen ganz natürlichen Grund: Alle haben sie das »Publikum« im Auge, für das der eine schreibt, der andere verlegt. Das Publikum bleibt für beide immer so etwas wie eine Sphinx, unergründlich, launenhaft, bereit, beiden die Sympathie zu entziehen. In diesem Beziehungsnetz wächst das Verhältnis beider: der Verleger und sein Autor, der Autor und sein Verleger. Es ist eine Art »Gewebe«, das zu seiner Pflege größter Sorgfalt bedarf und hohe Einfühlungsgabe erfordert. (9)

Wir haben uns immer von einem Grundgedanken leiten lassen: Dass nämlich Bücher nicht um eines raschen Erfolges willen gemacht werden, sondern einer Wirkung willen, die ebenso in die Breite wie in die Tiefe gehen soll. Ähnlich wie in der Waldwirtschaft spielt dabei die Zeit eine bedeutende Rolle; der Verleger muss Geduld haben und mit langem Atem planen. (10)

*

Der Verlag Herder im 21. Jahrhundert
Einer der besten Verlage der Welt.
Im Einklang mit seiner katholischen Tradition von überzeugten Christen in ökumenischer Weise geführt;
über Grenzen und Gegensätze hinweg zum Dialog bereit.
Sein Schwerpunkt: Die Fragen der Menschen und die Themen ihrer Zeit.
Seine Bücher: eine Schicht tiefer – ein Horizont weiter – im Fragment das Ganze spiegelnd. (11)

Fährmann zwischen den Ufern

Am 18. September 1830 besuchte der badische Großherzog Leopold zum ersten Mal die ehemals vorderösterreichische Stadt Freiburg. Dabei besichtigte er auch die Herder'sche Kunst- und Verlagsbuchhandlung, damals schon über den deutschen Sprachraum hinaus bekannt.

Der Landesherr gab – ich zitiere aus der damaligen Festschrift der Stadt – »seine hohe Befriedigung über deren bedeutende Leistungen kund«.

171 Jahre danach, fast auf den Tag genau, können wir wieder ein Staatsoberhaupt bei uns begrüßen, diesmal freilich den Bundespräsidenten des wiedervereinten Deutschlands.

Ich danke Ihnen, Herr Bundespräsident, unseren Ehrengästen und allen, die zum Teil von weither gekommen sind, für ihre Teilnahme an unserem Jubiläum sehr herzlich. Wir wissen Ihre Anwesenheit sehr wohl zu schätzen.

Mein besonderer Dank gilt Ihnen, sehr geehrte Herren, die Sie zu uns gesprochen haben. Aus der Predigt, Herr Kardinal, im Münster »Unserer Lieben Frau« und aus den Ansprachen hier im Hause war Ihre persönliche Nähe zu unserer Verlagsarbeit unüberhörbar.

Sie alle haben eindrucksvolle Worte der Anerkennung und der Ermutigung an uns gerichtet – haben Sie herzlichen Dank dafür.

Der Verleger braucht solche Ermunterung. Selber aufmerksamer Beobachter der »Zeichen der Zeit«, befindet er sich auf ungewisser Gratwanderung zwischen Geist und Zeitgeist.

Er lebt in der ständigen Spannung zwischen wertvollen verlegerischen Projekten und den Realitäten des Marktes.

Alle diese Spannungen, so schmerzlich sie sein mögen, können doch fruchtbar sein: Aus ihnen wird das Neue geboren.

Grundlage der verlegerischen Arbeit ist Vertrauen.

Ich danke am heutigen Tag den vielen Autoren und Autorinnen, die dem Verlag im Verlauf von 200 Jahren ihre Werke anvertraut haben.

Auch in schweren Zeiten haben sie uns die Treue gehalten – im Kulturkampf des 19. Jahrhunderts, später während der nationalsozialistischen Unterdrückung. Viele von ihnen waren hohen Risiken ausgesetzt.

Ich danke auch unseren unzähligen Lesern, den Großen und den Kleinen, den Jungen und den Alten.

Ich danke allen Buchhändlern, den so wichtigen Mittlern unserer Bücher.

Mein herzlicher Dank gilt allen unseren Mitarbeitern und Mitarbeiterinnen, die unermüdlich ihre besten Kräfte in die gemeinsame Arbeit einbringen.

Das 21. Jahrhundert wird geprägt sein von den Bemühungen um das Werden der einen Welt.

Die schrecklichen Ereignisse des 11. September haben Angst aufkommen lassen, das Böse könnte sich als ständiger Zeitgenosse unter uns niederlassen. Haben wir den Urschrei der Menschheit vergessen, mit dem das Vaterunser ausklingt: »Libera nos a malo!«?

Vielen ist nun deutlich geworden: Die Gespräche zwischen Menschen verschiedenster Religionen, Kulturen und geistiger Strömungen sind von höchster Dringlichkeit.

Der Verlag Herder hat sich in den letzten Jahrzehnten in den Dienst des großen »Weltgespräches« gestellt.

So wollen wir auch in Zukunft unbeirrt und hoffnungsvoll unsere Kräfte auf das Ziel ausrichten, »Fährmann zwischen den Ufern« zu sein.

VIII.
PERSPEKTIVEN FÜR DIE ZUKUNFT

»*Obenauf formte der Gott die Erde, das Meer und den Himmel,*
Ferner den vollen Mond und die unermüdliche Sonne,
Dann auch alle die Sterne dazu, die den Himmel umkränzen ...«

HOMER

Die Kunst hat jetzt schon
einen spürbaren Einfluss auf die Welt der Virtualität.
Sollte nicht auch dieser Sachverhalt unsere verlegerische
Aufmerksamkeit finden?

HERMANN HERDER

Der Schild des Achill

Als diese bezaubernde Musik von Vincenzo Galilei geschrieben wurde, mochten sich viele der Zeitgenossen noch in einer »heilen« Welt wähnen.

Erst Jahre danach, am 22. Juni 1633, wurden dem Sohn des Komponisten, Galileo Galilei, die schwerwiegenden Worte zugesprochen: »E pur si muove!« – »und sie bewegt sich doch.« Ein prachtvoller Bildband, 1967 bei Herder verlegt, schildert die dramatischen Ereignisse jener Zeit der Kopernikanischen Wende. Die faszinierenden Photographien dieses Buches hat Erich Lessing aufgenommen, das Vorwort Wernher von Braun geschrieben.

Stehen auch wir vor einer ähnlichen epochalen Wende?

Verschiebt sich auch für uns eine sicher geglaubte Mitte?

Ich will dazu im Folgenden aus der Sicht des Verlegers einige Erwägungen anstellen. Das soll in sieben Gedankenschritten geschehen.

Teil I

Der XVIII. Gesang der Ilias bildet den Höhepunkt jenes Gedichtteils, den wir gerne auch »die Achilleis« nennen:

Das Lied vom Zorn des Achill – wie viele Gymnasiasten meiner Zeit habe ich die schönsten Verse auswendig gelernt.

Wir erinnern uns: Achill hatte vor Troja nicht nur den liebsten Freund verloren, sondern auch die diesem geliehenen eigenen Waffen. Hektor trägt sie von Stund an, wird sie tragen bis zum eigenen Tod vor Ilions trutzigen Toren.

Da schwebt Thetis, die Meeresgöttin und Mutter des Achill, zum Olymp hinauf, dem griechischen Götterberg. Hephaistos, der Schmiedegott, hört ihre Bitten um eine neue Rüstung und lässt sich von der Schönen erweichen, und staunend schaut Thetis nun das Wunder des Werdens.
Schaut, wie vor ihren Augen eine ganze Welt entsteht.

Hören wir Homers Schilderung:

>»Erz und Zinn warf der Gott in die Lohe, Gold und Silber dazu. Dann nahm er Hammer und Zange und begann sein Werk.«

Minutiös, bis in die kleinsten Einzelheiten hinein, schildert Homer die Entstehung des Schildes, auf dem man fünf Schichten zählte. Auf diesen »schuf er zierliche Bilder mit viel erfindsamem Geiste …«

Fünf ist, seit altersher, die Zahl des Menschen. Fünf waren die Schichten des Schildes, auf denen der göttliche Schmied die Welt des Menschen darstellte.
 Es ist die ganze, so vielgestaltete Welt, ein umfassendes, ein geistiges Konzept, das Hephaistos in seiner Weisheit entfaltet, würdig der antiken Vorstellung vom Weltall – ein wahrer Mikrokosmos, ein Abbild des Ganzen.
 Hören wir, wie der Dichter beginnt:

>»Obenauf formte der Gott die Erde, das Meer
>und den Himmel,
>Ferner den vollen Mond und die unermüdliche
>Sonne,
>Dann auch alle die Sterne dazu, die den Himmel umkränzen …«

Die Beschreibung eines jeden der Abschnitte beginnt Homer mit den Verben des Erschaffens – so heißt es in abwechselnder Folge:

Er schuf.
Er machte.
Er setzte.

Dem biblischen Schöpfungsbericht vergleichbar, so schuf Hephaistos das Bild der Welt in ihrer Vielfalt.

Es war Gotthold Ephraim Lessing, der 1766 in seinem »Laokoon« als Erster auf diese verblüffende Ähnlichkeit hinwies:
»Mit wenigen Gemälden machte Homer seinen Schild zu einem Inbegriff von allem, was in der Welt vorgeht.«

Was in der Bibel im *Nacheinander* der sechs Schöpfungstage geschah, das geschieht bei Homer im *Nebeneinander*, auf die fünf Schichten des Schildes verteilt, aus Erz, Zinn, Gold und Silber gefertigt.

Alles in höchst bewusster Symmetrie:

> Götter und Menschen,
> Leben und Tod,
> Frieden und Krieg,
> Hochzeitsfest und Gerichtstag,
> Stadt und Land,
> Saat und Ernte,
> Weinlese und Hirtenleben,
> wilde Tiere und Haustiere,
> Tänzer und Musiker,
> Sänger und Gaukler.

So fügt Hephaistos im Kleinen und Kleinsten die Vielfalt von Natur und Leben zu einem Ganzen zusammen.

Homers Verse enden in der Schilderung eines festlichen Reigens – die Menschen feiern …

Wenn wir das Wort »feiern« in seiner ursprünglichen Bedeutung von »die Arbeit ruhen lassen« verstehen, dann schlagen diese ausklingenden Worte der Schildbeschreibung den Bogen zur Sabbatruhe des siebten biblischen Schöpfungstages.

Sie schlagen den Bogen aber auch – und dies über Jahrtausende – zu den geheimnisvollen Dichtungen eines späten Nachfahren antiken Geistes, zu Hölderlin.

»Brautfest« und »Friedensfeier« sind herausragende Begriffe seiner Dichtungen. Sie deuten auf die Endzeit: Für einen Augenblick sind Mensch und Gottheit vereinigt im »allversammelnden« Festtag.

Den Rand des homerischen Schildes bildet Okeanos, das geheimnisvolle Weltmeer; es begrenzt alles Irdische.

Aus diesem Weltmeer steigt allmorgendlich Helios, der Sonnengott, mit seinem Pferdegespann empor.

Hölderlin kann zwar dem drohenden Dunkel des geheimnisvollen Meeres nicht entkommen, wir wissen es – 40 Jahre lang wird er diesem Dunkel ausgeliefert sein, willenlos, verlassen von Muse und Inspiration, einsam im Tübinger Turm.

Aber über dem Fest seiner Dichtungen leuchtet, wie einst über den Feiern der antiken Menschen die Strahlen des Helios geleuchtet haben, ein hell strahlendes Licht.

Ist es das neu strahlende Licht des Christentums?

Oder wird man dieses Licht *auch* als Symbol seiner Zeit deuten dürfen – Symbol, das dieser Zeitepoche zudem den Namen gegeben hat: le siècle des lumières, Aufklärung.

Warum »Aufklärung«, warum »siècle des lumières«?

Das Bedürfnis nach einer systematischen Erforschung der Welt ist so alt wie die Menschheit selbst:

- Assurbanipal in Ninive
- die Ptolemäer in Alexandria
- die Attaliden in Pergamon.

Sie alle wünschten den Überblick zu bekommen über die Elemente dieser Welt. Sie alle ließen Archive und Bibliotheken einrichten.

*

Das Pantheon im antiken Rom war Heimstätte *aller* Gottheiten des weiten Weltreichs; die Villa Hadriana, vom rastlosen Reisekaiser Hadrian erbaut, beherbergte Repliken aller bedeutenden Monumente jener Zeit. Beide, Pantheon und Villa, zeugen von einem enzyklopädischen Gestaltungswillen, der weit hinausging über fleißiges Sammeln und Ordnen. Mittelalterliche Klosterbrüder kopierten und kommentierten, was jene gesammelt hatten. Raimundus Lullus träumte im 13. Jahrhundert von der »clavis universalis«, dem Schlüssel zum Ganzen.

Im 18. Jahrhundert, in der Zeit der Aufklärung, entwickelte sich ein zunehmendes Bedürfnis nach systematischer Dokumentation: Wie die sprichwörtlichen Pilze aus dem Boden schießen, so entstand Werk nach Werk:

- 1721 in Deutschland ein »Allgemeines Lexikon der Künste und Wissenschaften«
- 1728 in England Chambers zweibändige »Cyklopaedia«
- 1732–1754 schließlich Zedlers monumentales »Universallexikon« in 64 Bänden.

Dann erschien, gleich einem strahlenden Stern am Lexikon-Himmel, in Paris der erste Band der »Encyclopédie ou Dictionnaire raisonné des Sciences, des Arts et des Lettres«.
    Dieses Werk wurde prägend für alle späteren Enzyklopädien Europas.
    Im Vorwort des ersten Bandes schreibt Diderot, neben d'Alembert Hauptherausgeber: »L'ouvrage dont nous donnons aujourd'hui le premier volume, a deux objets«, und er fährt fort: »Als *Encyclopédie* soll dieses Werk so weit als möglich die Ordnung und die Zusammenhänge des menschlichen Wissens darstellen – als *Dictionnaire raisonné* soll es zu jeder Wissenschaft und Kunstform (ob theoretisch oder praktisch) sowohl ihren allgemeinen Ursprung als auch die wichtigsten Einzelheiten, die ihren Gehalt und Hauptinhalt bilden, darstellen.«

Das Bildmaterial – der Zeit entsprechend Stiche – füllt ungefähr 3000 Tafeln. Das Wort »Aufklärung« wird von Diderot in seinem Vorwort ausdrücklich erwähnt. Er identifiziert sich mit dem, was das Wort meint.

Teil II

1764 setzte Papst Clemens XIII. das Werk auf den Index. Zwar hatte es das Christentum nicht grundsätzlich bekämpft, aber viele Vorstellungen entsprachen nicht der kirchlichen Lehre. Die Mitarbeit von Geistern wie Montesquieu, Jean-Jacques Rousseau und Voltaire war der Kurie nicht entgangen.
1776 wurde Bartholomä Herder geboren. Über seiner Wiege – um so zu sprechen – zeigten die Sterne eine äußerst schwierige Konstellation: die Konfrontation zwischen Kirche und Zeitgeist.
Hat Bartholomä Herder, so fragen wir uns, diese Enzyklopädie gekannt? Verstand er so gut Französisch, dass er sie benutzen konnte? Hat ihr Inhalt Einfluss auf sein Denken gehabt?
Wie immer man in den Gassen der Freien Reichsstadt Rottweil den damaligen Zeitgeist wahrgenommen haben mag – 1801 in Meersburg traf Herder auf einen herausragenden Vertreter jener Geistesrichtung, die wir mit dem Begriff »Katholische Aufklärung« zu bezeichnen pflegen: Ignaz von Wessenberg, Generalvikar und Weihbischof der Diözese Konstanz, ein kluger und tatkräftiger Mann.
Mit ihm heckte Bartholomä Herder sein Meersburger Verlagsprogramm aus. Die meisten von dessen Programmpunkten blieben im Räderwerk der römischen Kurie stecken; einige von ihnen wurden 160 Jahre später vom Zweiten Vatikanum der Weltkirche vorgegeben, darunter die Landessprache in der Liturgie und die 1801 geforderte Brevierreform.
1808 war Herder nach Freiburg umgezogen – nun aka-

demischer Buchhändler und Pächter der an die Universität gelangten ehemaligen Druckerei von St. Blasien.

Um die Jahreswende 1813/14 weilte das kaiserliche Hauptquartier in der Stadt Freiburg. Bartholomä knüpfte Kontakte zu Metternichs Privatsekretär Pilat. Dieser nahm ihn mit nach Paris, wo die Friedensverhandlungen stattfanden.

Bei einem späteren Aufenthalt lernte Herder diese faszinierende Weltstadt dann näher kennen. Er sah die berühmten Kunstsammlungen und streifte durch die Buchhandlungen des »Quartier Latin«. In deren Regalen waren die Prachtbände der monumentalen Enzyklopädie unübersehbar. Der wissbegierige Buchhändler aus Freiburg dürfte sie sich auf das Genaueste angesehen haben.

Nach Freiburg zurückgekehrt, begründete er seine lithographische Anstalt. 1827 erschien die berühmt gewordene sogenannte »Bildergalerie« – zunächst in Lieferungen, später als Gesamtband. Die Zielgruppe war klar umschrieben, die Abonnenten der »Deutschen Realenzyklopädie« leicht ausfindig zu machen. Das Werk fand weite Anerkennung und wurde zu einem beachtlichen Erfolg.

Die klassisch anmutenden Zeichnungen dieser »Bildergalerie« mögen manche Leser wie eine späte, kongeniale Ausdeutung des homerischen »Schildes des Achill« empfunden haben. Einer der Lithographen, Franz-Xaver Winterhalter, sollte später Kaisermaler werden.

Wo sich Erfolg einstellt, da wächst der Wunsch nach mehr. 1835 wagte Herder eine französische Ausgabe seiner »Bildergalerie«. War es die nostalgische Erinnerung an Paris, an das große Bildungserlebnis früherer Jahre?

Der Erfolg auch dieses Werkes gab dem wagemutigen Verleger recht. Er ging noch weiter: Er gründete 1833 in Paris eine Filiale.

Dort absolvierte später sein jüngster Sohn Benjamin seine Lehre und weitete seinen Blick.

Man wird den Einfluss französischen Geistes auf den Verlagsgründer nicht hoch genug einschätzen können.

1822 hatte er in einem Brief bekannt: »Damals erwachte in mir die erste Idee zur Etablierung einer Kunsthandlung – ich sammelte mir hierzu in Frankreich, hauptsächlich in Paris, die erforderlichen Vorkenntnisse.«

Die Veröffentlichung des großartigen »Orbis Pictus« und die der Schwesterausgabe in französischer Sprache darf man wohl getrost eine Geburtsstunde im zweifachen Sinne bezeichnen: als Geburtsstunde der »Lexikographie« bei Herder und als Geburtsstunde des internationalen Verlages Herder.

Von enzyklopädischen Werken bei Herder soll im Folgenden die Rede sein.

Warum gerade sie im Mittelpunkt dieser Überlegungen stehen, wird später sichtbar werden.

Teil III

Das wussten schon die alten Griechen: Der Krieg ist der Vater vieler Dinge.

In den Bombennächten des Zweiten Weltkrieges begannen erste Überlegungen zu einem neuen »Orbis Pictus«.

Das Stichwort »Ganzheit« war zuvor im Herder'schen Verlagskatalog erstmals wieder in den dreißiger Jahren aufgetaucht: Der Schulmann Arthur Kern war damals für seine »Ganzheitsmethode« durch ganz Deutschland gereist:

> »Nicht additives Verknüpfen von Buchstaben
> oder Ziffern also – sondern Lernen vor allem:
> Erlernen als Vermittlung eines größeren Ganzen.«

*

1935 hatten hier im Verlag die redaktionellen Arbeiten einer
»christlichen Enzyklopädie« begonnen. Kein Geringerer als
Papst Pius XI. hatte dieses ungewöhnliche Unternehmen persönlich
angestoßen.

Es sollte erscheinen in
- japanischer
- chinesischer
- arabischer
- indischer

Sprache. Es wäre reizvoll, darauf hier näher einzugehen. Ich
muss mir das aus Zeitgründen versagen. Ich begnüge mich
mit dem Hinweis auf das japanische Lexikon, das hier mit
anderen von mir erwähnten Verlagswerken ausgestellt ist.

*

Im August 1943 besuchte ich als 17-jähriger Luftwaffenhelfer
meinen Vater, damals Hauptmann der Flakartillerie. Mit einer
Scheinwerferbatterie lag er vor den Toren Lübecks.

Auf der Fahrt dahin wurde ich Zeuge des ersten schweren
Angriffs auf Hamburg. Vom Bahnhof Hamburg-Harburg aus
sah ich den blutroten Nachthimmel über der Stadt, hörte das
Dröhnen der Flugzeugmotoren, schrak zusammen bei den
nahen Detonationen – das ist ein Schrecken, den man ein
Leben lang nicht mehr vergisst.

Am nächsten Morgen rollte der Zug im Schritttempo durch
die Ruinen der Hansestadt.

Die Gespräche in Lübeck gingen um die Sorge: Wie kann der
Mensch angesichts des Völkermordens Mensch bleiben?

Daran schloss sich die Frage nach der Bildung des Menschen
nach dem Krieg – dessen Ende den Einsichtigen damals bereits
klar war. Mein Vater zitierte Julius Langbehn, den sogenannten
»Rembrandtdeutschen«. Momme Nissen, nordfriesischer
Maler und spätberufener Dominikaner, hatte dessen

Nachlass bei Herder herausgegeben – die Fragwürdigkeiten mancher seiner Formulierungen waren entfernt, die Substanz belassen worden.

Von der »Ganzwirkung des Ganzen auf ein Ganzes« war die Rede. Dem Ganzen stünde das »brüchige Denken« gegenüber.

In solchem Zusammenhang äußerte mein Vater erste Überlegungen zur Konzeption eines ganz neuartigen Buches: Es sollte der Versuch sein, wieder zur Schau des Ganzen zu kommen.

*

Nach Kriegsende fanden wir, die überlebt hatten, uns in einer Landschaft von Trümmern wieder. Zwischen den Ruinen Freiburgs stand, unversehrt, mahnend, das Münster: Reinhold Schneider hatte seinen Turm vor dem Luftangriff visionär angesprochen, ihn einen »großen Beter« genannt.

Das Verlagshaus war vollständig ausgebrannt – eine gespenstische Kulisse für den Wiederbeginn.

Die erste Verlagslizenz der Alliierten ging in der französischen Besatzungszone an Theophil Herder-Dorneich, die erste in der amerikanischen Zone an Josef Knecht – beides in Anerkennung einer kompromisslosen Haltung in den Jahren der braunen Diktatur.

1948 erschien in vier Bänden »Der Neue Herder« – allen Schwierigkeiten zum Trotz. Das notwendige Papier zum Druck teilte damals die Militärbehörde zu. Das erforderte wiederholte Gänge nach Baden-Baden.

Die Genehmigung eines Lexikons knüpften die Militärs an eine demütigende Bedingung: die Zahlung einer Lizenz an den Verlag Larousse – obwohl dieser mit dem Werk überhaupt nichts zu tun hatte.

In höchster Not erschien, unerwartet, ein Schutzengel. Ein Offizier der französischen Kulturabteilung vermittelte – er hieß: Alfred Döblin.

Erinnern wir uns kurz: deutscher Schriftsteller, jüdischer Emigrant, Konvertit, Verfasser des Romans »Berlin Alexanderplatz«. Darin taucht, nicht weniger unerwartet, ein Schutzengel auf – am hellichten Tag, mitten in Berlin! Döblin sollte in der Folgezeit wiederholt ins »Rote Haus« kommen. Bei Alber erschienen seine Werke aus der Zeit der Emigration.

Er räumte manche Hürde der Militärbehörde beiseite. Herder erhielt Papier für das Lexikon; Larousse verzichtete von selbst auf die ihm peinlich gewordene Bedingung.

Bereits dieses Lexikon drängte über die Konvention der bloßen lexikalischen Information hinaus. Wer es durchblättert, stößt auf zahlreiche Verweispfeile – sie verweisen den Benutzer auf einen gesonderten Band: das »Humanistische Lexikon«.

Die Anregung zu diesem Buchplan entstammte wohl den ersten Nachkriegspublikationen bei Herder, einer Reihe unter dem Titel »Abendländische Bibliothek«, herausgegeben von Reinhold Schneider. Die Wertschätzung des antiken Erbes hatte die Kriegsgräuel überstanden. Ihr ethisches Potenzial sollte in diesen Bänden erschlossen werden.

Das »Humanistische Lexikon« ist nie erschienen.

Den Redakteur – kein Geringerer als Eckart Peterich – zog es aus dem verregneten Breisgau in die sonnige Toskana zurück. Damit war ein Versuch, »Wissen« um »Bildung« zu erweitern, zunächst misslungen.

Der »Neue Herder« wurde indes so etwas wie eine redaktionelle »Fingerübung« für den bald darauf begonnenen »Großen Herder«.

Keiner sprach davon, und doch wussten alle, worum es ging – es war ein Wettlauf der Verlage: Welches Lexikon würde nach dem Krieg als Erstes erscheinen? Herder oder Brockhaus?

Die Alemannen – sonst nicht immer die Schnellsten – waren Sieger. Dem Kollegen Brockhaus durfte man die Flucht aus dem kommunistisch gewordenen Leipzig und den schwierigen Neuanfang in Wiesbaden zugutehalten.

Wie noble Kombattanten trafen sich im Oktober 1953 die beiden Verleger mit ihren Chefredakteuren in Frankfurt vor einem größeren Publikum. Die Frage nach dem Wesen und Sinn der Enzyklopädie stand an diesem Abend im Mittelpunkt.

Herder hatte 1953 eine lexikographische Neuheit vorgelegt, das sogenannte »Bildungsbuch« als Bestandteil der Lexikonsubskription.

Daneben waren von einer separaten Ausgabe im Handumdrehen 100.000 Exemplare ausgeliefert – so groß war damals der geistige Hunger!

Dieses »Bildungsbuch« sollte nach den Verwüstungen des Zweiten Weltkrieges Ordnung und Gleichgewicht wiederherstellen, geistige Heimat bieten.

Der Erfolg hat viele Nachahmer: Schnell waren Kopisten zur Stelle. Bertelsmann schrieb das Bildungsbuch als Erster ab.

*

Jedes Lexikon schafft sich seine eigene Ordnung – es ist die Ordnung des Alphabets. Dieses ermöglicht den raschen Zugriff auf den Wissensstoff.

Das Alphabet schlüsselt das Gesamtwissen auf: Es lässt sehen, was es von vielfältigen Standpunkten aus zu sehen gibt. Der Preis dafür besteht im Verlust des Zusammenhangs.

Das Alphabet wird so zur Gegenordnung. Es verdrängt und ersetzt die göttlich verstandene Struktur des »Arbor Scientiae« – des Baumes des Wissens und der Erkenntnis.

Nachdem der Mensch von den Früchten dieses Baumes gegessen hat – verstreut er nun seine Blätter in alle Winde!

Karl Rahner prägte damals das Wort von der »tätigen Reue des Lexikographen«. Das war ebenso kritisch gemeint wie anerkennend.

Aber auch der alphabetische Teil des »Großen Herder« spiegelte den Wunsch seines Verlegers nach »Ganzheit«. Jeder Band enthielt nämlich mehrere große Artikel – »durch Wort und Bild besonders erweitert«, so nannte sie das Inhaltsverzeichnis. Es waren die Themen

- Auge
- Bad (im Blick auf die Taufe)
- Baum

innerhalb des 1. Bandes und die Themen

- Schmerz
- Spiel
- Wein
- Welt und Zeit

innerhalb der beiden letzten Bände. Diese Rahmenartikel waren reich bebildert: Imagination führt zum Ganzen.

Es ist mir im Rückblick, als sei diese ehrgeizige Idee, die Welt ganzheitlich darzustellen, von Lektorat zu Lektorat weitergereicht worden.

Dem »Bildungsbuch« folgte sehr rasch ein eigens erarbeitetes »Jugendbildungsbuch«. Noch einmal später, 1958, erschien ein Bildungsbuch für Kinder: »Wunderbare Welt«, reich bebildert. Dieses Buch – ich zitiere aus dem Inhaltsverzeichnis – »erzählt von den Dingen, die um uns sind: vom Land, vom Wasser, vom Wetter und von den Sternen«. Es »erzählt von den Menschen: wie sie leben, was sie machen und woran sie glauben«.

Es ist, als habe der Textschreiber dem Hephaistos bei seiner Arbeit am Schild des Achill über die Schulter geschaut.

Ein letzter Nachfahre dieser großen Familie der Bildungsbücher ist noch heute im Verlagskatalog zu finden und lieferbar: »Herders Großes Bilderlexikon«. Die mehr als 1000 Farbbilder zeichnete der Baseler Maler Robert André.

Mit solcher Intention wuchsen alle diese Werke gewissermaßen über sich selbst hinaus. Sie sprengten den auferlegten Zwang des Alphabets und öffneten sich nach allen Seiten: Der Wissensstoff kannte nun keinen Anfang mehr und kein Ende.

Aus dem *Wissen* der Welt wurde auf einmal die *Weisheit* der Welt. Der »Orbis pictus« dehnte sich aus zum »Orbis terrarum«. Novalis hat diesen Begriff deutend übersetzt mit »Rundheit der Welt«.

Damit wollte der Dichter dem menschlichen Wissen ein Zentrum geben – besser: Er wollte es zurückgewinnen.

Teil IV

Dieses Dichterwort begleitet mich seit vielen Jahren.

Die älteren Mitarbeiter werden sich vielleicht noch an das Zitat erinnern anlässlich meines 50. Geburtstages 1976.

Kaum ein anderer Dichter hat so gerungen um die Deutung des Begriffes »Welt« wie Novalis. Schließlich glaubte dieser poetische Magier die Formel gefunden zu haben: Welt ist verstanden als »Universaltropus des Geistes«.

Ich habe mich immer wieder gefragt: Gibt es eine »Chiffre«, die das so vielschichtige Wort erklären kann, es auf bildhafte Weise ganz unmittelbar verstehbar machen kann?

Für den Christen kann es nur eine einzige Chiffre geben: das menschgewordene Wort im Schnittpunkt von Vertikale und Horizontale. Nirgends kommt das leuchtender und freudiger zum Ausdruck als in der Liturgie der Osternacht.

Alle Elemente sind da versammelt, alle Kreatur einbezogen – bis zur fleißigen Biene, die das Wachs für die Osterkerze bereitet.

Hugo Rahner hat in seinem Buch »Griechische Mythen in christlicher Deutung« den Gedankenreichtum zur Osternacht im antiken Christentum geschildert:

- Erde und Meere
- Sonne, Mond und Sterne
- Berge und Täler
- Samenkorn und Blume
- Mensch und Tier

alle werden sie von der Kirche aufgerufen, ihre Freudenlieder zu singen.

Es ist, als ob in diesen griechischen Osterhomilien und lateinischen Ostersequenzen die homerische Welt auf dem »Schild des Achill« zu ihrer Erfüllung geführt würde.

Teil V

Mit dem Jahr 1968 veränderte sich die geistige Landschaft Deutschlands: In der Folge wurden die Grundfesten des akademischen Lehrbetriebs erschüttert, die Lehrpläne der Schulen umgeworfen.

»Was treibt die Revolutionäre?« So lautete der Titel eines 1969 erschienenen Herder-Buches. Es war eine philosophische Auseinandersetzung mit der kubanischen Revolution, mit Habermas, mit den Triebkräften der Studentenbewegung.

Bei einem der Veröffentlichung vorausgegangenen Kolloquium schwappte die Aggressivität jener Zeit hinein in die Diskussionen in diesem Ausstellungszimmer.

Ganze Verlagsprogramme sahen sich über Nacht infrage gestellt. Orientierungslosigkeit breitete sich aus, viele Autoren wurden wortkarg, Büchern unseres Verlagsprogramms wurde von Kritikern die Brandmarke »konservativ«, damals als Beschimpfung verstanden, eingebrannt. Gab es noch pädagogische Programme, die standhielten?

*

Im Geleitwort des »Lexikons der Pädagogik« von 1960 war noch die Rede gewesen vom »Geiste einer Pädagogik, die in ihren Grundlagen unveränderlich« sei ...

Dieses Lexikon stellte alternative erzieherische Konzepte ausführlich vor: die Methode von Montessori, die Odenwaldschule, den Weg der Waldorfschulen.

Die Letztgenannten schienen von der allgemeinen Auflösung völlig unbetroffen, Rudolf Steiners Autorität ohne Kritik. Die Waldorfschulen lehrten weiter, was ihr Begründer bei einem Größeren gelernt hatte: Goethes ganzheitliche Schau.

In der Folge beschäftigte ich mich mit dessen Werken – der Farbenlehre vor allem. Dabei fand ich das bekannte Diktum über Goethe bestätigt: »Je länger man sich mit dem alten Heiden beschäftigt, desto katholischer wird er.«

Im März 1979 begann ich mit den sogenannten »Wochenenden« für unsere Lehrlinge. Deren Programm orientierte sich an einem ganzheitlichen Vorgang: den sieben Schöpfungstagen.

Das erste Wochenende stand unter dem Thema »Licht und Feuer«. In dem handgeschriebenen kleinen Programmheft stand als Einleitung zu lesen:

»Wir wollen gemeinsam versuchen, einmal auszusteigen aus der üblichen ›Engstirnigkeit‹, mit der eine Sache meist nur von einer oder zwei Seiten angeschaut wird.«

Die Themen der Wochenenden waren:

Licht und Feuer
Wasser
Erde
Luft
Sonne und Mond
Mensch und Tier
und viele andere.

Unsere berufliche Arbeit wurde soweit als möglich mit einbezogen:

Erde: »materielle Träger der Buchherstellung«
Sonne: »Goldschnitt in der Buchbinderei«
Tier: »Leder und Pergament bei der Buchherstellung«
Das vorhandene Dutzend Programmhefte zeigt eine unerwartete Fülle von Verknüpfungen.
Diese Veranstaltungen waren so etwas wie eine unbewusste Vorwegnahme universaler Vernetzung der Dinge.

*

Die Lehrlingswochenenden endeten jeweils mit einem Gottesdienst in der Vaterunser-Kapelle im Ibental. Messe und Predigt hielt P. Justin, der damalige Guardian der hiesigen Franziskaner, ein Herder-Autor – seine Botschaft: der Sonnengesang des heiligen Franz. Der »Poverello« aus Assisi hatte allen Stürmen der Studentenrevolte standgehalten!

Teil VI

Erinnern wir uns noch einmal des »Bildungsbuches« von 1953. Im Vorwort war dort die Rede gewesen von den »Trümmern und Scherben der Welt«.

Gemeint waren damit aber nicht die Trümmer des Krieges; gemeint waren die Folgen, die das 19. Jahrhundert gezeitigt hatte, ein Jahrhundert, in dem – ich zitiere aus dem Vorwort – »die Idee der Universalität des Wissens verloren gegangen war ...«

Mit dem Wissen um das Ganze schwand bald auch der Mut zum Ganzen.

Ein markantes Opfer wurde die Reihe »Orbis Academicus« beim Verlag Karl Alber.

Sie stellte eine Selbstaussage der einzelnen akademischen Disziplinen dar. Deren maßgebliche Dokumente sollten möglichst »im Zusammenhang belassen werden«. Sie sollten – ich zitiere noch einmal – »aus ihrer Isolierung befreit« in den »problemgeschichtlichen Gesamtentwurf« eingeordnet werden. Dem fast stürmisch anmutenden Erscheinen der ersten Bände folgte bald eine Ebbe.

1974 äußerte sich Professor Fritz Wagner, federführender Herausgeber des Orbis: »Unsere Situation erlaubt uns nicht mehr eine geschlossen vorzuführende Systematik im Stile Hegels. Deshalb ist auch nicht mehr an einen systematischen Abschluss des ORBIS-Unternehmens zu denken. Stattdessen sollte die Reihe ins Offene fortgeführt werden.«

Die akademischen Autoren mussten ihr Unvermögen eingestehen, »… die universalen Ordnungszusammenhänge der Welt waren von den einzelnen, losgelösten Erscheinungen her nicht mehr durchsichtig zu machen …«

»Einer zersplitterten Welt kann ich nur Splitter bringen«, so schrieb ungefähr gleichzeitig der alternde Reinhold Schneider im Augenblick tiefer Resignation.

*

Einen späten und letzten Versuch unternahm der Verlag Herder mit dem »Lexikon der Biologie«, das von 1983 bis 1987 erschien: 40.000 Stichwörter, 5000 Tabellen, 450 meist farbige Bildtafeln.

Auch außerhalb des deutschen Sprachraumes ist bisher kein vergleichbares Werk solchen Umfangs erschienen.

30 Jahre nach »Herders Bildungsbuch« hieß es im Vorwort des Biologie-Lexikons: »Ein besonderes Anliegen des Verlages war es, den Brückenschlag zu den Geisteswissenschaften zu vollziehen durch die Aufnahme von sogenannten ›enzyklopädischen Stichwörtern.‹

Diese Artikel waren »nach Stil, Umfang und typographischer Gestaltung besonders erkenntlich«, und deren Autoren zeichneten namentlich. Sie äußerten sich zu »grenzüberschreitenden Fragen« aus der Sicht von Philosophie, Theologie, Ethik.

Der alphabetisch erste Artikel dieser Art behandelte das so delikate Stichwort »Abstammung des Menschen«. Nichts fehlt in diesem Artikel:

- kosmogonische Mythen
- Aussagen des Alten Testamentes
- die Evolutionslehren
- Darwin, Mendel, Huxley und Haeckel
- die evolutionäre Erkenntnislehre
- der »Zufall« Monods
- schließlich der »Punkt Omega« von Teilhard de Chardin.

Dieser Artikel endet mit den Worten: »Wenn nun auch hinsichtlich unserer Abstammung keine Zweifel mehr über die Realität des Vorgehens bestehen können – es bleibt der Schöpfer dieser Welt für den Naiven am Beginn seiner Fragen, für den Gelehrten steht er an deren Ende ...«

Diese 30 »enzyklopädischen Stichwörter« bildeten – wenn man das so sehen will – die »biologische Substanz« des biologischen Lexikons.

Teil VII

Am 19. Juni 1998 hat Gwendolin Herder hier bei der ersten Festakademie auf meisterhafte Weise das Rottweiler Verlags-Konzept von Bartholomä Herder vorgestellt, das »Ur-Programm«. Einem Senfkorn vergleichbar enthielt es bereits, was in zwei Jahrhunderten daraus gewachsen ist.

Ich habe für diese zweite Festakademie unserer Jubiläumsjahre einen anderen Weg gewählt. Einer Perlenkette vergleichbar habe ich verlegerische Bemühungen und Verlagswerke aufgereiht und beschrieben, die auf je ihre Weise dem enzyklopädischen Gedanken verpflichtet waren.

Alle ließen sich von derselben Idee leiten: der Idee, einer Ganzheit des Wissens zu dienen. Dieses Ziel hat Robert Scherer, jahrzehntelang für die Ausrichtung des theologischen Programms verantwortlich, seinerzeit eindrücklich beschrieben: »... durch die Leuchtkraft tieferer Erkenntnis und Einsicht die Wirklichkeit der Welt so zu erhellen ..., dass sich dem Menschen auf seinem Weg durch die verwirrende Fülle des

Wissens der Sinn des Daseins in den Wechselfällen des Lebens erschließt.«

Mein heutiger Beitrag soll sich indes nicht mit dem Erinnern begnügen. Schön wäre es und angenehm, in der bloßen Reminiszenz zu verweilen, der Zeit und des Ortes enthoben. Aber: Zu viele öffentliche Uhren in aller Welt zählen die verbleibenden Tage und Stunden des Jahrhunderts. Zu viele Menschen erwarten Visionen für das nächste Saeculum.

Längst ist die magische Zahl 2000 zur Metapher für das ganz Neue, das ganz Andere geworden.

Auf was aber hat sich der Blick des Verlegers zu richten?

*

Im Jahr 1699 berichtete Liselotte von der Pfalz, diese deftige Briefschreiberin, Schwägerin Ludwigs XIV., einer Tante in Hannover: »Es ist eine disputte bei hoff, so vom König ahn biß auff die laquayen disputiert wirdt, ob das seculum ahnfengt wenn man 1700 schreiben wird oder 1701 ...«

Magie der runden Zahl, zentenarische Inkorrektheit schon damals? Kalenderfragen also nicht erst in unseren Tagen? Warum aber gerade Hannover?

Nun, die fürstliche Tante hatte ein Universalgenie bei Hofe, das zu rechnen verstand. Die Antwort, französisch geschrieben, war aufgesetzt von keinem Geringeren als von Leibniz. Seine Antwort traf den Kern des Problems: Kann »Null« überhaupt ein Jahr sein? Fängt nicht jedes Rechnen mit der Zahl »1« an?

*

Der Vorgang damals hatte sein Nachspiel: Er nahm nationalistische Züge an und bekam eine konfessionelle Schlagseite. Ein armer Buchdrucker in Rom wurde das beklagenswerte Opfer. Er hatte das päpstliche Jubeljahr, das »Heilige Jahr«, im Diarium weltlich errechnet. Neben der »raison mathématique«

gab es eine »raison ecclésiastique«, wie Leibniz sich ausdrückte. Die beiden ließen sich nicht in Einklang bringen.

Was würde der große Gelehrte heute sagen – 300 Jahre danach? Wie würde er den modernen Menschen in den epochalen Wandel einordnen, der mit solch unvorstellbarer Wucht über uns hereinbricht?

1704 erschien eines seiner wichtigsten Werke, wie viele aus seiner Feder auf Französisch geschrieben: »Nouveaux essais sur l'entendement humain«.

Leibniz beschäftigt sich darin mit dem auftauchenden Problem der Systematisierung der Wissenschaften. Er wird dabei ganz konkret, er fasst – selbst Bibliothekar in Wolfenbüttel – die verzweifelten Kollegen seiner Zeit ins Auge, die nicht mehr wissen, welches Buch an welchem Platze einzuordnen ist.

Für Leibniz weicht das bisher vertraute Bild des Baumes des menschlichen Wissens einem neuen Bild – dem Bild des Weltmeeres: »La figure de l'arbre cède la place à celle de l'océan ...«

Homers Verse fallen uns da ein, das Weltmeer, das er dort schildert, das den Menschen umgibt: »Die gewaltige Kraft seiner tiefen Gewässer« – um den Dichter wörtlich zu zitieren.

Das Urmeer, selbst formlos, das die uns vertrauten Koordinaten des irdischen Lebens hinter sich zurücklässt:

- aufgebrochener Raum
- grenzenlos
- kein Oben, kein Unten.

Noch Kosmos – oder schon Chaos?
Und wo darin ist der Standort des Menschen?

*

Manchmal gibt die Sprache Auskunft – die Sprache, die ihre Aussagen geheimnisvoll zu verschleiern weiß und sie zugleich doch immer verräterisch ausplaudert.

Hören wir dazu das »Dictionary of Contemporary English«: »... to stay at the top of liquid or be held up in air without sinking ...«.

Wir ahnen, was gemeint ist: Es ist die Erklärung des Verbums »to float«, neues Urwort in der Landschaft der Computer.

Es ist die Beschreibung von Ikarus, dem »vergotteten« Menschen, der sich schwerelos in die Noo-Sphäre erhebt, spielerisch, ein Usurpator aller göttlichen Eigenschaften – und doch ständig vom Abstürzen bedroht ist, im mehrfachen Sinne des Wortes, von Abstürzen mit allen seinen Daten, Schöpfer und Opfer zugleich.

Dank seiner »Ars electronica« steht der Mensch im Begriff, sich in die Videosphäre zu verlieren. Und schon beginnen die Grenzen zwischen dem Gerät und seinem Benützer unheimlich zu verschwimmen. Schon taucht im Bildschirm der Doppelgänger des Menschen auf, der neue Homunculus, in der Fachsprache »Avatar« genannt, ein Wort aus dem Sanskrit ausgeborgt, welches bedeutet: vom Menschen selbst geschaffenes Idol – unheimlicher Vorgang einer nun technisch möglich gewordenen Art von »Exkarnation«. Der Mensch verlässt seine Wirklichkeit und verwandelt sich zur Fiction: Homo cyber sapiens.

*

Jetzt muss ich selbst erst einmal tief Atem holen – um dann zielstrebig zum Ende meiner Ausführungen zu kommen.

Ich will zum Abschluss zunächst drei Arbeitshypothesen aufstellen, dann konkrete Vorschläge machen.

Erste These:
Die Idee der Ganzheit und die Beweislast.

Erinnern wir uns noch einmal jener Äußerung von Professor Fritz Wagner hinsichtlich der Reihe »Orbis Academicus«:

Er gesteht einerseits, dass es »eine Gesamtschau der Wissenschaften heutzutage nicht geben kann ...«

Andererseits räumt er ein, dass eine solche Gesamtschau »ein logisches Postulat« sei.

Ich folgere daraus: »Wer sich im Sinne dieses ›logischen Postulats‹ um Ganzheit müht, trägt nicht die Beweislast dafür.«

Meine zweite These:
Die Idee der Ganzheit und ihr Markt.

Erinnern wir uns noch einmal der französischen »Encyclopédie«. Im Vorwort heißt es: »Wir haben gedacht, mit diesem Werk sowohl diejenigen Personen anzuleiten, die den Mut haben, sich um die Bildung anderer zu kümmern, als auch diejenigen aufzuklären, die sich selbst bilden wollen.«

Der erste Personenkreis ist klar umschrieben: Erzieher in Kindergärten, Vorschule, Schule und Hochschule.

Der zweite Personenkreis: die immer größer werdende Zahl von Rentnern und Pensionären, die sich noch einmal den Bildungsgütern zuwenden.

Meine dritte These:
Die Idee der Ganzheit und ihr verlegerischer Ort.

Alle, die sich zum Begriff der »Enzyklopädie« äußern, sind sich in einem einig: Das Wort kommt aus dem Altgriechischen und bedeutet: »im Kreisrund aufgestellte Bildungsgüter«.

Bildungsgüter zu vermitteln aber ist Sache der Erziehung.

*

Von diesen drei Arbeitshypothesen ausgehend, mache ich folgende konkrete Vorschläge:

1. Es ist offenkundig, dass die *philosophische Reflexion* über den modernen Menschen und seine Gefährdung im virtuellen Zeitalter begonnen hat.

Sollte nicht der Verlag Karl Alber die Herausgabe einer Reihe ins Auge fassen: Arbeitstitel: »Virtualität« – Modell: die Reihe »Kommunikation«.

*

2. Zögerlicher verhält sich noch die *Theologie* – dabei sind Pastoral, Katechese, auch Liturgie unmittelbar betroffen. Begriffe wie:

- Kultus
- Ritus und Rituale
- Inkarnation und Exkarnation
- Transsubstantiation

tauchen längst in der profanen Diskussion auf und bedürfen der Abgrenzung.

Sollten nicht unsere Zeitschriften diese Entwicklung kontinuierlich und aufmerksam verfolgen, möglichst unter einer eigenen Rubrik?

*

3. Im benachbarten Basel ist eine Ausstellung zu sehen:

»From Face to Face, to Cyberspace«.

Die Kunst hat jetzt schon einen spürbaren Einfluss auf die Welt der Virtualität:

»… you slay the victim with technology and
resurrect the victim through art …«

Sollte nicht auch dieser Sachverhalt unsere verlegerische Aufmerksamkeit finden? Dies umso mehr, als sich in Karlsruhe das »Zentrum für Medienkultur« befindet.

*

4. Vor allem aber lade ich unseren Pädagogischen Verlag ein, seinem so reichhaltigen Katalog wieder ein weithin sichtbares »Flaggschiff« zu schaffen.

Die früheste Auflage eines Lexikons der Pädagogik ist vor 90 Jahren bei Herder erschienen. Herausgeber war Otto Willmann, mein Urgroßvater, der Prager Philosoph und Pädagoge. Sein Name steht wie kaum ein anderer für das, was »Paedagogia perennis« im Sinn hat.

»In ihren Grundlagen unveränderlich – organischer Entwicklung jedoch aufgeschlossen«, so umschreibt das Vorwort der letzten Ausgabe von 1960 den Geist solchen Erziehens.

Angesichts der Breite pädagogischer Bücher bei Herder überrascht es nicht, aus dem Vorwort zu erfahren, dass es gerade der Verlag war, der damals Anregung und Auftrag zu jener Ausgabe gab.

*

Die Herausgeber griffen diese Anregung auf, »trotz aller Bedenken«.

Welches waren diese Bedenken? Nun, es waren dieselben, wie sie sich dem Verleger bei jedem großen Werk als bedrohliche Szenerie aufbauen: Von der »Unsicherheit und Ratlosigkeit der Erzieher und Lehrer« ist im Vorwort von 1960 die Rede. Mit Zweifeln, »ob die erforderlichen Kräfte überhaupt verfügbar seien«, klingen die Erwägungen der damaligen Beteiligten aus.

Der Verleger darf sich davon nicht schrecken lassen – dem Zweifel ist nur mit konstruktiver Einrede zu begegnen.

*

Beim Eintritt ins neue Millennium muss das Gelände freilich mit größter Umsicht erst einmal abgeschritten werden.

Wie muss überhaupt ein Nomenklator aussehen, um »auf der Höhe der Zeit zu sein«, dem großen Weltwandel selbstbewusst Rechnung zu tragen?

Wie versteht und begründet sich ein eigener Standpunkt im Pluralismus unserer Gesellschaft, in der sinnverwirrenden Diskussion der Geister?

Ist das Profane noch magische Grenze – oder ist Säkularisierung Voraussetzung, sich auf »die Welt« einzulassen?

*

Auf welche Art und Weise können die beiden Intentionen verknüpft werden:
> Lexikon, das in alphabetischer Ordnung Auskunft gibt – »Dictionnaire«

und
> Orientierungswerk, das als eine Art »geistiger Atlas« zum Medium der Integration wird: »Encyclopédie«?

Ist dafür die Buchform noch die adäquate Form – oder müssen daneben oder stattdessen ganz andere neue Medien in Betracht gezogen werden?

Und schließlich: Denken wir an das Wort Goethes: »Dauer im Wandel«.

Wie kann sich scheinbar Widersprechendes miteinander verknüpft werden:
> das Wandelbare, immer Gültige mit dem
> sich Verändernden, umwerfend Neuen?

Gibt es überhaupt noch etwas zu bewahren? Oder bildet sich ein neues »traditum« – das Bildungsgut der Postmoderne?

Am 4. November 1823 schrieb Goethe:

»Es gibt kein Vergangenes, das man zurücksehnen dürfte – es gibt nur ein ewig Neues, das sich aus den erweiterten Elementen des Vergangenen gestaltet.«

*

5. Alles, was ich gesagt habe, gilt – mutatis mutandis – auch für die Katechetik. Wenn Pädagogik Erziehung zum Leben ist, dann ist die katechetische Unterweisung Erziehung zum

Leben im Glauben. Mit zunehmender Zahl der Erwachsenentaufen werden die Ansprüche an die Katechetik steigen. Diese – berechtigten – Ansprüche können nur erfüllt werden durch ein ganzheitliches Konzept, ein Konzept, das die Welt einschließt – die volle, die ganze, die »runde« Welt, die Welt als Heilszeichen, als »sacrament«, um mit dem englisch-walisischen Dichter David Jones zu sprechen.

Schluss

Lautenmusik hat diese Stunde eingeleitet – Lautenmusik wird sie beschließen.

Zwei Stichworte:

Manuel de Falla wurde in Cádiz geboren – aus Cádiz stammt meine Ur-Urgroßmutter – Frasquita war ihr Kosename. Nach ihrem Bruder Manuel haben meine Frau und ich unseren Sohn Manuel benannt.

Die Pflege der spanischen Familientradition hat mir immer am Herzen gelegen.

Manuel de Fallas letztes Werk war die – unvollendete – Vertonung des katalanischen Epos »Atlántida«. Eine deutsche Übersetzung dieses Gedichtes ist 1893, also vor 100 Jahren, bei Herder erschienen.

Damit gibt mir die Musik das letzte Stichwort:

> Atlántida,
> Atlantis,
> Atlantischer Ozean.

Das Verlegen im nächsten Jahrhundert wird im Zeichen der Globalität stehen. Das gilt auch für uns.

Die verlegerischen Anregungen, die ich heute hier gegeben habe, sollten darum von vornherein im »atlantischen Verbund« aufgegriffen werden – im fruchtbaren, sich ergänzenden Zusammenspiel der drei Herder'schen Verlage

- Freiburg
- Barcelona
- New York.

*

In diesem Sinne habe ich jedem meiner drei verlegerisch tätigen Kinder je einen der drei vorgenannten Verlage anvertraut.

Mögen sie sich bei jeder verlegerischen Entscheidung stets und ständig des großen Gesamthorizontes vergewissern – ganz im Sinne des homerischen »Schild des Achill«.

Verzeichnis der Quellen

I. Zwischen den Zeiten

Zeit und Zeitgeist im Spiegel eines Verlagsprogramms: Vortrag im Rotary-Club Freiburg am 12. Juni 2006.

II. Geistige Welten

Der Traum von Atlantis: Jacint Verdaguer: Vortrag vor dem Rotary-Club Freiburg 2001.

Suche nach Ganzheit: Der »Rembrandtdeutsche«: Vortrag vor dem Rotary-Club Freiburg 1999.

Erfüllte Einsamkeit: Reinhold Schneider: Begrüßungsansprache aus Anlass des Reinhold-Schneider-Studientages in Wien, veranstaltet durch die Wiener Katholische Akademie in der Buchhandlung Herder am 28. März 2003.

Wienerisches Lebensgefühl: Heimito von Doderer: Referat vor einem Kreis Freiburger Literaturinteressierter 2002.

»Dante vivo«: Theodor Zeller: Rede im Wiener Erzbischöflichen Palais anlässlich der Eröffnung der Ausstellung »Dante vivo« unter Schirmherrschaft von Christoph Kardinal Schönborn mit Werken des Malers Theodor Zeller im Wiener Dom-Museum am 7. Juni 2011.

III. Begegnungen mit Autoren

Damit Glauben überleben kann: Christen in der DDR: Aus einem Referat über »Das Zusammenwirken des Verlages Herder mit dem St. Benno-Verlag Leipzig bei der Veröffentlichung katholischer Grundlagenliteratur im sozialistisch-atheistischen System der DDR 1951–1991«. Der Text (gekürzt), wurde bei einem Treffen des »Erfurter St. Hedwigs-Kreises« Anfang Dezember 2004 auf der Insel Reichenau im dortigen Bildungshaus der Erzdiözese Freiburg vorgetragen.

»Il famoso Padre Rahner!«: Karl Rahner: Begrüßung anlässlich des Festakts zum 100. Geburtstag von Karl Rahner im Verlagshaus Herder am 31. Januar 2004.

In der Fülle des Glaubens: Hans Urs von Balthasar: Rede zur Buchübergabe an den Autor bei einer Veranstaltung in der Katholischen Akademie Freiburg am 4. Juli 1980.

Neue Weisen des Denkens: Bernhard Welte: Grußwort bei der Bernhard-Welte-Tagung in Freiburg am 28. April 2006.

Arbeit am LThK: Walter Kardinal Kasper: Rede zum Abschluss der Arbeiten an der 3. Auflage des LThK im Rahmen eines Empfanges im Verlagshaus am 5. Oktober 2001.

Verantwortung in der Republik: Erwin Teufel: Ansprache anlässlich des musikalischen Abends zu Ehren von Ministerpräsident a. D. Erwin Teufel am 26. Juli 2005.

Offen für Gott und die Welt: Franz Kardinal König: Schriftliche Mitteilung vom 16. März 2006 von Dr. Hermann Herder an Frau Dr. Fenzl, Wien, die das Buch von Franz Kardinal König »Offen für Gott – offen für die Welt« im Bildungshaus Lainz in berufsbedingter Abwesenheit des Verlegers vorstellte.

»Eine neue Sprache …«: Joseph Kardinal Ratzinger: Beitrag unter dem Titel »Eine neue Sprache des Glaubens«, in: J. Kopp (Hg.), Und plötzlich Papst. Benedikt XVI. im Spiegel persönlicher Begegnungen. Verlag Herder, Freiburg 2007.

Den Glauben zum Leuchten bringen: Benedikt XVI.: Gedanken zum neuen Pontifex Benedikt XVI. Vortrag vor dem Freiburger Rotary-Club 2005.

IV. Einheit der Christen, Friede zwischen den Menschen

Brückenschlag Ökumene: Begrüßung bei der ersten gemeinsamen Tagung evangelischer und katholischer Buchhändler in Heilbronn am 15. Juni 1968 (leicht gekürzt).

Die Spaltung aufheben: Augustin Bea und Willem Adolf Visser't Hooft: Begründung für den Friedenspreis, an das Friedenspreiskuratorium im Jahre 1966.

Die große Versöhnung: Léopold Senghor: Referat über Léopold Sédar Senghor, gehalten in der Sitzung des Friedenspreiskuratoriums am 27. Februar 1968.

Trotzdem Hoffnung: Ernst Bloch: Brief an den Börsenverein des Deutschen Buchhandels vom 16. März 1967.

Herbst der Hoffnungen: Władysław Bartoszewski: Ansprache anlässlich der Autorenlesung Bartoszewskis am 30. Oktober 1986 in Freiburg.

Die Welt neu gestalten: Ruth Pfau: Geburtstagsgruß für Ruth Pfau am 9. September 2004 in Würzburg.

Selig die Friedfertigen: Roger Schutz: Nachruf auf Roger Schutz nach dem gewaltsamen Tod des Priors von Taizé im Jahr 2005.

Brücken zwischen Welten: Raimon Panikkar: Ansprache am 7. Juni 2001, gehalten in der Katholischen Akademie Freiburg zur Einführung eines Vortrags von Raimon Panikkar im Rahmen der Reihe »Spektrum spirituell«.

Weltgespräch der Religionen: Ramon Lull: zuerst veröffentlicht unter dem Titel: »Der Dialog als Aufgabe des Verlegers«, Nachwort zu: Hermann Herder (Hg.), Ramon Lull, Das Buch vom Heiden und den drei Weisen, Verlag Herder, Freiburg – Basel – Wien 1986.

V. Ortsbestimmungen eines Verlegers: Freiburg und die Welt

Freiburg – »eine gewisse Leidenschaft« für die Stadt: Die Stadt Freiburg und der Verlag Herder. Begrüßungsworte anlässlich der Buchpräsentation des Bildbandes »Freiburg im Breisgau« von Hans Georg Wehrens am 25. Oktober 2004.

Das Erzbistum Freiburg – geistige Spannweite: Ansprache bei der Festakademie »150 Jahre Erzbistum Freiburg« am 15. Mai 1977.

Wien – »zweitwichtigster Ort auf Erden«: Ansprache am 30. November 2001 in der Buchhandlung Herder Wien.

Österreichisch-habsburgisches Erbe: (1) Eröffnung des Symposions »Wandlungen im österreichischen Erbe« in Stift Zwettl im März 1975; (2) aus: Fährmann zwischen den Ufern, a. a. O., S. 165f., (3) ebd., S. 180; (4) aus der Ansprache zur Eröffnung der neuen Räume der Buchhandlung Herder in Wien am 11. März 1977.

»Das spanische Haus« – Carrer de Roger de Flor: Ansprache anlässlich der Einweihung des Gebäudes der Editorial Herder in Barcelona am 5. Mai 1962.

Aus dem Reich der Mitte: Ansprache am 12. Dezember 2001 aus Anlass des Besuches einer Gruppe von chinesischen Wissenschaftlern. Veranstalter: China-Zentrum in St. Augustin bei Bonn.

VI. Verdiente Mitarbeiter

»Getreuer Eckart«: Fritz Knoch: Ansprache bei der Beerdigung am 10. April 1981.

Inspirierende Weltverantwortung: Robert Scherer: Ansprache aus Anlass des Todes von Dr. Robert Scherer, Cheflektor des Verlages Herder, am 7. Mai 1997.

Spannungen gestalten: Ludwig Muth: Ansprache bei der Beerdigung von Dr. Ludwig Muth am 1. Juni 2005.

Kreativ aus der Mitte: Hubert Schlageter: Rede zur Verabschiedung des Verlagsdirektors Hubert Schlageter in den Ruhestand am 29. Juni 1992.

VII. »Pflicht und Auftrag« – Zum Beruf des Verlegers

Pfeiler für die Zukunft setzen: Ansprache anlässlich des Empfangs am 27. November 1986 im Verlagshaus zum 185-jährigen Bestehen des Verlages Herder, (gekürzt).

Persönliche Verantwortung: Begrüßung zur gemeinsamen Tagung christlicher und sozialistischer Buchhändler in Sulzburg 1968.

Das Viele einordnen ins Ganze: (Leicht gekürzt) Ansprache anlässlich der Neueröffnung der Buchhandlung Herder in Wien am 30. September 2004.

»Ändere die Welt, sie braucht es«: Begrüßung zum 9. Konstanzer Literaturgespräch am 9. April 1968 (leicht gekürzt).

Das interkulturelle Gespräch: Das interkulturelle Gespräch als Aufgabe des Verlegers. Vortragsmanuskript aus dem Jahr 2001.

Kristallisationen einer Idee: (1) aus: Fährmann zwischen den Ufern, a. a. O., S. 103–105; (2) ebd., S. 53f.; (3) ebd., S. 114; (4) ebd., S. 44f., (5) ebd., S. 229; (6) ebd., S. 74; (7) S. 83; (8) ebd., S. 101f.; (9) ebd., S. 107f.; (10) aus: Begrüßungsansprache beim Empfang im Verlag Herder anlässlich des »VI. Internationalen Kongresses der Gesellschaft für das Recht der Ostkirchen« am 15. September 1983; (11) handschriftliche Notiz.

Fährmann zwischen den Ufern: Dankesworte des Verlegers bei der 200-Jahr-Feier des Verlags Herder im Verlagsgebäude in Anwesenheit des Bundespräsidenten Johannes Rau und des Vorsitzenden der Deutschen Bischofskonferenz Karl Kardinal Lehmann, am 21. September 2001.

VIII. Perspektiven für die Zukunft. Der Schild des Achill

Der Schild des Achill. Ansprache vor den Mitgliedern des Verlags aus Anlass des 200-jährigen Verlagsjubiläums im Rahmen einer Festakademie am 8. Juli 1999.